拿起就放不下的
经济学

张江生
著

地震出版社
Seismological Press

图书在版编目（CIP）数据

拿起就放不下的经济学 / 张江生著 . -- 北京 : 地震出版社 , 2023.1

ISBN 978-7-5028-5491-1

Ⅰ . ①拿… Ⅱ . ①张… Ⅲ . ①经济学 – 通俗读物 Ⅳ . ① F0-49

中国版本图书馆 CIP 数据核字 (2022) 第 205502 号

地震版 XM5279/F（6321）

拿起就放不下的经济学

张江生　著

责任编辑：张　轶
责任校对：凌　樱

出版发行：地震出版社
北京市海淀区民族大学南路 9 号　　邮编：100081
发行部：68423031　68467991　　传真：68467991
总编室：68462709　68423029
http：//seismologicalpress. com
经销：全国各地新华书店
印刷：固安县保利达印务有限公司

版（印）次：2023 年 1 月第一版　2023 年 1 月第一次印刷
开本：710 × 960　1/16
字数：295 千字
印张：20
书号：ISBN 978-7-5028-5491-1
定价：68.00 元

前言
Preface

经济学大师萨缪尔森说：“在人的一生中，你永远都无法回避经济学。”无论是政府决策，还是日常生活中的柴米油盐、衣食住行等，你都可以从中看到经济学的影子。经济学是一种思维方式，它让你用科学的眼光，去看待身边发生的变化。

马歇尔说：“经济学是一门研究人们日常生活事务的学问。”经济学研究的是人们身边的世界，小到家庭消费、生产经营，大到国际贸易、宏观调控，都是其研究的对象，它揭示了复杂世界背后的简单道理。了解经济学，不是一定要从事经济，而是要能够像经济学家一样思考。

经济学与人们的生活如此密切，但是它的高深面孔却吓退了许多人。不用说那复杂的数学模型和演算公式，单是那晦涩的经济学术语，也会让大多数读者望而却步。如何真正理解经济学那些枯燥无味的东西？谁会把你领进门呢？本书不会让你失望。

为什么第二碗汤没有第一碗汤好喝？

为什么GDP会受质疑？

如何在两个选择中选出更正确的那一个？

小小的口红竟可以做成经济指标？

淡马锡模式是国企成功改革的标本吗？

如何在经济大潮中正确运用货币政策？

……

本书以大量真实的案例和有趣的故事为例，将那些高深的经济学道理用浅显易懂的语言娓娓道来，简洁明了，通俗易读，使读者摆脱啃大部头经济学著作时的费力和烦躁，以更实际、更有趣、更深入的方式将经济学思维运用于各种实际场景和案例中，帮你绕过经济学花招，理解现象背后的经济逻辑，从而启发你将同样的思维运用到日常生活和工作中去。

随着时代的发展和社会的变迁，经济学的世界也发生了翻天覆地的变化。本书结合时代特色，紧跟经济潮流，放眼国际国内，编写了大量与时俱进的经济学内容，诸如共享经济、大数据、互联网+、人工智能、工业4.0、供给侧结构性改革、“一带一路”等这些经济发展的新形态，并对其进行了深入浅出、生动形象的解读，使得本书融入了浓厚的时代风貌，全面、真实、多元、深刻地反映了经济学的发展动态和当代国际国内的经济新趋势。

在这本书中，我们可以体会到行业里顶级经济学大师的思想，提高思考密度，撕掉“经济学”的可怕表象，走进经济学的复杂世界，理解现象背后的逻辑，用经济学的思维方式，做复杂世界的明白人。

这是一本指导经济生活的、科学实用的工具书，也是投资理财、日常生活中提升个人抗风险能力的经济学入门读本。无论你是普通读者，还是专业人士，相信你都能从本书中感受到阅读的乐趣，得到智慧的启迪。希望本书能成为你打开人生幸福之门的一把钥匙，助你更快、更好地走向成功！

目录
Contents

第1章　人人都该懂的经济学十大原理

——哈佛教授曼昆的入门课

第2章　经济学与我们生活的时代

——经济世界的10个关键术语

第4章　如何做最聪明的消费者

——你要懂一点消费经济学

第5章　我们并非总是在理性思考

——你一定要知道的行为经济学

第9章　完全竞争市场是最理想的市场吗

——你一定要懂的市场结构经济学

第10章 影响我们生活与财富的宏观调控

——你一定要懂的宏观经济学

第12章　泡沫经济时代如何保护财富

——股市、楼市、黑天鹅与灰犀牛

第1章　人人都该懂的经济学十大原理

——哈佛教授曼昆的入门课

格里高利·曼昆（N. Gregory Mankiw）生于1958年，1980年时以优异成绩毕业于普林斯顿大学经济系，随后在1984年获得麻省理工学院经济学博士。1987年29岁的格里高利·曼昆正式被聘为哈佛大学经济学教授，成为哈佛大学历史上最年轻的终身教授，讲授过宏观经济学、微观经济学、统计学和经济学原理等课程。2003—2005年，他走入政坛，担任小布什政府的总统经济顾问委员会主席。同时还担任马萨诸塞州剑桥的一个非营利性智囊团——国家经济研究局所属的货币经济计划部主任，还被聘为波士顿联邦储备银行和国会预算办公室的顾问。此外，他还供职于ETS考试研发委员会下设的经济学高阶水平考试委员会和NBER商业周期委员会。

格里高利·曼昆是一位高产学者。他的著作发表在许多学术杂志上，如《美国经济评论》《政治经济学杂志》和《经济学季刊》，还发表在更普及的报刊上，如《纽约时报》《金融时报》《华尔街日报》和《财富》。1992年出版的《宏观经济学》使他名声大振，连素以尖刻闻名的克鲁格曼也对此书做出高度评价。他为哈佛学生编著的经济学教科书《经济学原理》是目前公认的最好的经济学初级教材。

格里高利·曼昆在哈佛的课堂上，总是以他总结的经济学十大原理作为授课的核心部分。在他看来，理解了这十大原理，就已经是经济学专业本科毕业的水平了。大家公认，初学者如果知道了这十大原理，就大致了解了经济学研究的出发点和基本框架。

我们的晚餐并非来自屠宰商、酿酒师和面包师的恩惠，而是来自他们对自身利益的关切。

——亚当·斯密

学也者，观察事物而发明其真理者也；术也者，取所发明之真理而致诸用者也。

——梁启超

曼昆的教科书在中国经济院校的影响比美国还大。

——陈平

选择：鱼和熊掌之间的权衡取舍

经济学家正在房间里埋头忙于做自己的学问。这时，一个中意他的女子大胆地敲开了他的房门说："让我做你的妻子吧，错过我你将再也找不到比我更爱你的女人了。"经济学家虽然也很中意她，但仍回答说："让我考虑考虑!"于是，他陷入长期的苦恼之中，迟迟无法做出决定。最后，他终于得出一个结论："我该答应那个女人的请求。"

于是，经济学家来到女子的家中，对女子的父亲说："你的女儿呢？我已经决定娶她为妻。"老父亲冷漠地回答："你来晚了10年，她现在已经是3个孩子的妈妈了。"经济学家听了，整个人近乎崩溃，他万万没有想到用他向来自以为傲的经济学头脑，最后换来的竟然是一场悔恨。

权衡取舍是格里高利·曼昆的经济学原理之一。他认为，人们为了得到一样东西，必须放弃另一样东西。俗话说，"舍得舍得，有所舍，才有所得"，说的就是人生总是处在选择之中。早上起来要穿哪一套衣服出门，你在选择；中午要去哪里吃饭，你又在选择；择偶时，面对众多追求者，到底哪一位比较适合自己，要选择；找工作时，面对多家企业，也要选择。虽然以上的选择有大有小，但每日、每月所有的选择累积起来，就影响了你人生的结果。

什么是选择？选择可以被看作一个判断和舍弃的过程，在多种可能性中找到最理想的一个，标准是效用（机会收益减掉机会成本）最大。

明智的选择，需要清楚正确地计算成本和收益，评估风险，更重要的是，明白自己到底想要什么。每个人都希望有选择，而且希望做出正确选择——即使不是最好的，至少也是比较好的。那么有没有一些方法能帮助我们呢？以下的方法值得我们借鉴。

选择的形成共有五个步骤，每个步骤都极其简单：

（1）列出所有可以采取的行动，包括不采用的行动也要列出来，而决策就是从各种可能的行动方案中选出一个来。

（2）尽可能列出每个行动的可见后果。

（3）尽量评估每种结果可能发生的概率，这一点常被忽略，因此得仔细加以讨论。

（4）试着表达你对每种结果的渴望或恐惧程度。

（5）最后把列出来的所有因素放在一起考量，做出合理的决策。

如果你还没有列出选择方案或可能的结果，那么你将很难做出理想的决策，毕竟决策的本质就是从众多选项中挑出一个最好的，其目的就是要达到最佳结果；如果你连选择方案都说不出来，就更别想做出任何决策了。

机会成本：两堆稻草间饿死的驴子

机会成本是曼昆经济学原理之二。

面对有限的资源，为了能够得到自己想要的，人们必须选择放弃。由此看来，做出选择并不是一件容易的事，其根源在于在资源有限的情况下，有所得必有所失。鱼和熊掌不能兼得时，选择吃鱼，那么就不能吃熊掌，熊掌就是选择吃鱼的机会成本。经济学家常说世界上没有免费的午餐，就是指任何选择行为都有机会成本。

有一头驴子，它非常饿，到处找吃的，终于看到了在它前面的两堆草。它迅速跑过去，却为难了，因为两堆草同样鲜嫩，它不知道应该先吃哪一堆。它犹豫不决，在两堆草之间徘徊，一直在思考先吃哪一堆。最终这头驴子饿死了。

机会成本又称选择成本，是指做一个选择后所丧失的不做该选择而可能获得的最大利益。也就是指，为了得到一种东西而必须放弃的另一种东西。要想对备选方案的经济效益做出正确的判断与评价，必须在做决策前进行分析，将已放弃的方案可能获得的潜在收益作为被选取方案的机会成本计算在内。这就是我们说的“有得必有失”。

比如一个农民有一块土地，他可以用来种小麦、种蔬菜、养猪。假设这块地种小麦的成本是500元，种蔬菜的成本是750元，如果养猪的话，将会收益1000元。如果农民拿这块地用来种蔬菜了，那么，相对而言他就没法去种小麦或养猪，那么他种蔬菜的成本是多少呢？是750元吗？不是，750元只是会计成本，真正的成本是1000元，即他舍弃的另外两个项目中价值最大的那一个项目的价值！

机会成本中的机会必须是你可选择的项目。若不是你可选择的项目便不属于你的机会。例如，农民只会种小麦、种蔬菜和养猪，搞房地产就不是农民的机会；你只想吃豆沙糕或者巧克力薄饼，那么油条就永远成不了你的机会。

另外，机会成本必须是指放弃的机会中收益最高的项目，而不是放弃项目的收益总和。例如，农民只能在种小麦、种蔬菜和养猪中选择一个，三者的收益关系为养猪＞种蔬菜＞种小麦，则种小麦和种蔬菜的机会成本都是养猪，而养猪的机会成本仅为种蔬菜。

可见，如果农民把地用来种蔬菜或种小麦，他的经济利润是为负数，只有把地用来养猪，他才能获得利润。

经济学假设人们在理性的指导下，将有限的资源进行最优化的配置，以实现效益的最大化。可以看出，产生机会成本是因为资源稀缺。由于任何一种资源都是有限的，而有限的资源又可以有多种用途，把资源用于某种用途就会在同时放弃其他选择。

机会成本可以用来分析很多领域，生活中到处存在着机会成本，善于利用机会成本分析利弊，做出效益最大化的选择，是理性人的首选。

边际：理性的人考虑边际量

“边际”是一个比较学术化的词汇，它是用来描述一个微小增量的术语。曼昆经济学原理之三提出这样的概念——理性的人考虑边际量。

杰米扬准备了一大锅汤，请朋友福卡前来品尝。

杰米扬热情地说：“老朋友，感谢你的光临！这个菜是特别为你预备的。”

福卡喝了一碗，感到无比鲜美，于是又喝了两碗，实在撑得不行，于是说道：“亲爱的朋友，我实在吃不下了！”

“没关系，才一小碗，总会吃得下去的。这汤味道多鲜啊！”

“可我已经吃了三碗哩！”

“嗨，何必计数呢？只要你喜欢，尽量吃吧。凭良心说，这汤真香、真稠，看那层浮油在盆子里凝结起来，简直跟琥珀一样。老朋友，替我吃完它！吃了有好处的！喏喏，这是鲈鱼，这是肚片，这是鲟鱼。只吃半碗，吃吧！”杰米扬喊自己的妻子，“亲爱的，你来敬客，客人会领你的情的。”

杰米扬就这样热情地款待福卡，一个劲儿劝他吃，不让他休息，不让他喘气。福卡的脸上大汗如注，勉强又吃了一碗，并装作吃得津津有味的样子，把碗里的汤喝了个精光。

杰米扬嚷道："这样的朋友我才喜欢，我最讨厌那些吃东西挑三拣四的人了。看你吃得这么香，我真高兴！好，再来一碗吧！"

可怜的福卡虽然喜欢喝汤，但这样喝却跟受罪一样。他马上站起身来，抓起帽子、腰带和手杖，用足全力跑回家去，从此再也不来杰米扬的家了。

福卡喝第一碗汤时，感到无比鲜美，在经济学家看来，就是这碗汤发挥了效用。所谓效用，就是指人们消费某种物品时所得到的满足程度。例如，吃一个面包得到物质上的满足，或看一场电影得到精神上的满足。效用完全是消费者的主观感觉，取决于个人的偏好，没有什么客观标准。

尽管效用是主观的，但所有人的消费都遵循一个共同规律，这就是随着所消费同一种物品的增加，消费者得到的满足程度是递减的。例如，福卡喝杰米扬的第一碗汤时，一定感到味道鲜美（满足程度高）；喝第二碗汤的感觉不如第一碗汤那么好（满足程度减少了）；当喝了一碗又一碗时，满足程度越来越低，最后成为痛苦（负效用），以至于不得不逃之夭夭。经济学家把这种普遍现象概括为边际效用递减规律。

在经济学中，边际效用是一个十分重要的概念，边际效用递减也是经济学的基本规律之一。经济学家用边际效用解释价值，引起了经济学上一种革命性变革。所以，边际效用理论的出现被称为经济学中的"边际革命"，它成为现代经济理论的基石之一。

现在许多企业都为产品卖不出去发愁。其实产品卖不出去，并不是消费者没有购买能力，而是你的产品不能满足消费者的要求，给消费者带来了边际效用递减，成了"杰米扬的汤"。

瓷器多种多样，一个家庭里并不需要相同形状、相同花纹的数套瓷器。同样的瓷器，你顶多需要一套就可以了。相同的瓷器越多，其边际效用就递减，多到没地方放，边际效用就为负了。相同的瓷器带来边际效用递减，不同的瓷器就不存在边际效用递减——记住，边际效用递减是对同样东西数量增加而言的，不同的东西满足消费者的不同需要，就没有边际效用递减。瓷器可以有不同造型与图案，每种瓷器可以满足不同需求，带来不同的效用。

例如，实用性的瓷器可以在生活中用；艺术瓷器可以用来欣赏，给消费者带来精神享受；送儿童喜爱的动画瓷器给孩子，可以表达父母对孩子的爱，这是另一种满足。这样的三套瓷器当然就不存在边际效用递减，因而也就不会没有需求了。

消费者对物品有多大需求取决于他们消费这种物品得到了多少边际效用。消费者从一种物品中得到的边际效用大，就愿意出高价买；反之，消费者从一种物品中得到的边际效用小，就只愿出低价。如果边际效用为零，甚至负数，像杰米扬的第三、第四碗汤，消费者绝不会买。经济学家常说，没有卖不出去的产品，只有消费者不需要的产品。只要不是“杰米扬的汤”，一定可以卖出去。

边际分析法是经济学的基本研究方法之一，不仅在理论上，而且在实际工作中也起着相当大的作用，值得引起我们的重视。

激励：人们会对激励做出反应

经济学的基本前提是承认人的本性是利己的，所以人们在做出选择时，会考虑边际量所处的成本和收益。一旦成本和收益中有任何一方发生变动，或是两方都发生变动，人们的选择就会随之发生改变。也就是说，成本和收益的变动改变了对人们的激励，而同时人们会对激励做出反应——这就是曼昆经济学原理之四。

一条猎狗追逐一只兔子，追了好久也没有追到。

牧羊看到了，讥笑猎狗。猎狗回答说：“我仅仅为了一顿饭而跑，它却是为了性命而跑呀！”话被猎人听到了，猎人想：“猎狗说得对啊，那我若要想得到更多的猎物，得想个好法子。”

猎人又买来几条猎狗，凡是能够在打猎中捉到兔子的，就可以得到几根骨头，捉不到的就没有饭吃。这个办法果然奏效，猎狗们纷纷去追兔子，因为谁都想捕到更多猎物。这样过了一段时间，问题又出现了。大兔子难捉，小兔子好捉，而得到的骨头都差不多，猎狗们发现了这个窍门，专门去捉小兔子。猎人对猎狗说："最近你们捉的兔子越来越小了，为什么？"猎狗们说："反正没有什么区别，为什么费那么大的劲去捉那些大兔子呢？"

猎人思考后，决定不将分得骨头的数量与是否捉到兔子挂钩，而是采用每过一段时间就统计一次猎狗捉到兔子的总重量的方法，按照重量来决定其在一段时间内的待遇。这样，猎狗们捉到兔子的数量和重量都增加了。

猎人很开心。但这以后，新问题又出现了，猎狗抓的兔子又少了很多，而且越有经验的猎狗，捉兔子的数量下降得越厉害。于是猎人又去问猎狗们。

猎狗们说："我们把最好的时间都奉献给了您，但是我们会变老，当我们捉不到兔子的时候，您还会给我们骨头吃吗？"

猎人经过一番思考后，分析与汇总了所有猎狗捉到兔子的数量与重量，规定如果捉到的兔子超过了一定的数量后，即使捉不到兔子，每顿饭也可以得到一定数量的骨头。猎狗们都很高兴，大家都努力去做，以完成猎人规定的数量。一段时间过后，终于有一些猎狗做到了。这时，其中有一只猎狗说："我们这么努力，只得到几根骨头，而我们捉的猎物远远超过了这几根骨头，我们为什么不能给自己捉兔子呢？"于是，有些猎狗离开了猎人，自己捉兔子去了。猎人意识到猎狗正在流失，于是猎人又进行了改革，使得每条猎狗除基本骨头外，可获得其所猎兔肉总量的$n\%$，而且随着服务时间加长，贡献变大，该比例还可递增，并有权分享猎人总兔肉的$m\%$。这样，出走的猎狗们纷纷强烈要求重归猎狗队伍。

从上文的例子中，我们可以得出这样的结论：一个好的激励制度可以有效满足个人利益需求，激发团队组织成员的无限工作动力。猎人对猎狗的有效管理就在于猎人对激励效应的有效运用上。

在能力一定的情况下，激励水平的高低将决定其工作成绩的大小。综合运用多种激励方法是有效提高激励水平的一大法宝。激励机制是否产生了影响，取决于激励方法是否能满足个人的需要。主要的激励包括如下几种：

（1）物质激励。通过满足个人利益的需求来激发人们的积极性与创造性，只对成绩突出者予以奖赏。如果见者有份，既助长了落后者的懒惰，又伤害了优秀者的努力动机，从而失去了激励意义。

（2）精神激励。通过满足个人的自尊、自我发展和自我实现的需要，在较高层次上调动个人的工作积极性。精神激励主要有目标激励、荣誉激励、感情激励、信任激励、尊重激励。

（3）任务激励。让个人肩负起与其才能相适应的重任，由社会提供个人获得成就和发展的机会，满足其事业心与成就感。

（4）数据激励。明显的数据给人明显的印象，激发强烈的干劲。数据激励，就是把各人的行为结果用数字对比的形式反映出来，以激励上进，鞭策后进。

（5）强化激励。对良好行为给予肯定，即正强化，使之能继续保持；对不良行为给予否定与惩罚，即负强化，使之记住教训，不再犯同样的错误。

在一个组织中，引入激励机制是必不可少的。激励机制一方面可以调动大家工作的积极性；另一方面还可以增加团队业绩，达到“双赢”的目的。激励机制可以有效控制“做一天和尚撞一天钟”的行为出现，可以使得团队组织成员在工作中更有生机和效率。有句名言说得好：“人们只有在被追赶和被督促中才能进步。”这也充分说明了激励机制的重要性。

比较优势：贸易使每个人状况更好

曼昆十大经济学原理的前面四个都是涉及个人或个体的选择，它们说明了个人是如何做出自己的决策的。接下来的三个原理讲述的是人们如何进行贸易。

贸易能使每个人的状况变得更好，这是曼昆经济学原理之五。

在今天这个世界上，贸易已经成为司空见惯的事情。小到个体，大到国家，贸易往来随处可见。而且，随着计算机网络的普及，电子商务也日益兴起，人们的贸易活动也更加快捷、频繁。可以说，在今天这个地球村里，几乎所有人都和贸易有着直接或者间接的联系。

通过与其他人的贸易，人们可以用较低的成本获得各种各样的物品与劳务。无论是在耕种、做衣服或盖房子方面，贸易使每个人可以专门从事自己擅长的活动。

我们来看看讲述分工和贸易的一个古老而有趣的、有关英国和葡萄牙生产毛绒和葡萄酒的例子。

在分工之前，英国和葡萄牙都有相同的劳动力资源，比如说都有200个人进行生产，但是两个国家的生产技术不同。请注意，表1-1说的不是英国可以同时生产200单位的毛绒和180单位的葡萄酒，而是说英国200个劳动力可以生产200单位的毛绒或180单位的葡萄酒，只能选择一个，而不能同时选择两个。如果一个国家同时选择生产两种产品，如英国同时生产毛绒和葡萄酒，由于劳动力资源是有限的，在这里只有200个劳动力，所以就不可能同时生产出200单位的毛绒和180单位的葡萄酒。葡萄牙的情况也是类似的，葡萄牙200个劳动力可以生产160单位的毛绒或者200单位的葡萄酒。

表1-1　绝对优势

项目	毛绒	葡萄酒
英国	200	180
葡萄牙	160	200

从表1-1中可以看出，英国生产毛绒具有绝对优势，因而英国应该选择专业化生产和出口毛绒；而葡萄牙由于在生产葡萄酒方面具有绝对优势，它应该专业化生产并出口葡萄酒。这样，假设世界上就只有这两个国家，这可

是简单的算术题，我们可以计算出世界上两种产品的产量，毛绒200单位，葡萄酒200单位。这是经济学的鼻祖亚当·斯密提出来的绝对成本优势的贸易情况。

再来看看大卫·李嘉图的比较优势的贸易情况。李嘉图认为，一个国家应该完全生产并且出口具有比较优势的产品，不生产但进口那些拥有比较劣势的产品。比较优势实际上是很好理解的，来看下面新的生产与贸易情况（见表1–2）。

表1–2　比较优势

项目	毛绒	葡萄酒
英国	200	180
葡萄牙	240	200

表1–2同表1–1反映的情况稍有差别。现在葡萄牙在200个劳动力的情况下可以生产240单位的毛绒，而原来则是160单位。这样，葡萄牙不仅在生产葡萄酒上有绝对优势，而且在生产毛绒上也具有绝对优势，英国在生产两种商品上都处于绝对劣势。如果按照亚当·斯密的观点，它们之间还会发生贸易往来吗？不会。但是按照李嘉图的观点，它们会发生贸易往来。因为英国在专业化生产葡萄酒上拥有比较优势，而葡萄牙在专业化生产毛绒上同样拥有比较优势，这样双方发生贸易后各自的状况仍然会改善。这就是比较优势的“两劣相比取其轻”，就是说如果一个国家在两种产品的生产上都处于劣势，但它只要选择专业化生产那些劣势相对较小的产品，并通过出口贸易，就能够改善本国的福利状况。

上面说的是传统的国际贸易，而随着生产力水平的不断提高，世界经济水平水涨船高，成功的国际贸易可以使得每个国家的经济状况变得更好。比如，东南亚的某个农业国盛产大米，而远在欧洲的某个工业国则有着发达的精密机床工业。两个国家坐在一起商谈，最后，前者向后者出口大米，并进口后者的精密机床，其结果是双方的国家都能享用大米和机床带来的好处——这就是国际贸易的好处所在。

看不见的手：市场是组织经济活动的好方法

曼昆经济学原理之六为“看不见的手”。

据圣经《伯理以书》记载：巴比伦王伯沙撒在宫中设盛宴，正饮期间，忽然显出一只手，在宫墙上写下三个神秘的词：“弥尼”“提克勒”“毗勒斯”。众人不解其意。先知但以理说：“你冒渎天神，为此，神放出一只手，写下这些字。意思是：‘弥尼’——你的国位已告结束，‘提克勒’——你在天平里的分量无足轻重，‘毗勒斯’——你的国度即将分裂。”

受此启发，亚当·斯密提出了“看不见的手”的原理。这一命题的含义是：社会中的每个人都在力图追求个人满足，一般说来，他并不企图促进社会利益，也不知道他所促进的社会福利为多少，但在这样做时，有一只“看不见的手”引导他去促进社会利益，并且其效果要比他真正想促进社会利益时更大。这只“看不见的手”实际上就是人们自觉地按照市场机制的作用自发调节着自己的行为，并实现消费效用最大化和利润最大化。

1787年，亚当·斯密到伦敦与他的忠实信徒、英国历史上著名的首相皮特见面。亚当·斯密最后一个到达会面地点，当他一进屋，所有人都起立欢迎他。他说：“诸位请坐。”皮特回答说：“不，您坐下，我们再坐，我们都是您的学生。”皮特对亚当·斯密如此恭敬，原因在于亚当·斯密提出的“看不见的手”的原理被当时各界名流奉为经典。即使到现在，亚当·斯密的观点仍然是现代经济学的中心。

对于每个人而言，市场是再熟悉不过的地方。当一个人进入超市买东西，可以说，他进入了一个市场。从某种程度上说，经济学就是伴随着市场的发展而发展起来的。

想象一下，如果没有市场，我们的生活将会怎样？我们该如何获得我们想要的东西，如食物、衣服、日常生活用品等？有人可能会问："我天天去市场，包括菜市场、服装市场等，但我不大明白为什么是用市场，而不是其他什么类似的方式来组织经济活动，市场到底好在哪里？"

市场的重要性在于，它提供了一种机制，使得人们相互进行交易。无论是企业还是个人，价格和利益的激励引导着他们各自的选择，这就是我们一般说的市场调节。

市场调节就好比一只无形的手，而价格就是无形的手用来指引经济活动的工具。

例如，市场上的白菜卖2元/斤，而萝卜只卖5角/斤，那么农民们就会纷纷决定要种更多的白菜，原来用来种萝卜的地也改种白菜了。3个月后大量的白菜流入了市场，而萝卜却无人供应了。过量的白菜供给导致其价格一下狂跌到了2角/斤，而萝卜却因为供给不足大幅涨价。这下子农民便会想，再种白菜不但已经无利可图，甚至可能亏本，而种萝卜可以带来更多的收入。于是农民们开始拔了白菜改种萝卜，当大量的萝卜涌入市场的时候，它们也会遇到像种白菜一样的市场结果。如此反复，市场上会出现供需趋于平衡的状态。

从表面上看，上面的故事只是农民在萝卜与白菜中的选择，而事实上，这是一种市场调节。亚当·斯密在《国富论》中写道："他通常既不打算促进社会利益，也不知道他自己是在什么程度上促进社会利益。由于宁愿投资支持国内产业而不支持国外产业，他只是盘算他自己的安全；由于他管理产业的方式目的在于使其生产物的价值能达到最大限度，他所盘算的也只是他自己的利益。在这种场合，像在其他许多场合一样，他受着一只"看不见的手"的指导，去尽力达到一个并非他本意想要达到的目的，也并不因为事非出于本意，就对社会有害。他追求自己的利益，往往使他能比在真正出于本意的情况下更有效地促进社会利益。"

亚当·斯密用这只“无形的手”介绍市场经济对于经济活动的重要性，分散的、无数的个人的决策在市场上进行相互交易，就能够促进社会的利益。市场经济的核心优势便是竞争机制，竞争机制带来“优胜劣汰”，而优胜劣汰的压力驱使人人都更加努力，从而整个社会的效率就会提高，这也就能创造更多的财富。

当然，尽管市场调节对于经济活动十分重要，但是市场也绝非万能，“市场失灵”的情况屡见不鲜，这正说明市场调节本身不能有效配置资源。曼昆在书中问道：市场这只“看不见的手”可以阻止造纸企业污染环境吗？为解答这个问题，我们接下来要讲讲曼昆的第七条经济学原理：政府有时可以改善市场结果。

政府干预：政府有时可以改善市场结果

曼昆的第七条经济学原理是“政府有时可以改善市场结果”。

乌托邦国处于一片混乱中，整个社会的经济处于完全瘫痪的境地，工厂倒闭，工人失业，人们束手无策。这个时候，政府决定兴建公共工程，雇用200人挖很大的坑。雇200人挖坑时，需要发200把铁锹；需要发铁锹使得生产铁锹的企业开工了，生产钢铁的企业也开始工作了；发铁锹时还得给工人发工资，这时食品消费行业也发展起来了。挖坑带动了整个国民经济的消费。大坑终于挖好了，政府再雇200人把这个大坑填好，于是又需要200把铁锹……这样，萧条的市场终于一点点复苏了。经济恢复后，政府通过税收，偿还了挖坑时发行的债券，一切又恢复如常了。

这则著名的经济学寓言“挖坑”，来源于英国经济学家凯恩斯的一本著作《就业、利息和货币通论》，凯恩斯通过这则寓言引申出了政府干预理论。

众所周知，在凯恩斯之前的西方经济学界，人们普遍接受以亚当·斯密为代表的古典学派的观点，即在自由竞争的市场经济中，政府只扮演一个极其简单的被动的角色——“守夜人”。凡是在市场经济机制作用下，依靠市场能够达到更高效率的事，都不应该让政府来做。国家机构仅仅执行一些必不可少的重要任务，如保护私人财产不被侵犯，但从不直接插手经济运行。

然而，日益庞大的经济体系难免会出现运转不正常的现象，这种不正常现象的扩大，会影响到人们的生活，影响到整个经济体系的快速发展。这时，政府将会站在大众的利益和整个国家经济发展的高度出面协调。经济学家曼昆将之总结为：政府在一定时候可以改善市场结果。

事实证明，自由竞争的市场经济导致了严重的财富不均，从而造成经济周期性巨大震荡，社会矛盾尖锐。1929—1933年爆发的全球性经济危机就是自由经济主义弊端爆发的结果。因此，以凯恩斯为代表的政府干预主义者浮出水面。他们提出，现代市场经济的一个突出特征，就是政府不再仅仅扮演“守夜人”的角色，而是要充当一只“看得见的手”。政府必须平衡以及调节经济运行中出现的重大结构性问题，这就是政府干预理论。

政府干预经济的主要任务是：保持经济总量平衡，抑制通货膨胀，促进重大经济结构优化，实现经济稳定增长。调控的主要手段有价格、税收、信贷、汇率等。

从经济学角度讲，宏观调控就是宏观经济政策，也就是说政府在一定时候可以改善市场结果。人们说，市场本身就是一只看不见的手，那么为什么经济还需要政府的调控呢？因为市场这只手再伟大，也始终不能离开政府的保护。有了政府宏观经济政策的保障，市场才能有效运行。从其他方面讲，市场虽然是经济活动的主要组织方式，但是也会出现市场本身不能有效配置资源的情况，经济学家将其称为“市场失灵”。当然，政府有时可以改善市场结果并不等于它总是能够调控市场。那什么时候能够调控，什么时候不能呢？这就需要人们利用宏观调控的经济学原理来判断什么样的政府政策在什么情况下能够促进经济的良性循环，形成有效公正的经济体系，而什么时候宏观调控又无法实现既定目标。

生产率：一国的生活水平取决于其生产的能力

国际货币基金组织（IMF）公布了2020年度世界各国国内生产总值（GDP），2020年世界人均GDP排名第一的国家是卢森堡，达116921美元，中国人均GDP排名全球第58位，排最后一名的国家是布隆迪，仅254美元。卢森堡是布隆迪的460倍。

人均GDP自10万美元到200美元，各国发展程度天差地别，生活水平差距仍然非常大，但差距为什么会如此之大？我们应该用什么来解释各国之间和不同时期中生活水平的巨大差别？

这就引出了曼昆经济学原理之八：一国的生活水平取决于它生产物品与劳务的能力。曼昆对此差别的解释是："几乎所有生活水平的变动都可以归因于各国生产率的差别——就是一个工人1小时所生产的物品与劳务的差别。"

生产率是用来表示产出与投入比率的术语。如果相同数量的投入生产了更多的产出，则表示生产率增长了；相反，如果相同数量的投入所带来的产出下降了，则表示生产率下降了。对于劳动者而言，其劳动生产率水平可以用单位时间内所生产的产品的数量来表示，也可以用生产单位产品所耗费的劳动时间来表示。单位时间内生产的产品数量越多，劳动生产率就越高；反之，则越低。生产单位产品所需要的劳动时间越少，劳动生产率就越高；反之，则越低。由此可见，劳动生产率的状况是由社会生产力的发展水平决定的。

曼昆引用著名小说《鲁滨逊漂流记》的例子来说明生产率的概念，如果克鲁索能够捕到更多的鱼，那么他的生活水平就会提高。这对于一个国家也是一样，一个国家只有能生产大量物品与劳务，它的成员才能享受更高的生活水平和质量。在那些单位时间内工人能生产大量物品与劳务的国家，大多数人能够享有较高的生活水平；而在那些生产率水平较低的国家，大多数人却必须忍受贫困的生活。因此，一国生产率的增长率决定了它的人均收入的增长率。

各国之间的生活水平差距这么大，尤其是人均GDP水平差距如此之大，主要原因是一些国家的生产率低下，尤其是劳动生产率非常低。所以，要提高我国的人均收入水平，就必须提高生产率。具体来说，决定劳动生产率高低的因素主要有以下五种：

（1）劳动者的平均熟练程度。劳动者的平均熟练程度越高，劳动生产率就越高。它包括劳动者实际操作技术以及劳动者接受新技术的能力。

（2）科学技术的发展水平。科学技术发展得越快，在生产中运用得越广泛，劳动生产率也就越高。

（3）生产过程的组织和管理。它主要包括劳动者的分工协作，工艺和经济管理方式。

（4）生产资料的规模和效率。它主要包括劳动工具的使用效率，原材料和动力燃料等的利用程度。

（5）自然条件。这是一个天然条件，它主要包括与生产有关的地质状态、资源分布、气候条件等。

将上面说的影响生产力水平的五要素综合起来，可以帮助我们理解不同国家的生产率状况，并进而对当今世界不同国家的生活水平产生进一步的认识。

在考虑生产率的提高时，必然要涉及影响生产率的诸要素，这在上文已经提到。但是，需要注意的是，生产率的提高，一定要在诸要素的共同作用下才能实现，而不能仅仅偏重其中一项。

自1991年3月起，美国经济持续增长112个月，创造了第二次世界大战后经济史上的奇迹。1996年12月30日，美国《商业周刊》率先提出了“新经济”的概念，认为其主要动力是信息技术革命和经济全球化浪潮。但是在这之前的20世纪80年代，人们对于IT对经济的促进是持怀疑态度的。特别是1987年获诺贝尔奖的经济学家罗伯特·索洛提出了生产率悖论，他说：“我们到处都可以看到计算机时代的来临，唯独在生产率统计数据中难见其踪影。”在他看来，信息技术革命似乎只是在投入上轰轰烈烈，在产出绩效上并不显著。另据两位美国经济学家欧莱纳和西彻尔在2000年2月的报告中指出，计算机在20世纪90年代早期“只做出了相对较小的贡献”，“但是，这种贡献在20世纪90年代的后5年里突然一下就提升了”。据麦肯锡公司对20世纪90年代10年间生产率增长情况的研究，在生产率增长的行业中，尽管IT的应用起到了不小的作用，但是“竞争的不断加剧”才是“最关键的催化剂”。换言之，商业竞争机制的改进，才使得IT发挥了更大的作用。研究表明，对于一个企业而言，IT在大幅度提升企业的生产率方面需要花费多年时间，而企业的收益不仅取决于技术本身，还取决于相关的企业流程和组织创新。

通过上面的例子，生产率与生产要素之间的关系显而易见：只有当商业实践、竞争以及制度发生更大的变化并与IT结合后，生产率的显著提高才会发生，单纯依赖IT，企业生产率的提高并不能取得立竿见影的效果。

通货膨胀：当政府发行过多货币时物价上涨

只有当政府发行过多货币时，物价上涨才成为普遍的现象，这就是曼昆经济学原理之九，关于货币供给与物价、通货膨胀关系的重要原理。这一原理指出，货币供给变动会影响经济体中的物价水平，所以中央银行在实施货币政策时一定要考虑通货膨胀的影响。

目前各国都是用纸币来执行贵金属黄金作为一般等价物的功能。纸币是一国法定的货币流通符号，由一国的中央银行发行。如果流通中需要的货币量超过了发行的纸币所标明的价值量，纸币就要贬值，物价就要上涨。

1948年冬天，上海街头的流浪汉们居然用钱做墙来抵挡寒风，家家都堆满了钱，要买一张纸，得用一车的钱。这正是国民党政权崩溃前造成的恶性通货膨胀。

上面的例子绝非危言耸听，这是在中华人民共和国成立前国民党统治区发生的真实故事，起因就是国民党政府发行了过多货币，导致物价飞速上涨。著名经济学家曼昆对于国家货币供给问题有一个假设，以帮助人们了解通货膨胀的起因。

假设在货币供应量增加之前，社会已经实现充分就业，也就是说所有人都有工作，此时货币供应量增加，在现行的物价水平下，由于货币的供给量超过了需求量，人们会想方设法花掉这些多余的货币，但是，因为所有人都有工作了，没有闲置的生产能力了，经济中生产物品的能力和劳务数量无法再增加，此时多余的货币试图追逐更多的物品和劳务需求，必然引起物品和劳务的价格上升，导致物价水平整体上升，如果继续增加货币供应量，唯一的后果就是物价水平继续上升，通货膨胀也就产生了。

经济学家米尔顿·弗里德曼说："通货膨胀归根到底是个货币现象。"其实，通货膨胀如果不那么严重，或者在预期范围内，就未必是什么坏事，甚至可能是好事。

但是，当通货膨胀的程度超过了人们的预料时，它就会如猛兽出笼，破坏社会的信用基础，造成财富的转移，让人们对未来失去信心。所以，对于通货膨胀，政府不能听之任之，而要出手治理。

从历史经验看，治理通货膨胀，政府的手段有很多。

（1）减少货币供给。米尔顿·弗里德曼说过，通货膨胀在任何时间、任何地点，都必然是而且仅仅是一种货币现象。也就是说，通货膨胀是中央银行没有把住货币投放这道闸门，让过多的货币进入了市场。米尔顿·弗里德曼的话直指通货膨胀的症结所在，要制止通货膨胀就要果断采取措施，先要堵住货币发行这道关口。

（2）压缩总需求。一方面，压缩总需求可以用财政政策，如：提高税收，减少个人的可支配收入，从而降低消费需求；减少企业的税后利润，以减少企业的投资需求；减少财政的购买支出；提高汇率，压缩国外需求。另一方面，压缩总需求可以用紧缩性的货币政策，如：提高利率，把部分需求转化为存款，同时压缩企业的投资；提高准备金率，提高贴现率，在公开市场上卖出政府债券等。这些手段都可以减少商业银行的贷款规模。

菲利普斯曲线：通货膨胀与失业之间的取舍

曼昆经济学原理第十条为：菲利普斯曲线。

1958年，菲利普斯根据英国1867—1957年失业率和货币工资变动率的经验统计资料，提出了一条用于表示失业率和货币工资变动率之间交替关系的曲线。这条曲线表明：当失业率较低时，货币工资增长率较高；反之，货币工资增长率较低，甚至是负数。根据成本推动的通货膨胀理论，货币工资可以表示通货膨胀率。因此，这条曲线就可以表示失业率与通货膨胀率之间的交替关系，即：失业率高表明经济处于萧条阶段，这时工资与物价水平都较低，从而通货膨胀率也就低；反之，失业率低，表明经济处于繁荣阶段，这时工资与物价水平都较高，从而通货膨胀率也就高。失业率和通货膨胀率之间存在着反方向变动的关系（如图1-1所示）。

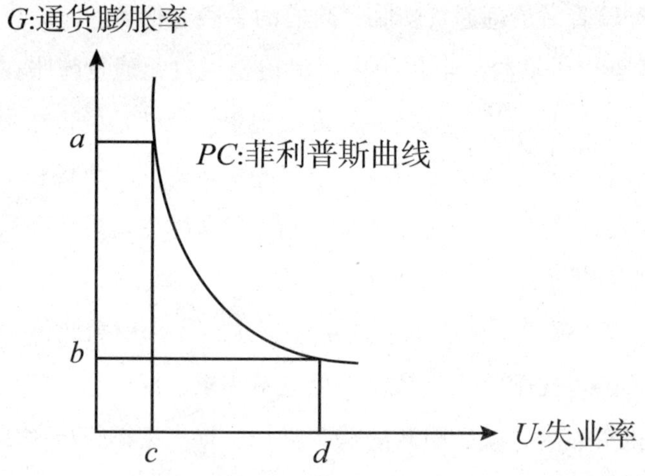

图1-1　菲利普斯曲线

图1–1中，横轴*U*代表失业率，纵轴*G*代表通货膨胀率，向右下方倾斜的*PC*即为菲利普斯曲线。这条曲线表明，当失业率高（*d*）时通货膨胀率就低（*b*），当失业率低（*c*）时通货膨胀率就高（*a*）。

曼昆在他的书中详细讨论了通货膨胀和失业之间的关系，菲利普斯曲线很好地说明了两者之间的短期权衡取舍。西方经济学家认为，货币工资率的提高是引起通货膨胀的原因，即货币工资率的增加超过劳动生产率的增加，引起物价上涨，从而导致通货膨胀。所以，菲利普斯曲线又成为当代经济学家用于表示失业率和通货膨胀之间此消彼长、相互交替关系的曲线。回顾一下，前面经济学原理之一，是人们面临权衡取舍，在这里，人们面临着通货膨胀和失业之间的短期权衡取舍。也就是说，如果人们希望降低失业率，比如将失业率降低到一个自然失业率的水平之下，那么人们就必须接受通货膨胀水平的上升。这就是“鱼和熊掌不可兼得”的延伸，当然这样的取舍只在短期内成立。也就是说，通货膨胀和失业之间不存在长期的权衡取舍。

在历史上，20世纪70年代的石油危机导致的经济滞涨，带来了高通货膨胀和高失业率并存的难题，并打破了短期内通货膨胀和失业之间的权衡取舍关系。

第2章　经济学与我们生活的时代

——经济世界的10个关键术语

爱尔兰政治理论家埃德蒙·伯克说："骑士时代已经过去，随之而来的是智者、经济学家和计算机专家的时代。"如果缺乏经济学的基本概念，就无法准确把握当今世界的时代特征。

经济学家在建立一幅经济世界的科学图像方面，扮演着重要的角色。换言之，经济学家通过一系列术语定义了这个时代的运行规则。

因此，更进一步的学习，要从经济学的关键术语开始。

经济学前提：经济人假设

有一位妇人在纽约市的多家报纸上刊登了1美元卖宝马车的广告，人们并不以为然，因为1美元是不可能买到宝马车的。一周过去了，没有人去买这辆廉价的宝马车。恰巧刚毕业的小伙子约翰看到这则广告，于是拿着1美元满怀希望地按报纸上的地址去买这辆宝马车。很快，约翰就和卖车的妇人办好了手续。约翰问："为什么这辆宝马车只卖1美元呢？"妇人说："因为我的丈夫去世了，他的遗产全都是我的，只有这一辆宝马车属于他的情人。根据他的遗嘱，要把这辆车变卖，所得款项全部归他的情人。所以，1美元即可。"于是约翰高高兴兴地开着宝马车回家了。

经济人假设也称理性经济人，是经济学中最根本的一个假设，整个经济学大厦就是建立在这个假设基础上的。

经济人假设认为，因为资源的稀缺性，每个人都受到资源稀缺的约束（如收入的限制、时间的限制、价格的限制等），人的思考和行为都是在既定的约束下追求自己利益的极大化。如同上文中的约翰，他很乐意用1美元去购买一辆宝马车。所谓经济人假设，是指个体无论处于什么地位，其作为人的本质是一致的，即以追求个人利益，满足个人利益最大化为基本动机，都希望以尽可能少的付出，获得最大限度的收获，并为此可不择手段。

亚当·斯密在《国民财富的性质和原因的研究》（简称《国富论》）中的一段话对理性经济人有较为清晰的阐述："我们每天所需要的食物和饮料，不是出自屠宰商、酿酒师和面包师的恩惠，而是出于他们自利的打算。我们不说唤起他们利他心的话，而说唤起他们利己心的话，我们不说我们自己的需要，而说对他们有好处。"亚当·斯密的这段论述向我们表明：人和人之间是一种交换的关系，人们之所以能获得食物和饮料，是因为商家们要获取自己最大的利益。

大卫·李嘉图提出的经济人的"流氓假设"认为，社会由一群无组织的个人组成，每个人以一种计算利弊的方式为个人的利益行动。每个人为达到这个目的，尽可能合乎逻辑地思考和行动。

在经济学家的眼里，千差万别的活生生的人都是理性经济人——不懈地追求自身最大限度的满足的理性的人。显然，经济人都是自利的，以自我利益的最大化作为自己的追求。当一个人在经济活动中面临着若干不同的选择机会时，他总是倾向于选择能给自己带来更大利益的那种机会，即总是追求最大的利益。

因此，理性经济人是自利的，但自利并不完全等于自私。如一个虔诚的教徒受到了感化，充满了行善的愿望，当他人得到幸福的时候，他会觉得自己也幸福——他是自利的，但并不自私。

无论个体的行为是成功地为个体带来正的经济利益的流入，还是带来负的经济利益的损耗，在做出决策时，个体都是理性的经济人。在社会以及经济活动中，人人都是理性经济人。比如说买一件商品，都希望买到的是“物美价廉”的商品，绝不希望买到“物次价高”的商品，因为在经济活动中，人会保持最大的自利，也许在结果上买了“物次价高”的商品，但这不会改变个体是理性经济人这一事实。

可以说，理性经济人是经济学最基本的概念之一。

商品：有什么物品不能买卖

太平洋上的瑙鲁，是一个由珊瑚礁形成的岛国，矿产十分丰富，但岛上没有供农作物生长的土地。为了解决这个问题，瑙鲁一方面出口矿石，另一方面进口泥土，以便种植农作物。

世界上最奇特的商品，莫过于丹麦格陵兰岛出口的冰山了。这是10万年前的冰，被认为是最纯净的，没有污染，杂质很少。

日本商人将田野、山谷和草地上的清新空气，用现代技术储制成“空气罐头”，然后向久居闹市、饱受空气污染的市民出售，当购买者打开空气罐头，将其靠近鼻孔，顿时感到香气扑鼻，沁人肺腑。

商品对于我们来说，再熟悉不过了。我们每天吃、喝、穿、住、用、行，样样离不开商品，只要兜里有钱，我们随时能买到各种想要的商品。但是，究竟什么才是商品？

首先，商品必须是劳动产品。换句话说，如果不是劳动产品，就不能成为商品。比如，自然界中的空气、阳光，虽然是人类生活所必需的，但这些都不是劳动产品，所以它们不能叫作商品。

其次，商品还必须要用于交换。商品总是与交换分不开的。也就是说，如果不是用于交换的，即使是劳动产品，也不能叫作商品。例如，在古时候，传统的男耕女织的家庭生产，种出来的粮食和织出来的布，尽管都是劳动产品，但是只供家庭成员使用，并没有用来和他人交换，因而也不是商品。

因此，商品可以简单概述为：用于交换的劳动产品。

商品并不是从人类出现之时就有的，是人类发展到一定历史阶段的产物。它的产生，必须具备以下两个条件：

（1）社会分工。它是商品产生的基础。有了社会分工，才有了交换的要求，也就有了进行交换的可能。社会分工的特征表现为每一个劳动者只从事某些局部的、单方面的劳动，只生产某些甚至某种单一的产品，而人们的需求是多方面的，为了满足多方面的需求，生产者必然要相互用自己生产的产品去交换自己不生产而又需要的产品。这种商品生产和商品交换就是商品经济。

（2）所有权不同。它是商品得以生产的前提。只有生产资料和劳动产品属于不同的所有者，才会发生交换行为。在私有制条件下，产品交换的双方成为独立的利益主体，成为经济利益的对立面。这就决定了双方的交换不能是不等式，而只能是等式，即商品经济中的等价交换原则。劳动产品的交换既然是等价的商品交换，那么，生产者的生产过程就成为以直接交换为目的的商品生产过程。

可见，商品既是社会分工的产物，也是财产私有制确立之后，人类社会交换劳动剩余的文明成果。

货币：狗牙也可以买东西

世界上除了我们所认识的常用货币外，还有一些新奇的不为我们所熟悉的货币形式。例如，在太平洋某些岛屿和若干非洲民族中，人们以一种贝壳——“加马里”货币来交税。又如，美拉尼西亚群岛的居民普遍养狗，所以就以狗牙作为货币，一颗狗牙大概可以买到100个椰子，而娶一位新娘，必须给她几百颗狗牙作为礼金！于是，有一些贪婪的骗子向美拉尼西亚运入大量的狗牙，以骗取土著居民的各种有用物资，曾一度造成了“通货膨胀”。

按照经济学理论的解释，任何一种能执行交换媒介、价值尺度、延期支付标准和完全流动的财富储藏手段等功能的商品，都可被看作货币。

有人不禁要质疑上述的论断：人民币、美元、欧元才是货币，肥皂、洗衣粉之类的商品也能算是货币吗？在我们的日常生活中，肥皂、洗衣粉当然不能算作是货币。要了解货币，就必须从货币的起源来看。

货币的前身就是普普通通的商品，它是在交换的过程中逐渐演变成一般等价物的。货币就是商品，但又不是普通的商品，而是特殊的商品。货币出现后，整个商品世界就分裂成两极，一极是特殊商品——货币，另一极是所有的普通商品。

人们使用货币的历史产生于物物交换的时代。在原始社会，人们采用以物易物的方式，交换自己所需要的物资，比如以一只羊换一把石斧。有时候受到用于交换的物资种类的限制，不得不寻找一种能够被交换双方都接受的物品，比如一只羊换一把石斧，一把石斧换一堆盐，这里石斧就具备了货币的功能。

在人类的早期历史上，贝壳因为难获得，充当了一般等价物，“贝”因此成为最原始的货币之一。今天的汉字如“赚”“赔”“财”等，都有“贝”字旁，就是当初贝壳作为货币流通的印迹。

经过长年的自然淘汰，在绝大多数社会里，作为货币使用的物品逐渐被金属取代。使用金属货币的好处在于，它的制作需要人工，无法从自然界大量地获得，同时还易于储存。数量稀少的金、银逐渐成为主要的货币金属。古代希腊、罗马和波斯的人们把金银切割成大小不同的薄片，在上面刻制印标，准确标出每一片的重量。在交易中，人们只要看一下这片贵重金属上面的标志，便可得知它的价值。

随着经济的进一步发展，金属货币的重量和体积都令人感到烦恼。它不易携带，而且在使用过程中还会出现磨损的问题。据不完全统计，自从人类使用黄金作为货币以来，已经有超过两万吨的黄金在铸币厂里，或者在人们的手里、钱袋中磨损掉。于是，金属货币的象征符号——纸币出现了。世界上最早出现的纸币，是中国北宋时期的“交子”。目前世界上共有200多种纸币，流通于193个独立的国家和地区中。

由于货币是价值和社会财富的一般代表，谁占有了货币，就等于占有了价值和财富；谁占有的货币越多，即表明所拥有的商品越多。在货币的帮助下，人们不仅可以进行交易，也更容易比过去富裕。货币的权势并不像刀剑和长矛那样锋芒毕露，但其效果却更为持久和长远。

成本：有收获就有放弃

皮洛士生于亚历山大大帝死后分裂的古希腊，是小国伊庇鲁斯的王子。皮洛士一向醉心于马其顿国王亚历山大的“伟业”，企图在地中海建立一个大国。

公元前281年，皮洛士率领大批军队进攻罗马。在阿普利亚境内的奥斯库伦城附近，双方展开了激战。在这次战斗中，皮洛士的损失极其惨重。他虽然赢得了胜利，但损失了大批有生力量。战斗结束后，将士们向他表示庆祝，皮洛士看着硝烟还没散尽的战场，叹息道：“要是再来一次这样的胜利，我也就彻底垮了。”

这就是著名的典故“皮洛士的胜利”，在经济上引申为成本太高而收益太少。

成本是商品经济的价值范畴，是商品价值的组成部分。人们要进行生产经营活动或达到一定的目的，就必须耗费一定的资源（人力、物力和财力），其所费资源的货币表现及其对象化称为成本，也就是企业把商品提供给市场所支出的全部费用。

随着商品经济的不断发展，成本概念的内涵和外延都处于不断的变化发展之中。它有以下几方面的含义：

（1）成本是生产和销售一定种类与数量产品所耗费资源用货币计量的经济价值。企业进行产品生产需要消耗生产资料和劳动力，这些消耗在成本中用货币计量，就表现为材料费用、折旧费用、工资费用等。企业的经营活动不仅包括生产，也包括销售活动，因此首先在销售活动中所发生的费用也应该计入成本；其次为了管理生产所发生的费用，也应该计入成本；再次为了管理生产经营活动所发生的费用也具有形成成本的性质。

（2）成本是为了取得物质资源所需付出的经济价值。企业为进行生产经营活动，购置各种生产资料或采购商品而支付的价款和费用，就是购置成本或采购成本。随着生产经营活动的不断进行，这些成本就转化为生产成本或销售成本。

（3）成本本质上是一种价值牺牲。它作为实现一定的目的而付出资源的价值牺牲，可以是多种资源的价值牺牲，也可以是某些方面的资源价值牺牲。它可以用货币单位加以计量。

（4）成本是为达到一种目的而放弃另一种目的所牺牲的经济价值。举一个简单的例子，小张准备开一家服装店，在计算成本的时候，她可能会考虑到店面的房租、水电费、税金、进货的费用、借款的利息、付给雇员的工资等。在扣除这些费用之后，她认为自己还会赚到钱。但是，需要提醒她的是，这样的计算式还不完整：她漏掉了自己的工资、自己垫付资金的利息、开服装店的机会成本等。只有把这些成本也考虑在内，才能决定是否开服装店。

价值和价格：薪水的浮动

有一个公司招聘业务人员，其中一位应征者履历优秀，能力出众，曾在大企业工作。对此，招聘人员有“小庙容不下大佛”的顾虑，因此对这名应聘者不抱太大的希望，并在面谈时很诚实地告诉他，依据公司规定，无法给出太高的薪水。原以为面试会就此结束，没想到他竟然愿意接受不及他原来工作一半的薪资条件，这让招聘人员有点意外。

正式上班后，他也没有骄傲自满，而是努力工作，勤跑客户，不久后他的业绩远远超出大家的预期。于是，在最短的时间内，他得到破格晋升，而且大幅度加薪。自此，他也更加卖力，为公司创造了更好的业绩。

原来，他在前一家公司已经当上了主管，工作相当顺利，薪水也十分满意，原以为在事业上会一帆风顺，没想到后来公司投资失败，老板突然不知去向，让员工们哭诉无门。求职期间，他也曾经因为薪水无法与自己的期待相符而怨天尤人，总认为自己是怀才不遇。但在经历了一段时间的挫折与沉淀之后，他重新出发，重新体会到价值与价格的差异。

现在他领悟，价格是被人给予的，随时可以拿走，价值却是自己创造的，任谁也无法带来。

这个案例正体现了价值与价格之间的关系，薪水的变动不一定反映能力的波动。商品也是如此，商品价格的变动不一定反映商品价值的波动，价格是商品同货币交换比例的指数，价格是商品的交换价值在流通过程中所取得的转化形式。

从本质上来说，价格是一种从属于价值并由价值决定的货币价值形式。价值的变动是价格变动的内在的、支配性的因素，是价格形成的基础。但是，由于商品的价格既是由商品本身的价值决定的，也是由货币本身的价值决定的，因而商品价格的变动不一定反映商品价值的变动。在商品价值不变时，货币价值的变动就会引起商品价格的变动；同样，商品价值的变动也并不一定就会引起商品价格的变动。在商品价值和货币价值按同一方向发生相同比例变动时，商品价值的变动并不引起商品价格的变动。因此，商品的价格虽然是表现价值的，但是，仍然存在着商品价格和商品价值不一致的情况。在简单商品经济条件下，商品价格随市场供求关系的变动，直接围绕它的价值上下波动；在资本主义商品经济条件下，由于部门之间的竞争和利润的平均化，商品价值转化为生产价格，商品价格随市场供求关系的变动，围绕生产价格上下波动。

价值是价格的基础，商品供给是价格形成和变化的直接条件。价格是市场的“晴雨表”，反映了供给与需求之间的相互作用与变化。供给与需求是市场经济运行的力量，它们决定了每种物品的产量以及出售的价格。另外，价格的变化与市场环境的变化也息息相关。如果你想知道任何事件或政策将如何影响市场的价格，你就应该先考虑它将如何影响供给和需求。例如，当新冠肺炎袭击全世界的时候，全球酒精、消毒液、医用口罩等防疫用品的需求都增加了，一些日用品也成了普通消费者的抢购对象，这些物品的价格一度疯狂上涨，这主要是因为突如其来的疫情造成了消费者对这些物品需求的剧增。在美洲，每年夏天，当新英格兰地区天气变暖时，加勒比地区宾馆的价格呈直线下降；当中东爆发战争时，美国的汽油价格上升，而二手凯迪拉克轿车价格下降。这些都反映出供给和需求对市场的作用，而所有的这一切都是通过价格来反映的。

效用：朝三暮四的妙用

《庄子·齐物论》中有个“朝三暮四”的故事。

宋国有一个很喜欢饲养猴子的人，名叫狙公。他家养了一大群猴子，他能理解猴子的意思，猴子也懂得他的心意。狙公宁可减少全家的食用，也要满足猴子的要求。然而不久后，家里越来越穷困了，狙公打算减少给猴子吃栗子的数量，但又怕猴子不顺从自己，就先欺骗猴子说：“给你们的栗子，早上三个，晚上四个，够吃了吗？”猴子一听，都站了起来，十分恼怒。过了一会儿，狙公又说：“给你们的栗子，早上四个，晚上三个，这该够吃了吧？”猴子一听，一个个都趴在地上，非常高兴。

这个成语故事原本揭露狙公愚弄猴子的骗术，告诫人们要注重实际，防止被花言巧语所蒙骗。在这个故事里，猴子是作为一种愚蠢的动物而出现的。实际上，我们从经济学的角度来看，可能得出的结论会大不一样。古人认为总量是没有变化的，因此觉得早上三个晚上四个和早上四个晚上三个是完全一样的。其实不然，朝三暮四和朝四暮三还是有些区别的，它们能给猴子带来不同的效用。

在经济学的发展史中，“效用”概念的出现无疑是一个突破。物品效用在于满足人的欲望和需求。一切物品只有满足人类天生的肉体和精神欲望，才成为有用的东西，才有价值。在经济学中，效用是用来衡量消费者从一组商品和服务之中获得的幸福或者满足的尺度。有了这种衡量尺度，我们就可以在谈论效用的增加或者降低的时候有所参考。因此，我们也可以在解释一种经济行为是否带来好处时有了衡量标准。效用不同于物品本身的使用价值。使用价值产生于物品的属性，是客观的；效用是消费者消费某种物品时的感受。

效用价值论强调物给人带来的满足程度，而满足程度完全是主观的感觉。该理论认为，主观价值是客观交换价值的基础。物品的有用性和稀少性都是价值形成不可缺少的因素，都是主观价值的起源。在不同地点，人们对馒头的不同主观评价可以说明这个问题。

村子里有一个穷人和一个富人，有一天突然发洪水了。穷人背着家里最贵重的东西——一袋馒头爬上了一棵树，富人背着家里最贵重的东西——一袋金子也爬上了这棵树。洪水没有消退的迹象。第一天，穷人吃了一个馒头，富人什么也没吃，眼睁睁地看着穷人吃。第二天，穷人又吃了一个馒头，富人的肚子已经直打鼓。到了第三天，富人实在是忍不住了，于是富人对穷人说：“我用一锭金子换你一个馒头。”在这种“不平等交换”下，富人和穷人最终撑过了这段艰难时期。在这个艰难时期，馒头对人的效用无疑比金子大。

经济学依赖一个基本的前提假定，即人们在做选择的时候倾向于选择在他们看来具有最高价值的那些物品和服务。效用是消费者的主观感觉，取决于消费者对这种物品的喜欢程度，即偏好。消费者对某种物品的偏好越大，这种物品带来的效用就越大，消费者就越愿意购买，需求就越高。

正如俗话所讲，萝卜白菜，各有所爱。有人喜欢抽烟，那么香烟对于他而言效用就很高，但对于一位不愿意闻烟味的女士来说，香烟就会是效用很低甚至是负效用的东西。很显然，在做出决定的时候，烟民自然会把香烟视为至宝，而女士们可能更钟情于化妆品或者服装。

信用：商业活动运行的基础

在一个民风淳朴的村庄，一个小伙子欠了别人一笔债，正在发愁的时候，他外面的朋友教唆他趁着天黑去偷邻居家地里的西瓜。他经不住朋友的一再教唆就去偷瓜，当他向村外偷运西瓜时被邻居逮了个正着。此后，这个小伙子就背上了“偷瓜贼”的恶名，村里人在教育自己的孩子时都说：“千万不要学×××，把家里的脸都丢光了。”

在上面这个例子中，小伙子偷他人的东西，不但破坏了本村淳朴的民风，也使自己在人们心目中的形象变坏了。对借钱给他的人而言，即使他还钱了，今后其他人也不会再借给他钱了，这就是破坏信用所付出的代价。

从纯经济学的角度看，信用的定义是：因为价值交换的滞后而产生的赊销活动，是以协议与契约保障的不同时间间隔下的经济交易行为。如果想维护经济秩序的自觉性，还要有法律作为保障。假如没有法律保障，经济秩序就会被破坏。

个人信誉的流失会导致如此严重的后果，对于一家企业而言，信用更为重要。企业之所以能够持久发展，除了在产品上不断开拓，更重要的是和别的企业建立了长期、稳定的良好关系。这样企业的产品才会有销路。曾有人说：“诚信是企业的生命与灵魂。没有诚信，企业犹如得了软骨病，没有凝聚力与号召力，就像行尸走肉一般。”

信用卡的出现和发展就是信用应用于商业活动的最好例子。如今，信用卡被广泛应用于生活中。它方便快捷，安全系数又高。有关信用卡的产生，有这样一段趣事：

一天，美国商人麦克纳马拉在纽约的一家饭店请客吃饭，到了结账时才发现自己没带钱包，他深感难堪，只能打电话叫妻子带现金来结账。这件事让他产生了创建信用卡公司的想法，于是在1920年，他和朋友共同创建了“大莱俱乐部”。这个俱乐部为会员提供一种证明自己身份与支付能力的卡片，会员凭借卡片可以记账消费。后来，随着银行信用的介入，这种商业信用卡渐渐转变成了以银行信用为特征的信用卡。信用卡一经面世，很快便风靡起来。

看来，信用卡的出现，初衷就是要给人们提供一种信用凭证，让人们可以凭借自己的经济收入与信用，从银行得到一定的信贷额度。因此，真正意义上的信用卡能为人们提供一定限额的消费信贷。而这是信用卡的一个根本标志，也正是因为这样一个功能，信用卡才具有了真正的“信用”意义。

企业尚且是这样，国民经济中的诚信就更不可缺少了。诚信是衡量一个国家发展状况的标准。若国民的诚信度低，就会造成经济行为具有不确定性与不可预期性，投资的机会成本与商品的交易成本就会非常高，经济运行效率低，社会资源与人力资源浪费就会更加严重。在国民经济中，诚信水平下降的根本原因是人们追逐不当得利被发现与受到惩罚的机会成本很小。怎样减少与消除因为国民不诚信行为而给社会经济带来的不利影响，进而提高整个社会的经济运行效率呢？这就要求政府必须建立和现代市场经济相适应的诚信机制，尤其是要设置科学的诚信标准。

在现实生活中，诚信的标准主要包括两方面的内容：一是诚信的道德标准。它主要指人们在为人处世时诚实守信的行为规范，主要包括经商要有商德，为师要有师德，从医要有医德，做官要有官德，做百姓要遵守社会公德等。二是诚信的规则标准。它主要是指为了让人们在社会政治经济等活动中，必须遵守诚信原则而制定的一系列政策法规，这主要包括政治、经济以及法律规则等。

以前，社会相对封闭，人们总是抬头不见低头见，偷一次瓜的后果就是一生被叫作“贼”。偷窃的成本这么高，以至于无人敢这么做。而现代社会，流动性大，有的人就想钻空子做“一锤子买卖”，社会的信用体系不再安全。信用低造成企业行为如履薄冰，影响了市场经济主体的正常运营，对市场经济的发展非常不利。

银行：货币流通的中转站

最早的银行业发源于西欧古代社会的货币兑换业。最初货币兑换商只是为商人兑换货币，后来发展到为商人保管货币、收付现金、办理结算和汇款，但不支付利息，并收取保管费和手续费。随着工商业的发展，货币兑换商的业务进一步发展，他们手中聚集了大量资金。当货币兑换商为了谋取更多的利润，利用手中聚集的货币发放贷款以取得利息时，货币兑换业就发展成为银行了。

公元前2000年的巴比伦寺庙、公元前500年的希腊寺庙，都已经有了经营保管金银、收付利息、发放贷款的机构。近代银行产生于中世纪的意大利，威尼斯由于地理位置特殊而成为当时的贸易中心。1171年，威尼斯银行成立，这是世界上最早的银行，随后意大利的其他城市以及德国、荷兰的一些城市也先后成立了银行。

当时这些银行主要的放款对象是政府，并带有高利贷性质，因而不能适应资本主义工商业发展的要求。最早出现的按资本主义原则组织起来的股份银行是1694年成立的英格兰银行。

在我国，明朝中期就形成了具有银行性质的钱庄，到清代又出现了票号。第一次使用银行名称的国内银行是“中国通商银行”，它成立于1897年5月27日。最早的国家银行是1905年创办的“户部银行”，后称“大清银行”。1911年辛亥革命后，大清银行改组为“中国银行”，名称一直沿用至今。

那么银行在商业活动中，是如何担当起货币流通的中转站的角色的呢？银行将存款借给别人，通过息差赚钱，例如通过息差赚取2%的利息。同时，银行不能100%放贷。如果老百姓存了100元钱，银行全都放贷了，那么当有人取钱时，银行便没钱给人，这就会造成金融危机。因此，中央银行要求每一家银行必须要保存一定份额的存款准备金，这样才能防止出现别人来取钱时没有钱的状况。中央银行时刻要求保留一定份额的存款准备金，即银行会把储户存款的一部分拿来放贷，存款准备金率如果是20%，那么20%的存款就留在银行，供提款人取现金用。也就是说，如果银行有100元钱的存款，它就只能放贷80元。银行就是这样不断地吸纳存款，不停地发放贷款来完成货币的流通，并在货币的流通中赚取利润。

到18世纪末19世纪初，规模巨大的股份银行纷纷建立，并成为资本主义银行的主要形式。随着信用经济的进一步发展和国家对社会经济生活干预的不断加强，建立中央银行的客观要求产生了。1844年，改组后的英格兰银行可视为资本主义国家中央银行的鼻祖。到19世纪后半期，西方各国都相继设立了中央银行。早期的银行以办理工商企业存款、短期抵押贷款和贴现等为主要业务。现在，西方国家银行的业务已扩展到证券投资、黄金买卖、中长期贷款、租赁、信托、保险、咨询、信息服务以及电子计算机服务等各个方面。

生活中的黄金搭档：帕累托最优

春秋时期，鲁国非常弱小，有很多鲁国人在其他国家沦为奴隶。为了振兴国力，鲁国国君颁布了这样一条法律：如果鲁国人在其他国家中遇见沦为奴隶的同胞，可以先把这个同胞赎回来，回国后国家给予报销赎金。

孔子有一位学生子贡，家里比较富裕，他曾多次将沦为奴隶的鲁国人赎回，而且事后并不去找国君报销。子贡觉得自己是在施行老师的“仁”，他为此还非常得意。

后来，孔子知道了此事，却批评了子贡：“我知道你追求高尚，也不缺钱花，但是这个补偿你一定要去领。现在你掏钱救人，受到社会的赞扬，但是从今以后，当别人在国外再遇见沦为奴隶的鲁国人时，他就会想自己是不是应该去赎人呢？如果赎了人，回国后还去不去找国君要钱呢？不去找国君，自己会损失一大笔钱；如果去找国君，别人又会拿你来讥笑他。这样一来，他们再看到身为奴隶的鲁国人就会装作没有看见，你的行为正好是阻碍解救沦为奴隶的鲁国人的根源！”子贡听完老师的话，顿感羞愧。

还有一次，孔子的另一位学生看到有人掉进河里，于是便把遇难者救上岸来。被救的人为了表示感谢，送给孔子的这位学生一头牛，学生收下了。孔子对这个学生的行为大加赞赏，因为这会激励更多的人去救人。

孔子的行为暗合了经济学原理，这两件事体现的正是经济学中的帕累托效率准则。意大利经济学家帕累托曾针对资源的最佳配置提出了帕累托效率准则：经济的效率体现于配置社会资源以改善人们的境况，主要看资源是否已经被充分利用，如果资源已经被充分利用，要想再改善就必须损害别人的利益。

帕累托最伟大的成就就是提出了“帕累托最优”这个理念。所谓帕累托最优，指的是资源分配的一种理想状态。一旦达到了这种理想状态，想要使某些人的处境变好，就必定要使另外某个人的境况变坏。换句话说，就是你的得到是以他人的失去为代价的。在某种意义上，我们可以认为，帕累托最优是一个兼顾公平与效率的“理想王国”。相反，如果还可以在不损害其他人的情况下改善某个人的处境，我们就可以认为资源尚未被充分利用，这时就没有实现帕累托最优。

根据帕累托的说法，如果社会资源的配置已经达到任何调整都不可能在不使其他人境况变坏的情况下，使任何一个人情况变得更好，那么，这种资源配置的状况就是最佳的，是最有效率的。如果没有达到这种状态，即任何重新调整能使某人境况变好，而不使其他任何一个人情况变坏，那么说明这种资源配置的状况不是最佳的，是缺乏效率的。

孔子批评子贡的原因正是在于，鲁国原有的制度其实已经发挥出很好的效果，人们开始积极赎回沦为奴隶的同胞，而子贡做出的这些改变，很可能会破坏这种积极性，从而使鲁国已有的制度出现问题。

第3章　学会从经济指标中洞察经济大势

——读懂经济数据要学的经济学

开尔文勋爵说："当你能衡量你所谈论的东西并能用数字加以表达时，你才真的对它有了几分了解；而当你还不能衡量、不能用数字来表达它时，你的了解就是肤浅和不能令人满意的。这种了解也许是认知的开始，但在思想上则很难说已经步入了科学的阶段。"

人们每天上网、打开电视、拿起报纸，都会有大量的财经新闻扑面而来，如果你能够读懂这些财经新闻，就能够洞察中国和世界的经济大势，从而你的认知就能够步入开尔文勋爵所说的"科学的阶段"。

CPI：跑不过刘翔，要跑过CPI

网上曾经大肆宣传这样一句话："你可能跑不过刘翔，但你一定要跑过CPI。"这种活泼生动的说法源于中国在2008年年初出现较为严重的价格上涨现象时。

有个网友曾经很无奈地说："我想买房，结果房价涨了。我想买车，结果油价涨了。我想买点肉吃，结果猪价涨了。那我吃方便面总可以了吧？结果方便面也涨价了。"

还有这样的一个笑话，沙僧对悟空说："大师兄，现在二师兄都比师父值钱了。"这个笑话就是说2008年猪肉的价格暴涨。

中国在2008年年初出现了较为严重的通货膨胀。

在北京朝阳区北大院旁边的菜市场，大白菜、菠菜摊位前挤满了人，小贩忙得满头大汗，脸上的笑容却一刻也没停止过。一个卖蔬菜的小贩每天能赚200元左右，而菜市场北侧的15个经营肉类食品的摊位就冷清多了。“以前卖肉很红火，一天能卖2000元，可自从2007年年底开始，生意一落千丈。”一位姓胡的摊主指着对面空着的6个摊位说，“现在老百姓买肉开始算计了。好几家卖肉的都干不下去了。”

在美国学经济的留学生晁超，回国后的1个月里，有大半个月的时间在做中国春节期间物价的社会调查：和同学聚会时，就了解不同餐馆的消费水平；要在国内买一台手提电脑，就在专卖店和电脑城里了解电子产品的行情；陪老妈转商店，就对比衣服鞋子化妆品的市场价格……转得精疲力竭的同时，一篇名为《涨价时代的特殊调查》的论文已经整理成文。

晁超在市场调查中发现，他所接触的一般民众——在菜场买菜的市民，在街边摆摊的小贩，都对CPI这样的专有经济学术语如数家珍。

在中国现实的社会中，“民生感受”这个词，也在逐步提高自己的“位置”。因为真正的民生话题，确实是和柴米油盐、家长里短息息相关的，物价成为国家高度关注的问题，就一点也不奇怪。

CPI是消费者物价指数（consumer price index）的英文缩写，它能够反映根据与居民生活有关的产品及劳务的价格统计出来的物价变动指标，通常被作为观察通货膨胀水平的重要指标。它同时是反映我们吃、喝、用以及其他与人民生活密切相关的消费品价格的参考指标。

经济学知识告诉我们：如果消费者物价指数升幅过大，表明通货膨胀已经成为经济不稳定因素，央行会有紧缩货币政策和财政政策的举措，从而造成经济前景不明朗。因此，该指数过高的升幅往往不被市场欢迎。例如，在过去12个月，消费者物价指数上升2.3%，那就表示，生活成本比12个月前平均上升2.3%；当生活成本提高，你的金钱价值便随之下降。也就是说，1年前收到的1张100元纸币，今日只可以买到价值97.70元的货品及服务。一般说来，当CPI的增幅大于3%时为通货膨胀，而当CPI的增幅大于5%时为严重的通货膨胀。

应对通货膨胀的最好办法是进行投资，如果投资收益率超过了通货膨胀率，资产就能保值增值，避免缩水。在通货膨胀的情况下，投资实物资产的资产保值作用比较明显；而投资于一些固定收益类的产品，如债券，随着通货膨胀的继续，从一定程度上来说资产是贬值的。

在近期通货膨胀的大背景下，在家庭资产中配置一定比例的黄金投资能实现资产的保值增值。黄金投资是一个很好的风险防范的投资品种，又可以获得一定的投资收益，在资产的保值方面有不可替代的优势。

有资料显示，艺术品投资是世界上效益最好的三大投资项目（另外两项为金融和房地产）之一，其回报率之高，最终将跑赢房地产和金融投资，这已经成为全世界投资者们的共识。许多人开始把对艺术品收藏作为一种保值、增值的投资行为。

目前在国内，艺术品的投资是一个特殊的门类，其投资效益往往比别的项目更显著，其增值幅度也超过别的投资。它的特殊性在于这些艺术品不仅是一种物质存在，更是一种精神文化的结晶，既可作为一种物质财富储蓄，也可作为艺术来欣赏与研究。由于精品在艺术家一生的创作中，数量极为有限，所谓精品难求，其独有性和不可取代性往往可令其市场价值以惊人幅度攀升，而它们的价值具有相对的稳定性。这些书画与古董，可以随时进入拍卖市场，得到一个公平的价格。

只要我们采取不同的投资手段，跑赢CPI并非难事。或者即使跑不赢，也可并驾齐驱或紧随其后，不至于被甩得太远。

绿色GDP：为什么GDP会受质疑

一天，两个青年饭后去散步，为了某个数学模型的证明争了起来。正在难分高下的时候，他们突然发现前面的草地上有一堆狗屎。甲就对乙说："如果你能把它吃下去，我愿意出5000万元。"5000万元的诱惑可真不小，吃还是不吃呢？乙掏出纸笔，进行了精确的数学计算，很快得出了经济学上的最优解：吃！于是甲损失了5000万元，当然，乙的这顿餐吃得也并不轻松。

两个人继续散步，突然又发现了一堆狗屎，这时候乙开始剧烈反胃，而甲也有点心疼刚才花掉的5000万元。于是乙说："你把它吃下去，我也给你5000万元。"于是，不同的计算方法，相同的计算结果——吃！甲心满意足地收回了5000万元，而乙似乎也找到了一点心理平衡。

可突然，两个青年同时号啕大哭："闹了半天我们什么也没得到，却白白吃了两堆狗屎！"他们怎么也想不通，只好去请他们的导师——一位著名的经济学泰斗给出解释。

听了两位高徒的故事，没想到泰斗也号啕大哭起来。好不容易等情绪稳定了一点，只见泰斗颤巍巍地举起一根手指头，无比激动地说："1亿元啊！1亿元啊！我亲爱的学生们，感谢你们，你们仅仅吃了两堆狗屎，就为国家的GDP贡献了1亿元的产值！"

吃狗屎能创造GDP，这是件可笑的事情。在可笑之余，我们应该先了解什么是GDP。GDP即英文gross domestic product的缩写，意即国内生产总值。通常对GDP的定义为：一定时期内（1个季度或1年），一个国家或地区的经济中所生产出的全部最终产品和提供劳务的市场价值的总值。

在经济学中，GDP常用来作为衡量该国或地区的经济发展综合水平通用的指标，这也是目前各个国家和地区常采用的衡量手段。GDP是宏观经济中最受关注的经济统计数字，因为它被认为是衡量国民经济发展情况最重要的一个指标。一般来说，国内生产总值有三种形态，即价值形态、收入形态和产品形态。从价值形态看，它是所有常驻单位在一定时期内生产的全部货物和服务价值与同期投入的全部非固定资产货物和服务价值的差额，即所有常驻单位的增加值之和；从收入形态看，它是所有常驻单位在一定时期内直接创造的收入之和；从产品形态看，它是最终使用的货物和服务减去进口货物和服务。GDP反映的是国民经济各部门增加值的总额。

在过去的30年里，中国是世界上经济增长最快的国家之一，但是，资源的浪费、生态的退化和环境污染的加剧，在很大程度上抵消了经济增长的成果。

一直以来，一些地方政府始终将GDP放在第一位，往往忽视了环保。因为强调环保就意味着要投入，那么许多工程因此就不能开工，就会影响GDP的增长。在"重发展、轻环保"思想的指导下，有些领导甚至要求环保部门为违法建设开绿灯。

为正确衡量我国的经济总量并正确引导经济增长方式，我国正在积极推行绿色GDP的计算方法。绿色GDP是指一个国家或地区在考虑了自然资源（主要包括土地、森林、矿产、水和海洋）与环境因素（包括生态环境、自然环境、人文环境等）影响之后经济活动的最终成果，即将经济活动中所付出的资源耗减成本和环境降级成本从GDP中予以扣除。改革现行的国民经济核算体系，对环境资源进行核算，从现行GDP中扣除环境资源成本和对环境资源的保护服务费用，其计算结果可称为绿色GDP。绿色GDP用公式可以表示为：

绿色GDP=GDP总量-（环境资源成本+环境资源保护服务费用）

通过绿色GDP的试点，我们可以勾勒出一个日渐清晰的蓝本：民众需要舒适从容的生存空间，国家要走可持续的良性发展道路。

基尼系数：为什么不能过高

在某银行工作的小吕，第一年年薪就达到了20多万元，加上平时奖金及年终奖金，年收入可达30多万元；而小吕的同班同学小李，在一家外贸公司做文职工作，月薪仅7000元，且第一年无年终奖金。

为什么有些行业工资那么高，而有些行业工资那么低？证券、银行、航空运输等行业年平均工资在30万元，而纺织等行业的年平均工资则低于7万元。工资低的“病根”到底在哪儿呢？是什么导致收入差距越拉越大，进而导致贫富差距越来越大？

为了研究国民收入在国民之间的分配问题，统计学家M.O.洛伦兹提出了著名的洛伦兹曲线（见图3-1）。

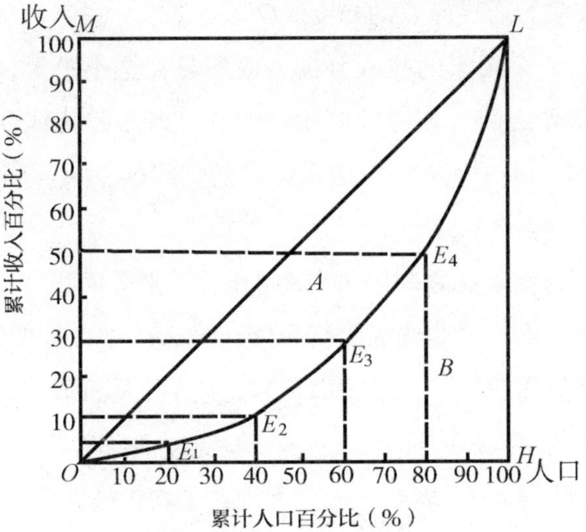

图3-1　洛伦兹曲线

画一个矩形，矩形的宽衡量社会财富的百分比，将之分为五等分，每一等分为20的社会总财富。在矩形的长上，将100个家庭从最贫者到最富者自左向右排列，也分为五等分，第一个等分代表收入最低的20个家庭。在这个矩形中，将每一等分的家庭所拥有的财富的百分比累计起来，并将相应的点画在图中，便得到了一条曲线，这就是洛伦兹曲线。

洛伦兹曲线用于比较和分析一个国家在不同时代或者不同国家在同一时代的财富不平等，该曲线作为一个总结收入和财富分配信息的便利的图形方法得到广泛应用。

图3-1中横轴*OH*表示人口（按收入由低到高分组）的累积百分比，纵轴*OM*表示收入的累积百分比，弧线*OL*为洛伦兹曲线。

洛伦兹曲线的弯曲程度具有重要意义。一方面，它反映了收入分配的不平等程度。弯曲程度越大，收入分配越不平等；反之亦然。特别是如果所有收入都集中在一人手中，而其余人口均一无所获时，收入分配达到完全不平等，洛伦兹曲线成为折线*OHL*。另一方面，若任一人口百分比均等于其收入百分比，从而人口累计百分比等于收入累计百分比，则收入分配是完全平等的，洛伦兹曲线成为通过原点的45度线*OL*。

一般来说，一个国家的收入分配，既不是完全不平等，也不是完全平等，而是介于两者之间。相应的洛伦兹曲线，既不是折线*OHL*，也不是45度线*OL*，而是像图3-1中这样向横轴突出的弧线*OL*，尽管突出的程度有所不同。

洛伦兹曲线与45度线之间的部分*A*叫作“不平等面积”，当收入分配达到完全不平等时，洛伦兹曲线成为折线*OHL*，*OHL*与45度线之间的面积*A*+*B*叫作“完全不平等面积”。不平等面积与完全不平等面积之比，称为基尼系数，是衡量一国贫富差距的标准。

基尼系数最小等于0，表示收入分配绝对平均；最大等于1，表示收入分配绝对不平均；实际的基尼系数介于0和1之间。如果个人所得税能使收入均等化，那么，基尼系数即会变小。联合国有关组织规定：基尼系数低于0.2表示收入高度平均；0.2~0.3表示比较平均；0.3~0.4表示相对合理；0.4~0.5表示收入差距较大；0.6以上表示收入差距悬殊。

那么，中国的基尼系数在一个什么样的“水位”上呢？中国的基尼系数在1994年就翻过了“警戒水位”，达到了0.434，1998年达到了0.456，1999年达到了0.457，2000年达到了0.458，2003年达到了0.479，以后的每年也基本在0.462以上，见表3-1。这不能不引起我们的高度警觉和重视。

表3-1　全国居民人均可支配收入基尼系数

年份	基尼系数
2003	0.479
2004	0.473
2005	0.485
2006	0.487
2007	0.484
2008	0.491
2009	0.490
2010	0.481
2011	0.477
2012	0.474
2013	0.473
2014	0.469
2015	0.462
2016	0.465
2017	0.467

有人说，中国的基尼系数偏高，是因为中国农村人口的贫困，导致基尼系数的参考坐标偏低。这话虽说不无道理，但对同一个指标，不同的人可能做出完全不同的解释。实际则迥然相异，正是因为中国农村人口的贫困，我国的基尼系数才应该偏低而不是偏高。

国外的一些做法也许会有某种启示。在发达国家，对富人在银行的存款有严格的限制，超过一定的限额将被课以重税，以强迫其储蓄进入消费和投资。在税收上的收入累进制，也强迫富人缴纳更多的税赋。还有，高达50%的遗产税使富人不可能将他的财产大部分留给他的后代。于是，在发达国家，绝大多数的富人在其拥有了一定的财富后，会发现除了他们自己个人和家庭的消费（对于绝大多数的能被称作富人的人来说，那只不过是一个很小的数字）外，其余的财富都是社会的，他们不过是这些财富的托管人而已。

于是，发达国家对富人实施政策，强迫许多富人成为这样的人：一方面他是企业家，另一方面他又是慈善家，他必须把企业所赚来的钱，流水似地大把大把地花出去，大把大把地捐给穷人或公益事业。这样的调节可以实现一种社会公平。

恩格尔系数：测测你的富裕程度

在我国古代，官员的俸禄也称为俸给、俸食、俸秩等，实质上，俸禄就相当于我们现在的工资。而从我国古代的情况看，长期是以谷粟为主要的俸禄形式，也称为禄米，甚至当时的官品等级也要以禄米的数量来计算，例如汉朝的三公（最高行政官员）秩万石，中央级部门首长——九卿秩中二千石。石，即为禄米的计算单位，每石为斛（十斗），重120斤。以粮为俸禄的做法一直延续到清朝。

我国古代的俸禄多以物为主体，其中有部分货币。比如，唐朝的官俸主要由授田、赐禄和俸料三部分组成。授田是指为防止物价波动并最终保证官员利益而由政府按官品高低统一分授的田地，分为职事田和永业田。田地所有权归国家，使用权和收益权归被授官员享有。赐禄是按年发放的禄米，也称岁禄。俸料是指除俸禄外，朝廷又给食料、厨料等（折成钱钞谓之料钱），两者合称俸料。

我们可以发现一个有趣的现象，古代官员们的俸禄与粮食密不可分。这是为什么呢？因为古代的经济发展水平落后，吃饱饭一直是人们的追求和目标。经济学家认为，随着经济的发展，人们花在吃上的支出比例越来越少，而花在服装、汽车、娱乐上的消费比例越来越多了，“吃”在人们心目中的地位下降了。这看似一个简单的逻辑，实际上却关系着政府进行宏观调控时作为参考的重要指标——恩格尔系数。

1857年，世界著名的德国统计学家恩格尔阐明了一个定律：随着家庭和个人收入增加，收入中用于食品方面的支出比例将逐渐减小，这一定律被称为恩格尔定律，反映这一定律的系数被称为恩格尔系数。恩格尔系数是指食品支出总额占个人消费支出总额的比重。其计算公式为：

恩格尔系数（%）=食品支出总额÷家庭或个人消费支出总额×100%

恩格尔认为，一个家庭收入越少，家庭收入中（或总支出中）用来购买食物的支出所占的比例就越大。随着家庭收入的增加，家庭收入中（或总支出中）用来购买食物的支出比例则会下降。推而广之，一个国家越穷，每个国民的平均收入中（或平均支出中）用于购买食物的支出所占比例就越大，随着国家的富裕，这个比例呈下降趋势。

恩格尔定律揭示了居民收入和食品支出之间的相关关系，用食品支出占消费总支出的比例来说明经济发展、收入增加对生活消费的影响程度。研究恩格尔系数主要有以下价值：

（1）用来判定家庭的富裕程度。

（2）分析不同消费者的消费情况。

（3）判定一个国家的经济发展水平和人民生活的富裕程度。

众所周知，吃是人类生存的第一需要，在收入水平较低时，其在消费支出中必然占有重要地位。随着收入的增加，在食物需求基本满足的情况下，消费的重心才会开始向穿、用等其他方面转移。因此，一个国家或家庭生活越贫困，恩格尔系数就越大；反之，生活越富裕，恩格尔系数就越小。

过去，中国人见了面，习惯打招呼："吃了吗？"但这一在中国流行了上千年的问候语不知道什么时候就被一句"你好"取代了。子曰："食色，性也。"食欲是人类最基本的需要，是人的本性。中国人都知道"民以食为天"的古话，对老百姓来说，吃是天底下最大的事情。因此，我们中国才形成了一个让外国人理解不了的现象，不管在哪儿见面，不管何时见面，总要问一句：“吃了吗？”

中国人习惯的“吃文化”已经深入社会文化的各个角落：打人叫“吃拳头”；打官司叫“吃官司”；行不通说“吃不开”；受不了叫“吃不消”；靠女人的男人被称为“吃软饭”。可见，吃在人们的心中是多么的重要！可是，为什么“吃了吗”慢慢被“你好”替代了呢？这源于恩格尔系数降低了。

国际上常常用恩格尔系数来衡量一个国家和地区人民生活水平的状况。根据联合国粮农组织提出的标准，恩格尔系数在59%以上为贫困，50%—59%为温饱，40%—50%为小康，30%—40%为富裕，低于30%为最富裕。

根据国内统计局数据，到2001年年底，城镇居民消费的恩格尔系数由1997年的46.4%下降至37.9%，2021年恩格尔系数更是下降至29.8%，近些年基本在30%左右，国内各地区恩格尔系数也有差异，最低的是北京，2021年全市21.3%。这是居民消费结构改善的主要标志，它说明，我国人民以吃饱为标志的温饱型生活，已逐步转型为以享受和发展为标志的小康型生活。

随着生活条件的日益改善，如今，我们吃好、注重营养、追求方便的倾向更加明显。除了吃外，我们需要在居住条件、交通通信条件方面有所改善，用于陶冶情操、增进身心健康的文化艺术、健身保健、医疗卫生等方面的支出大幅度提高。当我们在吃喝之外有了越来越多的可自由支配收入，恩格尔系数在降低，我们的生活也越来越优质和美满！

消费者信心指数：从亚市早盘说起

2009年7月1日亚洲市场（简称亚市）早盘，美元指数在经历了隔夜尾盘的止跌回升后，暂时稳于80.00关口上方。由于上一个交易日美国最新公布的经济数据没能进一步支撑市场的乐观情绪，特别是6月消费者信心指数的再度回落，消费者对目前经济和就业形势以及未来经济和就业前景的看法仍然十分悲观，受此影响，美元再度受到投资者避险买盘的抬升进而走高，不过涨幅有限。

世界大企业联合会在2009年6月30日发布的报告显示，6月份消费者信心指数回落，尤其是对未来6个月经济活动的预期指数出现下降。数据显示6月份消费者信心指数降至49.3，该数据远低于此前接受调查的经济学家所预计的56.0，5月份修正后的指数为54.8。6月份现状指数由5月份的29.7降至24.8，初值为28.9；6月份消费者对未来6个月经济活动的预期指数降至65.5，5月份为71.5，初值为72.3。同时，消费者对目前就业形势以及未来就业前景的看法也变得更为悲观。受此影响，投资者对美元的避险需求再度被激发，美指也在该时段迅速攀升至80.00位置上方。

什么是消费者信心指数？为什么亚市的货币汇率会和消费者信心指数联系在一起？

20世纪40年代，美国密歇根大学的调查研究中心为了研究消费需求对经济周期的影响，首先编制了消费者信心指数，随后欧洲一些国家也先后开始建立和编制消费者信心指数。1997年12月，中国国家统计局景气监测中心开始编制中国消费者信心指数。北京作为全国的首都，在广泛借鉴国内外经验的基础上，于2002年年初，在省市一级率先建立了消费者信心指数调查制度。

消费者信心指数是反映消费者信心强弱的指标，是综合反映并量化消费者对当前经济形势评价和对经济前景、收入水平、收入预期以及消费心理状态的主观感受，预测经济走势和消费趋向的一个先行指标。

消费者信心指数由消费者满意指数和消费者预期指数构成。消费者满意指数是指消费者对当前经济生活的评价，消费者预期指数是指消费者对未来经济生活发生变化的预期。消费者的满意指数和消费者预期指数分别由一些二级指标构成：对收入、生活质量、宏观经济、消费支出、就业状况、购买耐用消费品和储蓄的满意程度与未来1年的预期及未来2年在购买住房及装修、购买汽车方面和对未来6个月股市变化的预期。

根据经济学的理论，消费是收入的函数。消费者信心（或情绪）归根结底是消费者对其家庭收入水平的估价和预期的反映，这种估价和预期建立在消费者对各种制约家庭收入水平因素的主观认识上。这些因素主要包括：国家或地区的经济发展形势、失业率、物价水平、利率等。一定时期这些因素的变动必然使得消费者信心（或情绪）产生变化，而消费者信心（或情绪）的变化导致其消费决策的改变，从而影响经济发展的进程。消费者信心指数就是对消费者消费心理感受变化的测度，它是通过居民住户调查、搜集资料，采用一定的统计方法计算得到的反映消费者信心变动程度的指标。

目前国际上对消费者信心（或情绪）调查采用的通行做法是问卷调查法。问卷的设计紧密围绕以下几个内容：经济发展形势、家庭收入和就业、物价水平、消费或购买意愿。每一方面由两类问题构成：对现状的看法和对未来的预期。前者指消费者对上述几个基本方面当前整体状况的评价；后者指消费者对几个基本方面未来一段时期（如半年或1年）发展变化趋势的估计或预期。例如，美国会议委员会发布的美国消费者信心指数，自1967年开始至今，调查问卷只含有5个问题，分别是对目前经济形势、就业形势的评价，以及对未来6个月经济形势、就业形势、家庭总收入的估计。

在调查问卷中每一个问题一般有三个答案：肯定的（积极的）、否定的（消极的）和中性的（不变），由消费者根据自己的看法或判断选择其一。指数通常以加权平均法得出，结果以百分点表示。随着具体计算方法不同，指数的取值有两种：一是取值在0~200之间。100是中值，表明消费者的信心（或情绪）是一种中立态度。0表明极端悲观情绪，200反映的则是极度乐观情绪。二是取值在0~100之间。50是中值，100反映的则是极度乐观情绪。前面提到的美国会议委员会发布的美国消费者信心指数属于第一种取值形式。

根据调查结果，可以分别计算现状评价指数和预期指数，以及综合的消费者信心指数。指数的基期可以选择计算的初期为100（或50），也可以以某一特定时期的消费者信心指数为基期值。例如，美国会议委员会发布的美国消费者信心指数自1967年开始发布，基期就以1967年年初为100，每2个月发布一次。从1977年6月开始，改为每月一次。自1986年起，以1985年的各月平均值为指数基期值。

生活成本指数：选择适合自己的城市

生活成本指数，是指商品和服务的典型消费组合在当期的成本与基期的成本之比。基期就是基础期、起始期。基是指统计基数，期是指统计时限。

生活成本指数是衡量一个国家或城市、地区居民的生活费用和生活质量的综合指标，生活成本指数越高，需要支出的生活费用也越高，生活成本也越高，反之亦然。

在你的印象里，全球哪座城市的生活成本最高？美国纽约？英国伦敦？澳大利亚悉尼？都不对！

2021年，世界人力资源管理咨询公司美世咨询每年都会根据各种因素，包括房租、交通、食品和服装费用，对全球各大城市进行《全球生活成本调查一城市排名》，根据2021年的调查结果显示，高居第一的城市是土库曼斯坦的阿什哈巴德，中国香港排名第二，贝鲁特和东京分列第三和第四，瑞士的苏黎世名列第五，新加坡名列第七，中国的上海和北京分别排名第六、第九位。这也就意味着世界上生活费最为昂贵的10座城市中，亚洲就占了5座。

在前10名里，中国就占了3名，比率接近1/3，此外，还有多个国内省会城市也进入了前50的排名中，看着这“名列世界前茅”的生活成本，很多人可能要由衷地感叹，在大都市和一线城市生活不容易啊！

在网上，有人专门为生活在北京、上海、香港三地的人算了一笔生活成本账：

以下成本均以没有女朋友、不生小病、杜绝朋友聚会、极少吃水果、从不打碎锅碗瓢盆……的单身男性为标准计算（单位：元/月）。

北京：房租及水电煤2500~3000元；交通费200~300元（有班车的可免，不含的士）；通信费100元（各人不同，100元比较平均）；餐费2000元。大致上，在北京每月起码消费5000元左右。

上海：房租及水电煤2000~3000元；交通费200~300元（有班车的可免，不含的士）；通信费100元（因人而异，但50元是底线）；餐费2000元；其他还有人情往来、充电、娱乐等。总体来说，在上海每月消费5300元左右应该是一个参考指标。

香港：房租及水电煤、宽带7000~8000元；吃饭4500元，一般不吃大餐，周末偶尔和同事AA制去享受一下，一次200元以下；手机通信费、交通费等1000元；在香港生活每月起码得花费13000元人民币左右。

以上的统计中，住房仅指面积较小、条件一般或位置较偏的房子，如果住的是较为高档的楼房或位置较中心的房子，住房费就会翻一番甚至更多，再加上其他的费用，自己每月的工资就所剩无几了。

随着全球化的发展，“城市生活质量”已经成为今天“地球村”里许多居民非常关注的问题，很多人都向往大都市的生活环境和条件，梦寐以求有朝一日能够在大都市生活居住。在中国，很多人也都将眼光投向北京、上海、广州、深圳等一线城市，期望能够在这些城市工作定居。

不容置疑，大城市的生活环境是其他城市和地区所无法比拟的。大城市有许多便利和优势，比如集中了许多好的职业发展机会、好的教育条件以及最好的生活品质，但这些同样不是免费的，需要人们有相应的消费能力，需要付出高昂的生活成本。大城市有大城市的生活优势，大城市也有大城市的生活成本压力，要想在大城市舒坦地生活下去，你就必须拥有宽裕的经济条件和较高的薪水。因此，我们在选择定居的城市时，要量力而行，根据自身的实际收入状况来选择适合的居住城市。

负担系数：如何化解年轻人的负担

中国的传统向来重视亲情，孟子语："仰足以事父母。俯足以畜妻子。"也就是说，一个家庭至少包括父母、子女两代。如果经济富足，寿命较长，加上其他条件，可以上有父母、祖父母，下有儿子、孙子，五世同堂，这样的家庭被称为"义门"。

改革开放以来，我国的人口家庭结构趋向小型化，而且这种趋势仍在延续。据统计，1953年我国家庭平均人口为4.33人，20世纪50—70年代都大体稳定在4.23~4.43人。80年代后期至90年代初，随着计划生育的推行和家庭意识的变化，独生子女增多，家庭人口逐渐下降至4人以下，家庭构成呈现小型化趋势。2000年为3.44人，2010年降至3.1人，比2000年减少0.34人，可以看出80后90后绝大部分都是独生子女，在他们担起社会责任的同时，社会也看到他们肩上的承重负担。绝大部分"80后"年轻家庭至少要供养4个老人，还有自己的小孩，这样的负担确实很沉重。而关于这样的负担可以用一个经济学名词来测算，即负担系数。

负担系数也称抚养系数、抚养比，是指人口总体中非劳动年龄人口数与劳动年龄人口数之比，用百分比表示。它表明，从整个社会来看，每100名劳动年龄人口负担多少非劳动年龄人口。负担系数可分为总负担系数、少儿负担系数和老年负担系数。14周岁及以下和65周岁及以上也可能有人参加劳动，15~64岁的劳动年龄人口中也可能有人实际未参加劳动。上述指标只是根据年龄划分来计算的，并不一定反映实际抚养与被抚养的比例，故负担系数又称为年龄负担系数，以区别经济负担系数。"负担系数"一词一般均指年龄负担系数。其计算公式如下：

总负担系数=（小于14岁人口数+65岁以上人口数）÷15~65岁人口数×100%

总负担系数为少儿负担系数与老年负担系数两者之和。少儿负担系数和老年负担系数所反映的负担性质不同。一般来说，少年儿童尚未成为劳动适龄人口，社会和家庭为他们的成长必须付出一定的费用。如他们中途夭折，社会对他们的付出就无法收回。负担老年则不同，除个别人外，他们都已为社会做出一定的贡献，他们享用的部分实际上是他们过去劳动的扣除。因此，如分别计算少儿负担系数和老年负担系数，可以反映人口年龄结构变化对社会经济发展带来的某些影响。

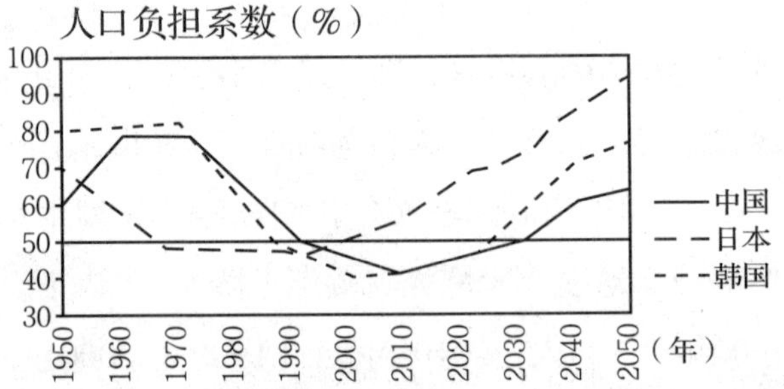

图3–2　中国、日本和韩国人口负担系数百年比较图

图3–2为中国、日本和韩国人口负担系数百年比较图。如图所示，自1950年至1970年，日本人口负担系数呈急速下降趋势，韩国人口负担系数相对稳定，基本在80%左右。自1990年以后，日本人口负担系数又急速上升，韩国紧随其后，自2000年后，也呈现出上升趋势，中国则一直下降至2010年，自2010年至2050年，中国的人口负担系数呈上升趋势，这种上升是老龄化人口增多的必然结果。

《中国人口老龄化发展趋势预测研究报告》指出，21世纪的中国将是一个不可逆转的老龄化社会。到2050年，我国老年人口规模将达到峰值4.37亿。同时，联合国预测，21世纪上半叶，我国将一直是世界上老年人口最多的国家，占世界老年人口总量的五分之一；21世纪下半叶，我国将仅次于印度位居第二老年人口大国。

自1982年第三次人口普查到2004年的22年间，中国老年人口平均每年增加302万，年平均增长速度为2.85%，高于1.17%的总人口增长速度。2004年年底，中国60岁及以上老年人口达到1.43亿，占总人口的10.97%。目前，中国人口老龄化速度正在加快。据统计，截至2017年年底，中国60岁及以上老年人口为2.41亿人，比上一年增加了1000多万人，占总人口比重的17.3%。

面对这个老龄化人口增多、老龄化速度加快的社会，我们应该怎么办？解决的基本办法就是建立、健全覆盖城乡的基本养老保险制度，进一步完善社会保障体系。此外，2021年5月31日，在人口方面国家也做出了优化生育政策，实施一对夫妻可以生育三个子女政策及配套支持措施，这将有利于改善我国人口结构、落实积极应对人口老龄化国家战略、保持我国人力资源禀赋优势。

国内生产总值：真正属于自己的价值

1929年爆发了一次空前浩大的世界性经济危机，它对世界经济的摧残程度如同投下了一颗原子弹。可奇怪的是，当危机爆发之时，人们却浑然不知。美国时任总统胡佛甚至认为经济形势正在转好。

我们没有理由嘲笑当时的人们无知，因为当时除了苏联统计机构有尚不完善的国民经济平衡表之外，有关国民经济的统计几乎是空白，所以人们当然不知道经济形势已经坏到什么地步。

这次危害巨大的经济危机终于引发了人们对国民经济状况了解的渴望。于是，美国参议院财经委员会委托西蒙·库兹涅茨建立一系列用来统计核算一国投入和产出的指标，由此发展出“国民收入账户”。这就是国民生产总值的雏形。1933年，当1929—1932年的国民收入统计资料公开时，人们才发现这次经济危机竟是这么可怕。

GDP是按市场价格计算的一个国家（或地区）所有常住单位在一定时期内生产活动的最终成果。国内生产总值有三种表现形态，即价值形态、收入形态和产品形态。从价值形态看，它是所有常住单位在一定时期内生产的全部货物和服务价值超过同期投入的全部非固定资产货物和服务价值的差额，即所有常住单位的增加值之和；从收入形态看，它是所有常住单位在一定时期内创造并分配给常住单位和非常住单位的初次收入之和；从产品形态看，它是所有常住单位在一定时期内所出产的最终使用的货物和服务价值减去货物和服务进口价值。

在实际核算中，国内生产总值有三种计算方法，即生产法、收入法和支出法。三种方法分别从不同方面反映国内生产总值及其构成，理论上计算结果相同。

第一，国内生产总值是用最终产品和服务来计量的，即最终产品和服务在该时期的最终出售价值。一般根据产品的实际用途，可以把产品分为中间产品和最终产品。所谓最终产品，是指在一定时期内生产的可供人们直接消费或者使用的物品和服务。这部分产品已经到达生产的最后阶段，不能再作为原料或半成品投入其他产品和劳务的生产过程中去，如消费品、资本品等，一般在最终消费品市场上进行销售。中间产品是指为了再加工或者转卖用于供别种产品生产使用的物品和劳务，如原材料、燃料等。GDP必须按当期最终产品计算，中间产品不能计入，否则会造成重复计算。

第二，国内生产总值是一个市场价值的概念。各种最终产品的市场价值是在市场上达成交换的价值，都是用货币来加以衡量的，通过市场交换体现出来。一种产品的市场价值就是用这种最终产品的单价乘以其产量获得的。

第三，国内生产总值一般仅指市场活动导致的价值。那些非生产性活动以及地下交易、黑市交易等不计入GDP中，如家务劳动、自给自足性生产、赌博和毒品的非法交易等。

第四，GDP是计算期内生产的最终产品价值，因而是流量而不是存量。

第五，GDP不是实实在在流通的财富，它只是用标准的货币平均值来表示财富的多少。但是生产出来的东西能不能完全的转化成流通的财富，这个是不一定的。

道·琼斯指数：经济的晴雨表

道·琼斯指数是世界上历史最为悠久的股票指数，它的全称为股票价格平均指数。通常人们所说的道·琼斯指数有可能是指道·琼斯指数四组中的第一组，即道·琼斯工业股票价格平均指数（Dow Jones Industrial Average）。

道·琼斯指数最早是在1884年由道·琼斯公司的创始人查尔斯·亨利·道编制的。最初的道·琼斯股票价格平均指数是根据11种具有代表性的铁路公司的股票，采用算术平均法进行计算编制而成，发表在查尔斯·亨利·道自己编辑出版的《每日通讯》上。

道·琼斯股票价格平均指数最初的计算方法是用简单算术平均法求得，当遇到股票的除权除息时，股票指数会发生不连续的现象。1928年后，道·琼斯股票价格平均指数就改用新的计算方法，即在计点的股票除权或除息时采用连接技术，以保证股票指数的连续，从而使股票指数得到了完善，并逐渐推广到全世界。它以在纽约证券交易所挂牌上市的一部分有代表性的公司股票作为编制对象，由四组股价平均指数构成，分别是：

（1）以30家著名的工业公司股票为编制对象的道·琼斯工业股票价格平均指数。

（2）以20家著名的交通运输业公司股票为编制对象的道·琼斯运输业股票价格平均指数。

（3）以15家著名的代表美国公用事业的煤气公司和电力公司股票为编制对象的道·琼斯公用事业股票价格平均指数。

（4）以上述三组股价平均指数所涉及的65家公司股票为编制对象的道·琼斯股票价格综合平均指数。

在四种道·琼斯股价指数中，以道·琼斯工业股票价格平均指数最为著名，其30种成分股是美国蓝筹股的代表。它被大众传媒广泛地报道，并作为道·琼斯指数的代表加以引用。这个神秘指数的细微变化，带给亿万人惊恐或狂喜，它已经不是一个普通的财务指标，而是世界金融文化的代号。

该指数主要反映美国股票市场的总体走势，涵盖金融、科技、娱乐、零售等多个行业。道·琼斯工业股票价格平均指数目前由《华尔街日报》编辑部维护，其成分股的选择标准包括成分股公司持续发展，规模较大、声誉卓著，具有行业代表性，并且为大多数投资者所追捧。

道·琼斯指数作为最有权威性的一种股票价格指数，被称为经济的晴雨表，有以下三方面原因：

道·琼斯股票价格平均指数所选用的股票都有代表性，这些股票的发行公司都是本行业具有重要影响的著名公司，其股票行情为世界股票市场所瞩目，各国投资者都极为重视。为了保持这一特点，道·琼斯公司对其编制股票价格平均指数所选用的股票经常予以调整，用具有活力的更有代表性的公司股票替代那些失去代表性的公司股票。

（2）公布道·琼斯股票价格平均指数的新闻载体——《华尔街日报》是世界金融界最有影响力的报纸。该报每天详尽报道其每个小时计算的采样股票平均指数、百分比变动率、每种采样股票的成交数额等，并注意对股票分股后的股票价格平均指数进行校正。在纽约证券交易营业时间里，道·琼斯股票价格平均指数每隔半小时公布一次。

（3）这一股票价格平均指数自编制以来从未间断，可以用来比较不同时期的股票行情和经济发展情况，成为反映美国股市行情变化最敏感的股票价格平均指数之一，是观察市场动态和从事股票投资的主要参考。

“巨无霸”指数：购买力平价理论

1986年9月，英国著名的杂志《经济学人》推出了有趣的“巨无霸指数”。巨无霸指数（Big Mac index）是一个非正式的经济指数，用于测量两种货币的汇率理论上是否合理。这种测量方法假定购买力平价理论成立。假设一个巨无霸汉堡在美国的价格是4美元，而在英国是3英镑，那么经济学家认为美元与英镑的购买力平价汇率就是3英镑=4美元。而如果在美国一个巨无霸汉堡的价格是2.54美元，在英国是1.99英镑，在欧元区是2.54欧元，而在中国只要9.9元，那么经济学家由此推断，人民币是世界上币值被低估最多的货币。因为根据一价定律，相同的商品在全世界都应当有相同的价格。如果巨无霸指数大于1，则说明在这个国家巨无霸汉堡的价格较美国低；反之，则比美国高。从汇率的角度说，就是这个国家货币的汇率被低估，或者美元汇率被高估。

同样的产品在世界各地的货币标价却相差巨大，而且与官方的汇率换算完全不符，因此在一些西方经济学家眼中，麦当劳的巨无霸汉堡已经成为评估一种货币真实价值的指数。

巨无霸指数在英语国家里衍生了“Burgernomics（汉堡包经济）”一词。1986年之后的每一年，《经济学人》都要出版一次新的“巨无霸指数”，这个指数也由此风靡全球。

第一次世界大战后，世界经济形势动荡不安，各国通行不兑现纸币，物价上涨，通货膨胀加速。卡瑟尔针对这种情况提出以购买力平价为基础，确立各国新的官方汇率，从而消除因物价变动而造成的贸易困难，恢复正常的国际贸易关系，这就是本国与外国货币之间的汇率应等于本国与外国价格水平之间的比率。

例如，如果有代表性的一组货物在美国值2美元，在法国值10法郎，汇率就应该是1美元等于5法郎。因此，购买力平价理论认为：一个平衡的汇率使所比较的两种通货在各自国内购买力相等的汇率，偏离于使国内购买力相等的汇率是不可能长期存在的。如果一件货物在美国所值的美元价格相当于法国所值的法郎价格的1/5，而汇率却是1美元等于1法郎，那么，每个持有法郎的人就会把法郎换成同数的美元，因为它能够在美国购买5倍的货物。但市场上对美元的需求会使汇率上涨，一直达到1美元等于5法郎为止，也就是达到它的货币购买力的比率与各国货币所表示价格水平的比率相等为止。

购买力平价理论认为，人们对外国货币的需求是由于用它可以购买外国的商品和劳务，外国人需要本国货币也是因为用它可以购买国内的商品和劳务。因此，本国货币与外国货币相交换，就等于本国与外国购买力的交换。所以，用本国货币表示的外国货币的价格也就是汇率，它决定于两种货币的购买力比率。由于购买力实际上是一般物价水平的倒数，因此两国之间的货币汇率可由两国物价水平之比表示。这就是购买力平价说。从表现形式上来看，购买力平价说有两种，即绝对购买力平价和相对购买力平价。

购买力平价决定了汇率的长期趋势。不考虑短期内影响汇率波动的各种短期因素，从长期来看，汇率的走势与购买力平价的趋势基本上是一致的。因此，购买力平价为长期汇率走势的预测提供了一个较好的方法。

购买力平价的大前提为两种货币的汇率会自然调整至同一水平，使“一篮子”货物在该两种货币的售价相同（一价定律）。在巨无霸指数中，该“一篮子”货品就是一个在麦当劳连锁快餐店里售卖的巨无霸汉堡。选择巨无霸汉堡的原因是，巨无霸汉堡在多个国家均有供应，而它在各地的制作规格相同，由当地麦当劳的经销商负责为材料议价。这些因素使该指数能有意义地比较各国货币。

两国的巨无霸汉堡的购买力平价汇率的计算法，是以一个国家的巨无霸汉堡以当地货币计算的价格，除以另一个国家的巨无霸汉堡以当地货币计算的价格。该商数用来跟实际的汇率比较，要是商数比汇率低，就表示第一国货币的汇价被低估了（根据购买力平价理论）；相反，要是商数比汇率高，则第一国货币的汇价被高估了。

对于用麦当劳巨无霸汉堡来测量各个国家的货币购买力，经济学家对它的科学性是持有争议的。因为这种测量方法假定购买力平价理论成立。而购买力平价理论是否成立尚无统一定论。

口红指标：最直观的经济指标

经济学家发现，生活中有些人熟视无睹的东西也可以很奇妙地反映或预示经济的状况或走势，因而可以做成十分别致的经济指标，它们可以是口红、垃圾和裙摆。

经济学是离不开调查数字的。GDP、CPI、通货膨胀率都是很重要的经济指标。然而，这些数字就算再精确也总让我们感觉有些隔阂，更何况新闻中存在着许多我们本来就不大信得过的数字呢！有时候，来自生活的经济指标虽然可能不会那么精确，但它带给我们的感受更具体、更形象。

例如，经济学家曾用6项生活化的指标来证明英国的经济复苏：新车销售量大增；司机需求量大增；出现房地产热；海外度假的人增加；纯种狗和纯种狗主人同时增加；做隆胸手术的女性与女性胸围尺码同时增加。

经济学家发现，在经济繁荣时，人们就会大量“除旧布新”，因此扔的东西也就多了，比如：家具、衣服、大件的过时商品（如旧家具、旧家电等）。而在经济衰退时，人们扔的垃圾就会相对减少，并且扔的都是些小物件。因此，他们提出使用垃圾指标来衡量经济。

有的经济学家发现女性使用的口红与经济状况有奇妙的联系——当经济繁荣时，口红销售走低；在经济衰退时，口红销量增加。其原因是：经济繁荣时，女性就业率高，工作节奏也加快了，收入水平增高，因而闲暇时间的减少和自信心的提升使她们减少了使用口红。因此，小小的口红也可以做成经济指标。

此外，女性的一些时尚品也被看作经济指标。例如，裙子的长短曾被看作判断股市和经济状况的一个指标。这是因为，丝袜价格昂贵，是女士的时尚物品。在经济繁荣，股市进入牛市时，男人有钱也有心情为女士买丝袜，女士就愿意穿短裙秀出自己的美腿；否则，女士就会穿起长裙。这就是曾经喧嚣一时的“裙摆理论”。

格林斯潘曾是美联储主席，他曾经提出过GDP重量指标。他不使用GDP

增长的百分点来说明20世纪90年代美国经济的增长，而是说GDP变轻了。原因在于美国过去的GDP中，占比重最大的行业集中在煤、钢铁、石油、水泥等有重量且体积庞大的产品。随着经济的发展，电脑芯片、互联网、服务业所占比重增大，这些行业生产的物品越来越轻，其中的技术含量也越来越高。这正说明了美国产业结构的巨大变化。

第4章　如何做最聪明的消费者

——你要懂一点消费经济学

生产是为了消费。离开了人的消费，生产就毫无意义。理解了这一点，就理解了人类经济发展的目的。诚如经济学家斯瑞丁（Streeten. P.）所说："我们决不应迷失经济发展的最终目的，那就是以人为本，提高他们的生活条件，扩大他们的选择余地……如果在经济增长（通过人均收入来衡量）与人类发展（以人的寿命、文化或者成功比如自尊来反映，但不易度量）之间存在着紧密的联系，那么这两者之间的统一是有益的。但这两种表达方式并不十分相关。"

有关消费经济的论述，最早开始于西方。经济学者在对社会生产过程进行考察时，对生产与消费的矛盾，个人消费与社会消费的作用，消费行为与消费者主权，消费结构、消费水平和发展趋势，消费政策等问题，都曾提出过各自的见解和论述。但消费经济学作为一门新兴的独立学科，出现在第二次世界大战以后。当时，许多国家的经济得到了迅速的恢复和增长，生产技术和市场销售方式都出现了较大的变化。产品和服务供给数量的增加，向企业家和经济学家提出了一个迫切需要解决的问题，即怎样才能使生产更适应市场需求，以减少商品滞销，增加企业的盈利。同时，在政府面前也出现了这样的问题，即怎样避免20世纪30年代大危机的重演。在这种形势下，消费经济学开始作为一门独立学科发展起来。

消费者选择理论：人们如何选择商品

当人们置身于琳琅满目的商店海洋中，在财力和时间都有限的情况下，他们总能花最适量的钱挑选到自己最需要的物品，原因在哪里呢？

为了解释人们的消费行为，英国经济学家边沁把效用概念引入了经济学中。之后的经济学家一直采用效用这一概念来衡量消费者从一组物品和劳务之中获得的幸福或者满足。例如，如果有100元钱，人们可以把它全部用来买面包，也可以用来一半买面包一半买啤酒，也可以全部用来买啤酒。觉得第一种选择最好的人可能偏好面包，觉得最后一种选择最好的人可能偏好啤酒，觉得中间的选择最好的人对面包和啤酒可能有同样的偏好。因此，消费者会在不同的物品和劳务之间选择最适合自己偏好的排序，以使自己的效用最大化。

相同单位物品的效用是相同的，但在一起使用时，前一单位物品带给人的效用是否和后一单位物品带给人的效用相同呢？为解决这一问题，经济学家使用了边际效用这一概念表示最后增加的一单位商品所具有的效用。

边际效用是指多消费一单位物品或劳务时带来的新增的或额外的效用。举一个简单的例子，人们口渴时吃西瓜，第一块最清凉可口，后面的味道逐渐变差，这正是经济学中著名的边际效用递减规律的佐证。经济学家反观自己的感觉和情绪，确立边际效用递减规律为：在其他条件不变的情况下，随着对某种物品或劳务的消费量增加，人们从中得到的新增的或边际的效用量是在不断下降的。

在消费者的选择理论中，我们认为人们都是理性的边际人，总是选择自己最偏好的消费品组合，使他们得到的效用最大化。但消费者并不是精通数学的奇才，能够在很短的时间就把边际效用推算到百分位，不谨慎的消费者在做出决策时还容易受到推销员的欺骗。但总体看来，消费者还是能够使他们的消费行为效用最大化。

预算约束：购买力对消费行为的影响

当人们用同样的钱消费不同的物品时，不同的物品组合反映了人们的权衡取舍。但不管是怎样的消费组合，每1元钱带来的边际效用总是相同的。

就大多数人而言，人们愿意拥有好而且多的物品和劳务——去五星级宾馆休闲和娱乐，驾驶最豪华的轿车，穿戴最考究的服饰。然而在现实中，大多数人只会挑选较少的物品，因为每个人都会受到自己财力的限制。那么消费者的购买力对他的消费行为有什么影响呢？

在现实中，人们购买的物品种类繁多，可供人们消费的组合有无数种。为了便于研究，我们只就人们每月的早餐——豆浆和煎饼这两种物品进行分析。假设某人每月愿意为早餐付出的是1000元，1杯豆浆价格是2元，1个煎饼卖10元，那么他消费这两种物品可以有无数种组合。例如，他可以只吃煎饼，每月消费100个煎饼；可以只买豆浆，每月消费500杯豆浆；也可以买250杯豆浆和50个煎饼。表现在曲线上如图4-1所示的*A*、*B*、*C*三个点。

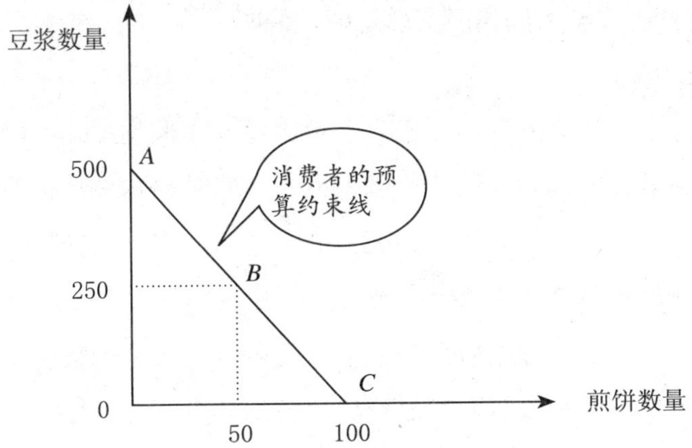

图4-1　消费者预算约束线

在经济学上，这条线被称为消费者预算约束线——消费者可以承受的消费组合的可能性边界，它表明了人们在消费的物品之间面临着的权衡取舍。

消费者约束线的斜率为5，反映了市场提供给消费者的权衡取舍：一个煎饼可以换取5杯豆浆——也就是一种物品与另一种物品相比的价格。

为什么1个煎饼等于5杯豆浆？因为1个煎饼的边际效用是1杯豆浆的5倍，所以1个煎饼等于5杯豆浆。

从消费者预算约束线可以看出，*A*、*B*、*C*三点上两种物品的组合，乃至线上其他的数量组合给消费者带来的总效用都是一样的。也就是说，只有1个煎饼的边际效用是1杯豆浆的边际效用的5倍时，人们才愿意为煎饼付5倍于豆浆的价钱。假如1杯豆浆能够给人们提供更多的边际效应，那么人们就会把用于消费煎饼的钱转移到豆浆上去，直到豆浆每1元钱的边际效用等于煎饼每1元钱的边际效应，这就是经济学上的等边际效应——在消费者的收入固定并且他所消耗的物品的市场价格既定的条件下，他花费在一种物品上的最后1元钱所得到的边际效用正好等于花费在其他每种物品上的最后1元钱所得到的边际效用时，消费者才能得到最大的效用。

非理性因素：人们的消费总是理性的吗

英国心理学家研究发现，年轻女性更容易产生购物冲动。她们超支的可能性很大，在花钱方面不节制的比例很大。“我被购物冲动抓住，如果不买东西，我就感觉焦虑，如同不能呼吸一般。这听起来荒唐，但这事每个月都在发生。”一位参与这项科学研究的女性这样说。

我们知道，经济学理论假设的一个前提条件是人是理性的。作为一名消费者，他应该在成本和收益之间尽可能地精确计算，努力使效用最大化。然而从事经济学和心理学边缘研究的社会科学家发现，人的消费行为是极为复杂的，他们既有经济学中理性消费的一面，也有健忘、冲动、爱面子和目光短浅等非理性消费的一面。现实生活中存在的“卡奴”“月光族”和“购物狂”就证明了人们在消费时存在非理性行为。

为什么会出现“月光族”呢?

心理学家认为，非理性消费可以分为支配型、冲动型和攀比型三种类型。

支配型消费群体中女性居多，她们因为失恋或者工作不顺心，就会把购物作为一种情感宣泄的方式，因而购物时对商品的价格不关心，只要把钱花光了，把物品摆放在自己家中，就会产生一种安全感。支配型消费者最容易成为购物狂。

冲动型消费也称即兴型消费。该种类型的消费者容易成为“月光族”，因为他们在事前并没有什么消费计划，直到逛街或者上超市看到物品时才生出临时消费的冲动。这时买回来的东西不一定是他们最想要的。

攀比型消费则根源于攀比心理，这一类型的消费者购物不追求效用，而是用所购得的物品来炫耀其地位和价值。这些物品往往是一些奢侈品，超出这些消费者的生存与发展的需要范围，如一些名牌箱包、高级成衣和高档汽车等。

非理性消费会把社会财富引导到无用或者效用被夸大，甚至有害的生活方式中去，而人们真正需要的东西却没有足够资源加以生产。

从人类的历史来看，近代以前的人以理性消费为主，崇尚节俭。直到20世纪中期凯恩斯的刺激内需理论出现后，人们才默认甚至鼓励非理性消费，世界奢侈品市场就是在这种鼓励中逐渐壮大的。据报道，2018年，中国人全球奢侈品消费额已达到1457亿美元，占全球奢侈品市场的42%。其中，境外消费奢侈品1073亿美元，国内总消费额384亿美元。据专家推测，2025年，全球奢侈品市值将增加1万亿元，达到2.7万亿元，而中国消费者将消化掉全球市场44%的奢侈品。中国正在成为全球最大奢侈品市场，而中国人消耗的奢侈品大多是国际品牌，少有国内品牌，因而挥霍了很大一部分国民财富，加剧了社会的贫富分化。

价格歧视：同物不同价的原因

越剧《何文秀》中有个段子是这样的，算命先生说：“大户人家叫算命，命金要收五两银；中等人家叫算命，待茶待饭待点心；贫穷人家叫算命，不要银子半毫分，倘若家中有小儿，先生还要送礼金，倒贴铜钱二十四文，送与小儿买糕饼。”

当然，算命先生的话即使被大户人家听到了，大户人家还是可能找他算命，只要算命先生能提供与价值相符的服务。算命先生对不同人家的不同定价策略，似乎并不影响他的“生意”。

在生活中，我们经常会遇到这样的现象，大部分超市里，顾客出示会员卡或积分券，就能买到便宜货；乘公交车，使用公交卡的老乘客与使用零钱的临时乘客所花的钱不一样；卖电脑的，卖给大学生就比卖给公司职场的人便宜；用电，工商企业与老百姓的价格不同，白天与深夜的电价也不同；景点门票，一般对儿童及学生实行半票……按经济学的原理解释，这些就是价格歧视行为。

所谓价格歧视，实质上是一种价格差异，通常是指商品或服务的提供者向不同的接受者提供相同等级、相同质量的商品或服务时，实行不同的销售价格或收费标准。

价格歧视是一种重要的垄断定价行为，是垄断企业透过差别价格来获取超额利润的一种定价策略，它有利于垄断企业获取更多利润。如果以较高的价格能把商品卖出去，生产者就可以多赚一些钱，因此会尽量把商品价格定得高些。但如果把商品价格定得太高，又会赶走许多支付能力较低、需求比较弹性化的消费者，从而导致生产者利润的减少。

采取一种两全其美的方法，既以较高的商品价格赚得富人、需求比较高的人的钱，又以较低的价格把穷人、需求不是很高的人的钱也赚过来，这就是目的，也是价格歧视产生的根本动因。最典型的例子是飞机票，商务旅行的票价总要比一般旅行的票价高，因为航空公司对于时间要求比较紧的商务顾客收取100%的票价，而对提前订票时间弹性比较大的顾客采取打折售价的销售方式。“当某人愿付400美元时你不会以69美元卖给他一个座位。与此同时，航空公司是愿意69美元卖掉一个座位而不愿意让它空着的。”美国航空公司的一位副总裁道出了价格歧视策略的意义。

只要有可能，商家就要实行价格歧视的定价策略。每一个消费者能够接受的价格不同，只要商家能够在市场上将他们有效地分割开来，实行价格歧视就可以“捕获”更多的顾客，把能够支付高价的顾客与只能支付低价的顾客一网打尽，尽可能获取最大的利润。

在定价策略上很多大企业做得相当好，我们可以看到一般的大企业都会有多个品牌，形成品牌群，利用不同的品牌的顾客群，针对不同档次的消费者定出不同的价位，从而获得最大利润。实行的多品牌策略是一个典型的多级价格歧视，五粮液公司和宝洁公司经常使用这种策略。

价格歧视策略不止于上面所说的形式，只要符合价格歧视的一般条件即产品个性化、有差异，就可以运用价格歧视策略。差别化是运用价格歧视策略的主要特征。下面是企业针对差异化运用价格歧视策略的很好的例子：

（1）同样服务在不同时间段上的价格差异。这是对商品按不同时间段定价。例如，某网球馆在周一至周五的8：00~10：00为早练时段，按照50元/小时收费；10：00~19：00为休闲时段，按照70元/小时收费；19：00以后以及周末为娱乐时段，按照120元/小时收费。欢乐谷日场和夜场票价的差别，酒店的住房费在节假日和工作日的差别、淡季和旺季的差别，时令蔬菜在不同季节的价格区别，都是利用时间段差异化定价的典型例子。

（2）利用代金券或者优惠券实现特殊群体的差异化歧视。优惠券可以人为地制定群体差异化。例如，一家礼品公司为学生送出优惠券，并规定该优惠券与学生证一起使用才有效，每张优惠券可以提供7折的优惠。这样就把学生群体与其他群体区分开来而实行歧视。又如，一家瓜子公司在媒体广告中宣称，领取广告中的优惠券，在购买时可以当作2元钱使用。该公司并没有直接降价2块钱，而使用这种策略是为把顾客分成价格敏感型和不敏感型两组不同的消费群体，价格敏感型的顾客一般是学生或者老年人群体，会在购物时使用优惠券；而另一些人，如高级白领、私营企业主等对这些优惠不屑一顾，就只按原价购买。如此做法能够对那些价格敏感型的顾客索取比其他顾客较低的价格。

“价格歧视”的前提是市场分割。如果生产者不能分割市场，就只能实行一个价格。如果生产者能够分割市场，区别顾客，而且分割的不同市场具有明显不同的支付能力和需求度，企业就可以对不同的群体收取不同的商品价格，尽最大的可能实现企业较高的商业利润。当然，商家能够这样做的前提是，能够把顾客准确地加以“识别”。因此，当一个独立行医的医生在家里给病人看病时总要问三问四，如：“你平时是不是经常到饭店吃饭呀？”“你经常进行健身活动吗？是不是经常出去旅行？”“你平时都喝什么酒呀？”不要以为他只是在关心你的饮食起居，其实他还在“侦察”你的经济实力，以便在报价的时候使他的“价格歧视”有所依据。

由此可见，了解价格歧视会使我们看清许多经济现象的本质，对我们的日常生活会有很大的帮助。

替代效应：猪肉涨价了就多吃牛肉

在一家小型超市里，店老板教新来的小伙计做买卖的窍门：“要知道，不能只是因为店里没有客人需要的商品，就白白地让客人空手而回。了不起的商人会将替代品卖给客人。”

后来有一次，小伙计在看店时进来一个客人。“我要买卫生纸。”“不好意思，刚刚卖完了。”此时，他想起了老板对他说的话，于是就赶紧说：“先生，卫生纸是刚卖完了……可是，上等的砂纸要吗？”

看到这里，你也许会忍不住发笑。但大笑之余，我们可以从中看到一个经济学的术语，即替代品。在商品中，替代品与互补品是具有一定“血缘”

关系的商品组合。在经济学上，它们是企业定价的参照法宝。替代品与互补品是由需求交叉弹性理论而引发出来的两类产品，它们与需求交叉弹性理论共同在企业策略中有着广泛而普遍的应用。

通常，对于消费者而言，如果想满足同种需要，常常有不止一种商品可以使用，某种商品价格的变动不仅仅影响此种商品的需求量，还会影响和它相关的别的商品的需求量与价格。相反，某种商品需求量的变动，不只会影响其自身的价格，还会对和它有关的别的商品的价格与需求量产生影响。即商品间存在一种交叉关系，依据这种关系，消费者可以利用相关商品的不同组合来进行合理的消费，从而达到最大的效用。商品自身性质的不同决定了它们相互之间存在替代性、互补性以及无关性。替代性指的是两种商品在效用上相似并可以互相替代，消费者可以通过它们的组合来满足同种需要，而且可以通过增加一种商品的消费而减少另外一种商品的消费来保持商品组合的效用不变。比如肥皂与洗衣粉、牛肉与猪肉等，两者是互相替代的关系。互补指的是两种商品在效用上是相互补充的，它们必须结合起来共同使用才能够满足消费者的需求，这种需求也叫联合需求。比如汽车与汽油、照相机与胶卷等，两者的关系是互相补充的，它们必须联合起来使用才能够起作用。

在经济学上，替代品是具有相同或者相近的功用，可以满足消费者同一种需要的两种商品。在这里，我们要注意的是两种商品要满足的是消费者的同一种需要。例如，因为2008年上半年油价的不断上涨，某些城市就以较低价的乙醇汽油代替了普通汽油，并开发了新能源汽车，以电动汽车来代替烧油汽车。又如，去某地时高铁与飞机就是替代品，如A地到B地的高铁票价为520元，若机票降到了420元，这时本来打算坐高铁的人就很可能会改乘飞机。这些例子都说明在替代品中，一种商品的价格上涨，它的需求量就会减少，其价格不变或者下降的替代品的需求量便会上升。相反，一种商品的价格下降，它的需求量就会增加，而其价格不变或者上涨的替代品的需求量便会下降。

替代效应在生活中非常普遍。我们日常的生活用品，大多是可以相互替代的，我们可以根据其价格的变化情况，从经济实惠的原则出发，安排我们的生活。萝卜贵了多吃白菜，大米贵了多吃面条。如果国外大牌护肤品及彩妆的价格上涨了，我们可以用功效相同，但价格却不高的国货品牌作为平价替代品，因为近些年来，中国也自产了许多功效极佳的“国货之光”产品。有时替代效应也与价格无关，比如发生禽流感以后，鸡蛋和鸡肉就很少有人再买，而用猪肉等来替代。一般来说，越是难以替代的物品，价格就越是高昂。产品的技术含量越高价格就越高，因为高技术的产品只有拥有高技术的生产者才能完成，就像彩电必须是彩电厂才能生产一样，而馒头谁家都会做，所以价格极低。艺术品价格高昂，因为艺术品是一种个性化极强的物品，几乎找不到替代品。达·芬奇的名画《蒙娜丽莎》只有一幅，所以珍贵异常，价值连城。

替代品是满足消费者同一种需要而不必同时使用的商品，而互补品是共同满足消费者的需要，并必须同时使用的两种商品，缺一不可。汽车销量的增加会造成汽油销量的增加，油价上升会造成汽车销量下降，因为它们是互补品。即一种商品价格的上升不但令其需求量减少，也让其互补品的需求量减少；反之，一种商品的价格下降，它的需求量就会增加，从而就会增加其互补品的需求量。

替代效应在人们日常生活中无处不在，无时无刻不在商品的供需和商家竞争中起着巨大的作用。因此，我们在社会生活中要充分认识这种效应，利用这种效应。

经济学教你做出理性选择

消费这件事，最怕“认真”两字。如果你不认真，钱也就糊里糊涂花出去了，不计较得失，自然花得高兴。比如拿30元钱买一顶帽子还是买一副手套都无关大局，只要你自己愿意就行。据说当印度人兜里的钱仅够吃一顿饭或看一场电影时，他会毫不犹豫地决定饿着肚子去看电影。谁能说他的决定不对呢？

但如果你认真一回，消费里的学问就另当别论了，可谓“门道多多”。例如，当你决定今晚带朋友一起出去玩，有两种选择：要么看电影，要么去吃饭。电影票每张50元，吃晚餐的费用大约为150元，当然你可能会说，如果有钱，你想干什么就干什么。但是从经济学的角度来看，在你选择的时候，你已经将你可能获得的收益和支付的成本做了比较。看电影，你只需支出50元作为你的成本，获得的收益将是看电影带来的享受；而吃晚餐将支出150元，晚餐的成本支出将是看电影的成本的5倍，因此你必须期望吃晚餐所能获得的收益超过看电影的收益，你才会理智地选择吃晚餐。

在日常生活中，我们无时无刻不在进行成本与收益的比较，读书也罢，工作也罢，都取决于行为者对其从成本收益角度进行的自我评估。既要善于选择，还要学会放弃，这在经济学中叫作机会成本。经济学中把做出一个选择或决策时所放弃的东西称为这一决策的机会成本。在K.E.凯斯和R.C.费尔合著的《经济学原理》一书中对机会成本做出了如下描述：“产生机会成本的原因在于，资源是稀缺的（有限的）。比如时间问题，一天只有24小时。我们必须在此约束下生活。看电影的机会成本是你用同样多的钱和时间所能够做的其他事情的价值；买电脑的机会成本是购买一个单反相机所带来的价值。比如你的邻居今天要修剪草坪，他就没时间带孩子去动物园，而这正是修剪草坪的机会成本。比尔和科琳决定休息一下，躺在海滩上享受阳光，在某种意义上这一收益是免费的，他们不必为此支付货币。然而实际上，它具有机会成本，躺在阳光下意味着花费时间，否则可以用时间来做其他事情。在制定日常决策时，考虑一下机会成本有时是有益的。”

假定一件事具有非此即彼、两者择一的选择，而且两种选择几乎有着相同的吸引力，这种选择无疑是困难的。按照上述原则，对两个选择对象进行分析，如果其中一个有51%的选择理由，就应该毫不犹豫地选择它，这就是所谓的51%原则。选择了一个，就意味着放弃了另一个，失去了49%。有得必有失，鱼和熊掌不可兼得，这时你必须承认这个现实，49%已经变成了零，不必再为它费心思，而应当全力以赴地去筹划如何把51%尽快地转化成100%。我们在做出任何选择时都必须花费机会成本，利用51%原则也许可以使你获得的价值至少不低于机会成本的价值。

在实际生活中，人们所碰到的事情往往是非常复杂或者说是“模糊”的，而且通常不可能用准确的数字来表示，所以这里所说的51%并非真的要计算出一个准确的数字，而只是提供一个思考问题的方法。当你要做出一个决定时，通过判断明确了哪个方案“好一些”，就可以毫不犹豫地做出选择。通过这样的思考方法的锻炼，可以使人们遇到问题时不会优柔寡断、拖泥带水，而逐渐养成简洁明快、善于决断的良好思维品质。

优惠券，“受惠”的是商家

情人节之际，章先生到花店买玫瑰。平时玫瑰5元一朵，情人节标价20元一朵。章先生想：花虽贵，但不能不买。可是，买了还真心疼，毕竟买少了，面子上挂不住，买多了又费银子。

正在犹豫，店家走了过来，说：“先生，买花？”

章先生说：“嗯。不过，玫瑰能不能便宜点？”

店家笑道：“送女朋友吧？哈哈，追女孩子怎么能怕花钱？若是因为这一大束花，换来了你的幸福，那可是太划得来了！”

章先生犹豫不决……

店家接着说：“要不这样吧，您在我这里办张会员卡，我给您5折优惠。”

章先生说：“啊？有这个必要吗？”

店家惊讶着说：“怎么没有啊，谁家红白喜事不送花？难道非要等遇到了才知道买啊？”

章先生想想也对，就办了张卡，买了束花。

会员卡，就像商家经常发放的优惠券。比如，顾客只要从麦当劳的小程序上，领取某张优惠券，就可以凭券到麦当劳以优惠价格享受某种套餐。人们甚至在路边也可以获得免费发放的优惠券。

表面上看来，它们是商家让利给消费者。事实果真如此？

商家发放优惠券，最容易让人想到的解释是：吸引更多的顾客，扩大销售量。但如果是这样的目的，那不如直接降价。正确的解释是：商家借此进行“价格歧视”。

一般说来，价格歧视是指企业在销售一种商品时，对不同消费者索取不同的价格，或根据消费者购买数量的不同索取不同的价格。赚取更多利润的利益驱动，是商家实行“价格歧视”的根本原因。

从市场需求来看，价格越高，需求量就越小；价格越低，需求量就越大。从商家定价来看，如果把价格定得过低，虽能卖出大量的产品，但由于每件产品所赚取的利润小，总的利润会较低；反过来，如果把价格定得过高，虽然每件产品所赚取的利润大，可是能卖出的产品总数很少，总的利润还是不高。

事实上，商家定价的决定因素是“总利润”，而不是“价格”的高低。商家必须锁定具体的顾客，根据顾客的需求以及其对产品价格的敏感程度，寻找一个恰当的价格水平，让总利润达到最大。回到麦当劳的优惠券上，麦当劳又是如何通过优惠券“受惠”的呢？

获取麦当劳的优惠券，需要花费一定的成本。在小程序上注册用户，浏览麦当劳的优惠活动，领取优惠券等，需要花费时间成本。通常是那些时间成本比较便宜的人，更愿意使用优惠券。而时间成本比较便宜的，又往往是一些收入偏低的人。

于是，麦当劳成功地把顾客分成了两类：富人和穷人。对于富人——不持有优惠券的人，麦当劳提供给他们的商品就比较贵；而对于穷人——持有优惠券的人，麦当劳给他们打折。通过这一分类，麦当劳的总利润达到了最佳状态。

信息不对称，买的没有卖的精

在一家衣服店里，发生了这样的对话。

买者："你这件衣服多少钱？"

卖者："550元。"

买者："太贵了，我最多给250元。"

卖者："250元多不好听啊，干脆我以进价卖给你，450元！"

买者："还是太贵了，300元怎么样？"

卖者："300元太便宜了，要不咱们都让让，400元就成交。"

买者："350元给不给？不给我就走人。"

卖者："等会儿，等会儿，350元就350元吧。这次绝对是亏本卖给你了。"

在现实生活中，我们常会碰到这样的状况，是我们捡便宜了，还是商家获利了，这恐怕只有商家自己知道。之所以会出现这种状况，主要是因为买卖双方占有的信息不对称。

人们在购买商品的过程中，对商品的个体信息认知会产生信息不对称的情形。有些商品是内外有别的，而且很难在购买时加以检验，如瓶装的酒类，盒装的香烟，录音、录像带等。人们或是看不到商品包装内部的样子（如香烟、鸡蛋等），或是看得到却无法用眼睛辨别产品质量的好坏（如手机、录像带等）。显然，对于这类产品，买者和卖者了解的信息是不一样的。卖者比买者更清楚产品实际的质量情况。

商家和消费者作为买卖的双方都是理性的经济人，最终目的都是想让自己的利益最大化，由于双方信息的不对称，在实际生活中，消费者总是处于劣势地位。

信息经济学认为，信息不对称造成了市场交易双方的利益失衡，影响了社会的公平、公正原则以及市场配置资源的效率。在商家和消费者对商品所了解的信息中，商家总是比消费者要了解得更多，消费者了解到的只是商品的款式、颜色、大小等外观特点，对于其实际的情况，就无法得知了，而只能通过商家的宣传来了解。

俗话说，隔行如隔山，这座山其实就是信息不对称，而要获得这些信息是要付出成本（代价）的。商家的优势就在于对商品信息和营销策略的占有，而且信息占有量要尽可能多地大于消费者，只有这样才能保证在每一次交易中获利。所谓“买家没有卖家精”正是这个道理。知己知彼方能百战百胜，在买卖的博弈过程中，消费者占有信息的劣势注定使之在与商家的较量中失败。当然，让消费者意识到自己受骗的商家绝非高明的商家，因为他的顾客会越来越少；真正高明的商家会让消费者心甘情愿上当，且浑然不觉。

再举一个例子：你想在附近的餐馆吃饭，但是不知道哪家最好，所以最好的办法还是找一个大家都熟悉的品牌店，因为大家都知道品牌店不会差。由于顾客不会一家家去寻找最好的餐馆，所以一般来说老字号餐馆能够收更高的费用。

21世纪就是一个信息社会，对于个人来说，拥有的信息越多，越有可能做出正确决策。然而现实情况是，一小部分人垄断事物状态的信息，而绝大多数人则缺乏事物状态的信息。因此，提高我们获取信息的能力，增加我们获得信息的渠道，运用我们充满智慧和理性的头脑，我们才能在消费时尽可能减少信息不对称造成的损失。

引导消费，别让商家占了你便宜

一个售货员一天只谈了一个客户，却成交了5.8万美元！

经理大为惊奇。售货员解释说："我先卖给那男人一枚鱼钩，接着卖给他钓竿和钓丝。我再问他打算去哪里钓鱼，他说要到南方海岸。我说应该有艘小船才方便，于是他买了那只6米长的小汽艇。他又说他的汽车可能拖不动汽艇。于是我带他去汽车部，卖给他一辆大车。"

经理喜出望外："买一枚鱼钩，你竟能推销那么多东西？"

售货员答道："不，其实他老婆偏头痛，他来买阿司匹林。我便对他说：'这个周末你可以自由自在了，为什么不去钓鱼呢？'"

这是个关于引导消费的笑话，其实笑话不仅仅是博人一笑，而是反映了现实——向我们展示了"引导消费"的巨大作用。

所谓引导消费，即厂商引导消费者。厂商生产销售创新产品或者消费者非高度关心商品，厂商必须想方设法引导消费、创造需求，将消费者脑海中未有的或者潜在的需求转化为现实需求。

比如生活中，你去逛商场、书店，总会遇到一些人把你拦下来，让你去免费体验美容美发、教育培训或者是食品饮料等。让你白吃白喝舒舒服服地享受一番，他们图的是什么？他们把这些开销省下来不好吗？细心的消费者会发现，一般邀请顾客免费体验的产品都是平常没见过的，显然是一种引导消费。

是什么因素促使商家要采取"引导消费"这一策略呢？这主要由两方面因素决定。

一方面因素是，生产过剩时代的到来。各类商品空前丰富，让原有的"消费引导"（指厂商根据消费者的现实需求生产销售产品，以满足消费者所需）满足需求的理念无用武之地，消费者面临的不再是物质短缺，而是商品太多难以选择的问题。

另一方面因素是，高科技的新技术产品层出不穷，这些新发明产品的功能、作用非普通消费者所能知晓，厂商必须经过有效地引导消费，才有可能激发消费者的潜在需求。其中，最重要的是，厂商与消费者对产品信息严重不对称，每个消费者每天所能够接收的信息非常有限，消费者的注意力相对于浩瀚的信息源成为极为稀缺的资源。可以这样假设，消费者所能主动了解的商品信息，特别是新技术产品的信息接近于零，而厂商对自己生产、销售的产品信息基本上完全了解，两者之间产生严重的信息不对称，厂商只有通过各种传播途径告知消费者详细的产品信息，尽可能令信息对称。

简单地说，“引导消费”，就是商家通过“免费体验”的策略吸引消费者的眼球，帮助消费者选择，使消费者对自己提供的产品或服务建立初步的认可，进而促成可能的购买行为的过程。这样能够最终实现销售产品或服务，达到从中营利的目的。知道了这些，当我们再遇到商家热情的邀请时，一定要三思而后行。

差别定价，上品折扣的实惠典礼

21世纪初，北京等一些大都市里兴起了一股“上品折扣风”。从2000年开始，北京的各个城区就陆续出现规模不一的上品折扣店。在二十多年的发展中，上品公司已拥有多家实体门店和上品折扣网两大经营渠道，截至2011年底，年销售额近20亿元；2013年，上品开启了实体门店与移动互联网一体化经营时代；2016年，上品开启多渠道多平台运营战略，扩大全渠道效能；2017年，形成了上品折扣大卖场和互联网上品+城市奥莱双重经营发展的新格局。上品成为名副其实的京城折扣百货领军者。

上品折扣店的兴盛，还带动了北京其他折扣店的出现。以LCX国际精品折扣店为例，它在上品折扣之后出现，折扣幅度竟高达1~5折。尤其是各种国际知名品牌服装、鞋和包，打完折后才几百至一千多元。

在这里，既能买到名牌商品，又能省下不少的钱，看着很划算。甚至有人说，每当上品折扣一进新的货物，消费者就享受了一次“实惠典礼”。

上品折扣的东西都是厂家制造的，不过当初市面上卖的价格与在上品折扣内的价格却差距悬殊。同样是一家的商品，同样是品牌货，价格怎么会差这么多呢？这主要是因为商家的差别定价原则。

根据差别定价原则，商家在不同情况下会对不同顾客群体采用不同的价格。赚取最大化的利润是商家的最终目的。实现这一目的的通常途径，就是尽量让商品以高于平均成本的价格售出去。

能进入上品折扣的商家，一般是大批量进行生产的厂商，一些知名品牌，生产的规模通常是上万件，或者上百万件。如果将他们一段时间内所生产出来的产品视为一个整体的话，那么生产这些产品所消耗的成本（包括不变成本与可变成本）平均分摊到每件产品上，就能得出每个商品的平均成本。

一般来说，这些品牌商品在刚刚进入市场时，由于样式新颖、奇特，会具有远远高于平均成本的价格销售。生产者能从每件商品中赚得一定的利润，这时，生产者对商品的销售预期就是——有利可图。所以，短期内，商品的价格不会发生变动，生产者继续大批生产。

随着品牌产品数量的增加，生产者在实现规模生产促使平均成本更低的情况下，也将越来越多的商品推向市场，于是市场上供过于求，商品的价格出现下滑趋势。与此同时，由于部分商品具有时效性（尤其是时装等时尚潮流用品），商品的价格也出现了下降。在这种情况下，厂商就可以将商品以换季、清仓等名义送到上品折扣来甩卖。

在上品折扣，只要能保证商品的价格等于或者略低于平均成本的价格，对厂商来说就还是有利的。因为，它们可以通过上品折扣这样的地方清除库存，加快货物和现金的流通，也能够吸引不同层次的消费群体，扩大市场占有量。

利用上品折扣进行销售的商人利用了价格效应，使所有的价格都是为每位顾客量身定做的，即对能够承受高价位的消费者收取最高的价格，而对只能承受低价位的消费者实行最适合售价。

品牌产品与商家的差别定价，仅这两点就足以让消费者迷惑，不顾一切地涌入上品折扣进行消费。面对名牌集中、价格低廉的商品，众多消费者都乘兴而来，狂热购物，而当我们识清了上品折扣背后的招数后，是否应该保持一种节制的理性呢？

免费午餐，酒吧里的花生米

某酒店开业，在电视和报纸上做了一个广告，称开业当天全天免费。几个好友当天正好闲来无事，便相约去吃这顿免费的午餐。去吃饭之前大家都兴致勃勃的，吃完饭后却一个个闷闷不乐，为什么？原来酒店所说的全天免费，并不是让你随便吃，而是根据酒店的规定，每人免费供应一份订餐，所谓的订餐，不过是一碗米饭、一个小菜、一小碗鸡蛋汤而已。如果想要吃其他的，则得自己掏腰包。

看来，这全天免费只是酒店钓鱼的诱饵而已。再看酒店里人满为患，大家都是冲着免费来的。虽然被骗了，但有火还没地方发。谁叫你来的，姜太公钓鱼，愿者上钩，人家广告上明明写着，解释权归酒店所有，虽然字很小，不太醒目。再说你也不好意思理论，吃了人家的免费餐，还要人家管你吃个够？大庭广众之下，面子上也过不去呀。送的免费餐吃不饱，只好自己再点上些炒菜、酒水，一结账，几百元钱出去了。这顿免费餐吃得还真不便宜。

商家追求的都是利润最大化，它们为什么要给你提供免费午餐呢？但现实生活中，总有一些人相信这样的事情。原因何在？因为虽然每个人都是经济人，也追求自身利益的最大化，但是，经济人的理性是有限的，在利益尤其是能轻易获得的利益面前，人们就容易失去理性。

我们经常看到此类广告：“本店清仓大甩卖，商品一律4折！”其实商品的标签早已在打折前进行了修改，不过是将现在的价格提高为原来的两倍而已。说到底，没有谁会赔钱赚吆喝。商家的目标是营利，所以商场也好，酒店也罢，都不可能免费为你提供商品和服务，免费的午餐是不可能存在的。

也许有人会提出反对意见，很多酒吧里花生米是免费的。可是你注意到没有，花生米可随意索要，饮用品则贵得很，连一杯清水都要好几块钱。按常理，花生的生产成本要比水高，酒吧为什么要这么做呢？

理解这种做法的关键在于，弄明白水和花生米对这些酒吧的核心产品——酒精饮料的需求量会造成什么样的影响。花生米和酒是互补的，花生米吃多了，会有干渴感，要点的酒和饮料也就多了。相对于酒和饮料的利润来说，花生米是极其便宜的。多吃花生米能带动酒和饮料的消费，而酒吧主要靠酒和饮料来赚取高额利润，所以，免费供应花生米只是为了提高酒吧利润而已。反之，水和酒是不相容的。水喝得多了，要点的酒类自然少了。所以，即使水的成本很低，酒吧也会给它定个高价，减弱顾客的消费积极性。免费的花生米实际上是引导顾客多消费酒水而已。酒吧的做法正是应了那句话——世上没有免费的午餐。

去美国参观旅游过的大多数人都知道，位于华盛顿的国家美术馆是免费对游人开放的。这座美术馆是世界上建筑最精美、藏品最丰富的美术馆之一，收藏的艺术品有4万多件。其中包括达·芬奇的《吉内夫拉·德本奇像》、拉斐尔的《圣母图》、凡·爱克的《圣母领报图》等，拥有如此多珍品的美术馆竟然是免费开放的，这是不是意味着国外就有免费的午餐呢？其实不然，逛展的人有些会心血来潮买绘画工具临时描摹馆里的艺术珍品，想把艺术带回家的人则会去逛馆内的礼品商店，购买一些名画的仿制品，以及印刷品、美术期刊、画册、图书、工艺品等，肚子饿了还可以去连接东西两馆通道里的餐厅买一杯饮料或饱餐一顿，而还有些游客想体验更接地气的美食，则会去附近的餐厅美食一顿，所以免费的美术馆参观促进了游客的其他消费。

试想，如果国家美术馆收门票，前来参观的人肯定会少很多，馆内买仿制品和工艺品等商品的人也将随之减少，吃饭的人也会相应减少，馆内商店及餐厅对外出租的价格就会降低。如此一来，门票收入可能还不及铺位对外的租金。所以，虽然从表面上看，国家美术馆没有收门票，是赔钱的买卖，其实暗地里早已通过高额的铺位租金费把比门票更多的钱赚到了口袋里。

如此看来，一个消费者、一个经济人，不能只片面地追求利益最大化，面对商家免费午餐的诱惑，我们应该清醒地提醒自己“天底下没有免费的午餐”，精明的商家是不会让你轻易捡便宜的。

了解团购，网聚人的力量

团购是互联网时代新兴的一种娱乐消费方式，正受到越来越多的年轻人的追捧。合理利用网络团购，将会为自己的消费节省不少开支。

所谓网络团购，就是互不认识的消费者，借助互联网的“网聚人的力量”来聚集资金，加大与商家的谈判能力，以求得最优的价格。尽管网络团购的出现只有短短几年的时间，却已经成为在网民中流行的一种新消费方式。据了解，目前网络团购的主力军是年龄为25~35岁的年轻群体，主要分布在北京、上海、深圳等大城市。

如今，在团购网站和团购帖子的“省钱才是硬道理”的号召之下，小到图书、软件、玩具、家电、数码、手机、电脑等商品，大到家居、建材、房产等价格不太透明的商品，都有消费者因网络聚集成团购买。不仅如此，网络团购也扩展到健康体检、保险、旅游、教育培训以及各类美容、健身、休闲等服务类领域。

团购的好处主要表现在两个方面：一是团购价格低于产品市场最低零售价；二是产品的质量和服务能够得到有效的保证。

团购能够带来上述好处的原因如下：一是参加团购能够有效降低消费者的交易成本，在保证质量和服务的前提下，获得合理的低价格。团购实质相当于批发，团购价格相当于产品在团购数量时的批发价格。通过网络团购，可以将被动的分散购买变成主动的大宗购买，所以购买同样质量的产品，能够享受更低的价格和更优质的服务。二是能够彻底转变传统消费行为中，因市场不透明和信息不对称导致的消费者弱势地位。通过参加团购能更多地了解产品的规格、性能、合理价格区间，并参考团购组织者和其他购买者对产品客观公正的评价，在购买和服务过程中占据主动地位，真正买到质量好、服务好、价格合理、称心如意的产品，达到省时、省心、省力、省钱的目的。

此外，团购尤其适合以下人群：买东西不会选择，总是留下遗憾的消费者；担心个体消费在售后得不到应有保障的消费者；担心购买到假冒伪劣产品的消费者；不了解市场价格，不懂得选材，或不喜欢逛市场的消费者；不大会砍价，不喜欢砍价，不屑于砍价的消费者；对自己和亲人的健康有强烈责任心，必须购买符合环保标准产品的消费者；经济实力不强的在校大学生。

目前，网络团购形式大致有三种：第一种是自发的团购行为；第二种是职业团购行为，目前已经出现了不少不同类型的团购性质的公司、网站和个人；第三种就是销售商自己组织的团购。而三种形式的共同点就是参与者能够在保证正品的情况下拿到比市场价格低的产品。怎样才能使网络团购的商品最划算？参加团购前要先做好市场调查，并且要了解自己要买的商品的价格、品牌以及性能，只有心中有数了，才不会被网上的所谓“团购优惠”弄糊涂。

作为一种新兴的消费方式，网络团购目前还没有相关的规则来约束它，因此，诈骗案也屡见不鲜。对此，面对网络团购这种消费方式，消费者在选择它以取得价格优惠的同时，更应该全面考虑，对于交易要小心谨慎。

网络团购毕竟只是出于某一特定目的而临时组织的松散团体。在现实中，团购者交易成功后就分散了，售后一旦出现纠纷，往往难以再组织起来，这给消费者日后的维权行动带来困难。因此，网络团购的参与者还应该想办法签订团购协议来规避各种风险。

“一次性”交易，肥了商家

谭慧在北京一家有名的婚纱店拍了一套结婚照。那天化妆的时候，化妆师首先将她盛赞了一番，接着便推荐她使用一盒装有3瓶彩色液体的化妆品。“多少钱？”“240元。”“不是80元吗？”“那是一瓶的价格，这3瓶的效果都是不一样的，红的是防过敏的，蓝的是抗油的，黄的是隔离的。”“我皮肤不错还要用吗？”“当然要了，用了妆面才持久啊，而且效果自然，晶莹剔透，还可以保护皮肤不受妆粉的伤害。”“真有那么好？那我听你的。你把我弄漂亮点就行。”

那天整套拍下来，谭慧一直都在欢笑和称赞中度过，一点儿也不觉得累。按她的套系，其实应该只有40张照片，但是摄影师却拍了200张，照说这该是好事，但是她为了挑照片花费了整整一个上午的时间。这些相片中，新娘子漂亮，新郎神态就一般，而新郎神采焕发了，新娘子又有不如意的地方……就是没有完美一点儿的。到最后，本来打算只挑40张照片的，不得不加钱多买了40张照片。“如果你再多买10张，我们可以送你一个水晶的相框，这个质量可是非常好的。”“什么？还要再买10张？你送我1个吧！”“对不起，我们这个水晶相框单个可是600元一个呢，不是看你照片挑得多，我们是不送的。”“我倒还占便宜了，这样一加，完全超出了自己的预算嘛……”最后的结果是又加买了5张照片，“免费”得了一个水晶相框。

一方面是自己付出了昂贵的代价、一天的时间与精力拍下的美丽的照片，另一方面是店方超高价的要挟。换言之，或放弃付出很高成本而自己又特别希望获得的美丽的照片，或接受店方“抢劫式的要挟”，谭慧也只好选择后者。可以说，人们一进入婚纱店，就进入了店方早已设计好的陷阱，只能一步一步往里钻。一开始，店方提供的格式化合同就明显地告诉你，送照片20张，入册100张，但入册的是否收费并没有告诉消费者，解释权完全归店方。当消费者进入照相的过程中，看上去店方的服务是非常的周到和热情，会尽量满足消费者的要求，但这仅是店方为以后更容易进行“抢劫式的要挟”埋下的伏笔，因为照片照得越多，消费者出高价的机会就越多。当看到自己喜欢的照片时，消费者早已付出很高的成本，如果所选择的照片越少，那么每张照片的单位成本就越高，作为一个理性的消费者，这时会尽量选择自己喜爱的照片，以便降低每张照片的单位成本。店方这种“抢劫式的要挟”为什么会得逞？原因在于这种交易是一次性交易，根本不会预期有回头客，而在这种一次性交易中，店方宰客越厉害，其获得的超额利润就越高。

类似的事情还有很多。我们在旅游风景名胜区往往容易购买价高质次的商品，而在自己生活的城市的百货商店却不容易被欺诈。我们在方言区的菜市场买菜，如果我们讲普通话，往往要比讲方言的当地人支付更高的价格购买蔬菜和肉类。

经济学为我们揭示了这种现象的原因，答案在于交易的次数。卖方预计和买方要进行多次的重复交易，他们会给出合理的价格以获得重复交易的机会，最终赚取更多的利润。而当卖方认为和买方只有有限次交易的可能时，他们往往会充分利用信息的不对称，以欺诈性的高价格欺骗买方，获得最大的利润。这些都是我们需要在日常生活中加以提防的。

第5章　我们并非总是在理性思考

——你一定要知道的行为经济学

保罗斯是个聪明人，他是普林斯顿大学的教授，能在现有的任何智力测试中取得优异成绩。然而他却做了一件非常愚蠢的事。

2000年初，保罗斯以47美元每股的价格买入世通公司股票，这个购买行为本身没有什么问题，但当该股票在年底跌到每股30美元时他还在继续买入，这种做法就非常不明智了。当越来越多的迹象表明该卖出而非买入时，保罗斯教授仍坚信只要在股票走低时继续买入，一旦回涨他就能挽回之前的部分损失，哪怕股票已经跌到了5美元。

2002年4月19日股票回弹到7美元时保罗斯总算下决心卖出，可那天又恰逢赶上休市……直到下周一股票再次跌了三分之一后，他才终于结束了这场磨难。保罗斯之后对他当时违背了所有健康投资策略的心理状态进行了反思，他不得不承认，作为一个聪明人，自己的行为简直愚蠢至极。

股票投资中不断地犯着重复的错误，商品定价越高越愿意购买……为什么自诩为理性的“聪明人”也会做傻事？为什么认准的事情也会如此“不靠谱”？

博弈论：假如人生是一场游戏

1944年美国数学家约翰·冯·诺依曼和经济学家摩根斯坦创立了博

弈论。

博弈论是一种关于决策和策略的理论，也是一种有效的分析方法。博弈论强调个体理性，强调在给定的约束条件下追求自身效用最大化。博弈论注重人与人之间关系的研究，特别是人与人之间行为的相互影响和作用，人们之间的利益冲突与一致、竞争与合作的研究，是分析经济活动中人们经济行为的有力工具。目前，它已经被应用在各个学科中。

自博弈论创立以来，共有7届诺贝尔经济学奖得主的研究与博弈论有关。1994年，约翰·纳什、约翰·海萨尼和莱因哈德·泽尔腾因为在博弈论及其在经济学中的应用研究上所做出的巨大贡献而获得诺贝尔经济学奖。1996年，詹姆斯·莫里斯和威廉·维克瑞因为将博弈论应用于不对称信息下机制设计所取得的成就而获得诺贝尔经济学奖。2001年迈克尔·斯彭斯、乔治·阿克洛夫和约瑟夫·斯蒂格利茨因为运用博弈论研究信息经济学所取得的成就而获得诺贝尔经济学奖。2005年，罗伯特·奥曼和托马斯·谢林因为通过对博弈论的分析加深了世人对合作和冲突的理解而获得诺贝尔经济学奖。2007年，奥尼德·赫尔维茨、埃里克·马斯金和罗杰·迈尔森因为在创立和发展机制设计理论方面做出重要贡献，而获得诺贝尔经济学奖。2012年，埃尔文·罗斯和罗伊德·沙普利因为在稳定配置理论及市场设计实践上做出重要贡献而获得诺贝尔经济学奖。2017年，理查德·泰勒因为揭示了人的有限理性、社会偏好和自制力的缺失如何系统影响个体决策及市场行为，而获得诺贝尔经济学奖。未来，会有更多的博弈论专家将获得这一奖项。

很多人通常会把博弈等同于赌博。博弈和赌博看起来就如同孪生兄弟，但其“基因”却非常不同。对于博弈来说，基因就是收益，风险需要被最大限度地规避；赌博的基因则是风险，收益只是目的，赌博需要冒风险，有时甚至要冒最大的风险。博弈和赌博的最大区别在于，博弈可以使你理性地选择风险最小、收益最大，亦即“性价比”最好的决定。

在一个大学的酒吧里，四个男生正商量着如何去追求一位漂亮女生，旁边一个男生却在喃喃自语：“如果他们四个人全部去追求那个漂亮女生，那她一定会摆足架子，谁也不睬。然后他们再去追其他女孩子，别人也不会接受，因为没有人愿意当‘次品’。但如果他们先去追其他女生，那么漂亮女生就会感到被孤立，这时再追她就会容易得多。”

在那个男生的眼里，追求女生就是一场“博弈”。这是影片《美丽心灵》中的一个情节。

爱情、婚姻问题，就像一场游戏、一场竞赛，在这场游戏和竞赛中，男人和女人都想“征服”或“打败”对方。当一个男人和一个女人产生爱的火花时，男人和女人之间的博弈就开始了。

但人生的博弈开始得更早。当你出生时，就开始了和自己、和别人的博弈。博弈论原本为游戏理论，这一理论涉及的“游戏”范围甚广，人际关系的互动、球赛或麻将的出招、股市的投资等，都可以用博弈论巧妙地解释。可以说，红尘俗世，无处不是博弈。博弈论探讨的就是聪明又自利的“局中人”如何采取行动及与对手互动。人生是由一局又一局的博弈所组成，你我皆在其中竞相争取高分。所以说，人生是一场永不停止的博弈游戏，每一步进退都事关成败。人生就是一场内容丰富的博弈，考试是博弈，事业中的决断是博弈，人生的选择也是博弈。在和别人的对决中，你只能使自己的招式没有弊病，尽量完美，但你无法猜到对手的每一步棋。人生的命运就是如此，你不知道下一步等待你的将会是什么，但你可以通过制定完美的策略来应对每一场困境。在博弈中，最重要的是策略的选择。博弈论是通过“玩游戏”而获得的人生竞争知识的理论。如何在游戏中拔得头筹成为最大的或是最后的赢家，才是最重要的问题。

在博弈中，那些微妙的可能性都会导致最终结果的改变。生活中同样如此，生意场中一些无意的言辞也许就会泄露你的机密，在刑侦案件中一个细微的表情变化也会让刑警洞悉嫌疑人的心理。所谓心理战术，无非是检测你的博弈水平。

研究博弈论以及其中的各种均衡，是经济学家们的事。但是，把博弈论中的精髓拿来为自己所用，争取获得每一次竞争和选择的胜利，是我们每个人都要关注的事情。

钓愚：操纵与欺骗的经济学

自亚当·斯密以来，经济学的核心信条就是：自由市场制度就像一只“看不见的手”，但现在这只“看不见的手”已经变成了随时准备绊倒消费者的“看不见的脚”。

自由市场是迄今为止最为有效地实现供需平衡的机制，但同时也存在着一个极大的缺陷。在自由市场中，如果一个人不抓住获利的机会，那么一定会有其他人来把握这个机会，因此如果有通过欺骗来获利的机会，就一定会存在欺骗行为，这个现象被称为欺骗均衡。

那么，商家是如何欺骗消费者，消费者又是如何受骗上当，甘愿掏钱充当“冤大头”的呢？

2001年诺贝尔经济学奖得主乔治·阿克洛夫和2013年诺贝尔经济学奖得主罗伯特·席勒对此给出了精辟的解释。他们创造了“钓愚”这个名词，以形容商人和企业愚弄和欺骗消费者的行为。他们对“钓愚”的定义是：A让B做出对A有利的决策，而这个决策并不真正对B有利。

两位诺贝尔奖得主认为，市场在为我们带来福利的同时，也带来了灾难。普遍存在的人性弱点、信息不对称等让我们成为“钓愚”中的受骗者。人们之所以上当受骗，按照阿克洛夫和席勒的解释，一是因为信息不对称，二是因为非理性。这是近40年来经济学最重要的研究成果之二，也由此产生了诸多市场机制失灵的例证。

拥有信息优势的一方，利用一般人高估自己的消费能力或自制能力，使他们做出非理性消费，这种欺骗往往是合法的“操纵”。从投行到政客，从汽车销售到房地产中介，从烟厂到酒厂，从食品厂到制药商，从信用卡到广告，无不存在“自由的欺骗”，“钓愚”和“操纵”的案例俯拾皆是。小至健身房的老板卖给消费者“并不划算”的健身卡，大至华尔街的从业人员长时间、大规模地欺骗投资者，又或者在健康医疗市场上由于信息的高度不对称，以及人在失去健康情况下的非理性，大量的资金被浪费在没有效果的治疗上。

西雅图的柯曼父子开了一家肉桂卷店，宣称卖的是“世界上味道最棒的肉桂卷”，顾客于是趋之若骛。这家店目前在美国的机场和大型百货商场随处可见，在30多个国家拥有750多家连锁店。实际上，他家的肉桂卷是人造黄油烤的，还加了大量糖霜，对人体并不好。但是，即使柯曼父子不开肉桂卷店，也会有其他人卖类似的食品——在自由市场中，总会有人利用我们的弱点发现商机，赚取利润。

再以健身房的年卡为例，做过计算后，人们认为月卡、季卡或年卡平均算下来要比次卡的费用便宜些，然而这些也是商家的设计，因为他们知道你是达不到那些次数的，最终的结果就是你付出了比次卡更高的代价。

一对夫妇自认为低利率贷款很划算，其实他们支付了一笔不必要的手续费，他们认为的划算其实并不划算。

现实中，国内商家自创的“消费节”，比如“双11”“618”等，其实是商家以低折扣为诱饵，吸引消费者买回一大堆并不需要的商品。而通常人们并不愿意承认自己欠缺消费意识和自制能力，他们在付出了更多的金额时，还会觉得自己捡到了便宜，从而下次还是会被钓上钩。

如果政策制定者、经济学家和普通大众都能意识到“钓愚”的普遍存在，就能辨明和杜绝可能导致严重危机的欺骗问题，从制度创新、市场干预等方面实施更有效的监管，同时避免浪费，从而增强对经济危机的预测和把握，让“看不见的手”更好地为经济和为社会服务。

稀缺：我们是如何陷入贫穷与忙碌的

一位游客在食人族聚居的岛上旅行，路过一个人脑专卖店，见其橱窗上贴着一张价目表：

艺术家脑每磅9元，哲学家脑每磅12元，科学家脑每磅15元，经济学家脑每磅219元。

游客因此得出经济学家的脑最受食人族欢迎的结论，因为根据供求定律，只有要买的人越多，价格才会越高。

游客询问店主，哪知答案完全相反："经济学家大多无脑，不知要多少个经济学家才有1磅脑，物以稀为贵，经济学家脑的价格因而较高！"

上述故事虽然是对经济学家的调侃，但是揭示出一个经济学的道理：物以稀为贵。在经济学里，稀缺用来描述资源的有限可获得性。人的欲望是无限的，但资源是有限的，相对于无限的欲望，有限的资源就是稀缺的。

稀缺性是经济物品的显著特征之一。"稀缺"两字同时代表着两种不同的含义：一是稀有的；二是紧缺的。经济物品的稀缺并不意味着它是稀少的，而是指它不可以免费得到，要得到这样一种物品，必须自己生产或用其他经济物品来交换。稀缺是每个人都必须面临的问题，资源的稀缺性是人类社会永恒的问题。

哈佛大学社会学教授塞德希尔·穆来纳森和普林斯顿大学心理学教授埃尔德·沙菲尔进行了大量的实验室研究和现实调查，发现了一个存在于世人中间的惊人真相：穷困之人会永远缺钱；忙碌之人会永远缺时间。

这些看起来不可思议的真相也都只是简单地说出了表面现象。一般人会认为：给穷人一笔钱或者给拖延症患者一些时间，他们就会慢慢变得富足和高效，然而事实并非如此。

实际上，在长期性的资源（钱、时间）稀缺中，人们已经形成了"管窥"之见。"管窥"这一词语指的是人们的视野会因稀缺问题变得狭窄，形成管窥之见，即只能透过"管子"的孔洞看清少量物体，而无视管外的一切。

只能看到“管子”之中的事物，虽然这有可能为我们带来“专注红利”（短期的富裕或效率），但是从长远来看，这种“专心致志”反而会让我们产生“权衡式思维”，不断增加我们的带宽负担。

带宽就是心智的容量，包括两种能力，分别为认知能力和执行控制力。稀缺会降低所有这些带宽的容量，最终俘获我们的大脑，致使我们缺乏洞察力和前瞻性，让我们渐渐失去认知能力和执行控制力，变得更加愚笨和冲动。

稀缺会进一步延续并加剧稀缺。贫穷之人会一直穷困潦倒，忙碌之人会永远日理万机，孤独之人会终日形单影只，而知识贫乏之人也总会以失败告终。

但真正的稀缺不仅仅是实质上的约束，更是一种心态。当我们感觉自己拥有的太少时，大脑就会产生相应的变化和想法，这种变化又会不知不觉地塑造我们的选择和行为。拥有的比需要的少，结果很简单：我们会变得不幸福。

我们越是贫穷，就越是买不到什么好东西，大到昂贵的学区房，小到生活中的盐和糖。我们越是忙碌，就越享受不到休闲时光。我们的体重越是超标，就越不敢品尝美食。拥有的比需要的少，的确会令人不快，而且会产生其他不良影响，比如我们的健康安全和受教育水平都会受到影响。

心理账户：赌徒永远口袋空空

钱就是钱，同样票面价值的钱应该是一样的。同样是100元，是工作挣来的，还是买彩票赢来的，或者路上捡来的，对于消费者来说，应该是一样的。可是事实却不然。一般来说，你会把辛辛苦苦挣来的钱存起来，舍不得花，而如果是一笔意外之财，可能很快就花掉了。

这从另一方面证明了人是有限理性的：钱并不具备完全的替代性，虽说同样是100元，但消费者在脑袋里，分别为不同来路的钱建立了两个不同的账户，挣来的钱和意外之财是不一样的。这就是芝加哥大学萨勒教授所提出的“心理账户”的概念。

比如说今天晚上你打算去听一场音乐会，票价是200元。在你马上要出发的时候，你发现你把最近买的价值200元的购物卡弄丢了。你是否还会去听这场音乐会？实验表明，大部分的回答者仍旧会去听。可是如果情况变一下，假设你昨天花了200元钱买了一张今天晚上的音乐会票。在你马上要出发的时候，突然发现你把票弄丢了。如果你想要听音乐会，就必须再花200元钱买张票，你是否还会去听？结果却是，大部分人回答说不去了。

可仔细想一想，上面这两个回答其实是自相矛盾的。不管丢掉的是购物卡还是音乐会票，总之是丢失了价值200元的东西，从损失的金钱上看，并没有区别，没有道理丢了购物卡后仍旧去听音乐会，而丢失了票之后就不去听了。原因就在于，人们在脑海中，把购物卡和音乐会票归到了不同的账户中，所以丢失了购物卡不会影响音乐会所在账户的预算和支出，大部分人仍旧选择去听音乐会。但是丢了的音乐会票和后来需要再买的票都被归入同一个账户，所以看上去就好像要花400元听一场音乐会了。人们当然觉得这样不划算了。

把不同的钱归入不同的账户，这就是为什么赌徒的口袋里永远没钱的道理，输了当然没什么好说的，赢了，反正是不劳而获的，谁愿意存银行？

从积极的方面讲，不同账户这一概念可以帮助制定理财计划。比如一家单位的员工，主要收入由用银行卡发放的工资和用现金发放的奖金构成，节假日和每季度还有奖金，偶尔做点兼职赚点外快，那么可以把银行卡中的工资转入零存整取账户作为固定储蓄，奖金用于日常开销，季度奖购买保险，剩余部分用于支付人情往来，外快则用来旅游休闲。由于在心理上事先把这些钱一一归入了不同的账户，一般就不会产生挪用的念头。

类似的概念还可以帮助政府制定政策。比方说，政府现在想通过减少税收的方法刺激消费，可以有两种做法，一个是减税，直接降低税收水平，另外一种是退税，就是在一段时间后返还纳税人一部分税金。从金钱数额来看，减收5%的税和返还5%的税是一样的，但是在刺激消费上的作用却大不一样。人们觉得减收的那部分税金是自己本来该得的，是自己挣来的，所以增加消费的动力并不大；但是退还的税金对人们来说就可能如同一笔意外之财，能够刺激人们消费。显然，对政府来说，退税政策比减税政策能达到更好的效果。

前景理论：看上去很美未必就很美

前景理论由2002年诺贝尔经济学奖获得者、美国心理学家丹尼尔·卡内曼提出。前景理论认为人们通常不是从财富的角度考虑问题，而是从输赢的角度考虑，关心收益和损失的多少。

前景理论是由期望值理论和期望效用理论发展而来的，有三个基本原理：

（1）大多数人在面临获得时，是风险规避的。

（2）大多数人在面临损失时，是风险偏爱的。

（3）人们对损失比对获得更敏感。

因此，人们在面临获得时往往小心翼翼，不愿冒风险；而在面对失去时会很不甘心，容易冒险。人们对损失和获得的敏感程度是不同的，损失时的痛苦感要大大超过获得时的快乐感。

如果有两个披萨，它们的配料和口味等其他方面完全相同，只不过一个比另外一个更大一点，你是不是愿意为大的披萨支付更多的钱?

答案似乎毫无疑问是肯定的。人应该都是理性的，对于好的东西和坏的东西，人们总是愿意为好的东西支付更多的钱。可是，在现实生活中，人的决策却并不总是如此英明。

现在有两杯哈根达斯冰激凌，一杯冰激凌A有7盎司，装在5盎司的杯子里面，看上去快要溢出来了；另一杯冰激凌B是8盎司，但是装在了10盎司的杯子里，所以看上去还没装满。你愿意为哪一份冰激凌付更多的钱呢？

如果人们喜欢冰激凌，那么8盎司的冰激凌比7盎司多，如果人们喜欢杯子，那么10盎司的杯子也要比5盎司的大。可是实验结果表明，在分别判断的情况下（也就是不能把这两杯冰激凌放在一起比较，因为人们日常生活中的种种决策所依据的参考信息往往是不充分的），人们反而愿意为分量少的冰激凌付更多的钱。平均来讲，人们愿意花2.26美元买7盎司的冰激凌，却只愿意用1.66美元买8盎司的冰激凌。

这契合了卡尼曼等心理学家所描述的：人的理性是有限的。人们在做决策时，并不是去计算一个物品的真正价值，而是用某种比较容易评价的线索来判断。比如在冰激凌实验中，人们其实是根据冰激凌到底满不满来决定给不同的冰激凌支付多少钱的。

专家做过一个实验：A赢1000元的概率为100%，B赢2000元的概率为50%。你会选哪一个？大部分人选A。这说明人都有规避风险的心理准备。但是如果A损失1000元的概率为100%，而B仍然有50%的可能性赢2000元。结果大部分人选择B。这又说明人是愿意冒风险的。

可是仔细想想，上面的两个问题还是一样的。由此不难得出结论：人在面临收获时，往往小心翼翼，不愿冒风险，而在面对损失时，人人都成了冒险家。

锚定效应：投资市场上你为何重复犯错

有一个商贩，想以50元卖给顾客一件工艺品，但他一开口要价100元。顾客嫌贵，掉头就走。这时商贩喊道：“80，买不买？”

顾客不理他，继续往前走。

商贩说：“60，赔钱卖给你！”

这时，顾客有点儿心动了，忍不住回了一句：“50块你还有得赚。”

商贩的回答比老鼠夹子还快：“成交！”

市场上，经常有商家虚报价格，然后再给点折扣把虚高的价格降下来。

这个过程会使买家产生占了便宜的幻觉，从而忽略了这个东西本身的真实价值。

康奈尔大学的拉索教授曾向500名正在进修MBA的学生提出类似的问题，他的问题是：匈奴王阿提拉在哪一年战败？

拉索要求这些学生把他们自己的电话号码最后3个数字加上400，当作这一问题的“基准”数字。

如果得到的和为400~599，这些学生猜测的阿提拉战败年份大多是公元629年。

如果得到的和为1200~1399，这些学生猜测的阿提拉战败年份大多是公元988年。

这些被试学生明明知道他们得到的基准数字毫无意义，可是这个数字却仍然对他们产生了影响。

对事物进行评价或者判断的时候，我们通常会下意识寻找一个参照物，参照物提供了一个初始值，这就是“锚”。所谓锚定效应，说的就是这个道理：人们会倾向于以一个“初始值”为参照，调整判断，以获得最终估值。这种“初始值”对人的影响非常隐蔽，就像沉入海底的锚一样把人们的思想固定在某处。

锚定效应在生活的众多领域中都得到验证。从日常生活中的现象，如促销广告用词对购买数量决策的影响，到风险预测性问题，如估计股市指数的变化，从一般知识性问题、博彩估计问题、法律判断问题、协商谈判问题、价格估计问题，到自我效能评估、软件评估问题等，都能够证明锚定效应是一种普遍存在的、十分活跃又难以消除的判断偏差。

相信男生们去大型珠宝店时，会看见在一个特别显眼的地方，有一个闪闪发光的首饰，走近一看，贵到把自己卖了都买不起。这时，女朋友被吸引住，深陷其中，不买就不走了，转身就要你把它买下来，可是你买不起啊！你多番劝说女朋友，她终于在你买了另一样贵重的首饰后满意了。可是你有没有想过，如果是平时，你根本就不会买那么贵重的首饰给女朋友，为什么这次就买了呢？

很简单，珠宝店给出来一个很高的“锚”，而且把这个“锚”放在一个很显眼的地方，你可以不买这个“锚”，但是为了安慰女朋友，你肯定不会买一个差得太远的首饰，或者说，你以前根本就没有给女朋友买首饰的想法，现在就不得不有这个想法了。

大多数的奢侈品店都是这样，弄一个贵到离谱的镇店之宝，摆在最显眼的地方，一进来你女朋友就看得见，然后，一个很高的锚就出现了，你没有任何办法，只能调高预算，否则，你的女朋友就不会满意。你做出决策时，“锚”带来的影响很大。

有这样一个心理学实验。心理学家们带领一些房地产的从业人员参观几间待售房屋，然后请他们估计房屋的价格。而在参观之前，实验人员会打印一份随机生成的同区域“销售数据表”。结果显示，这些专职的房地产从业人员对房屋价格的估计受到了“销售数据表”的操纵。表格里的价格越高，人员给出的对应的估值也越高，反之亦然。这个实验表明，人类的大脑极易受到锚定效应的影响，即使是具有专业知识和经验的从业人员也不例外。

锚定效应在股市交易当中很常见，4900点的时候为什么舍不得卖？是因为看到前几天5100点的价格，觉得不甘心，心里想着等涨到5100点的价格时再卖，结果再也没等到。

4500点的时候被4700点锚住。

4000点的时候被4200点锚住。

3500点的时候被3800点锚住。

一路下跌，一路被锚定，一路不甘心。这就是为什么连续暴跌的时候股民往往呆若木鸡，丧失操作能力，而当大盘开始反弹的时候他们才如梦初醒，纷纷挥刀割肉。因为一反弹，股价容易达到之前锚定住的位置，于是就很有割肉的冲动。

在金融市场中，数字更加容易被锚定效应操纵——用一个目标价格来描述未来，描述得越远越大，那个数字看起来往往越合理。比如，在股市3000点时，这个远期目标是5000点；6000点时，它是8000点。

金融市场上的操纵者，经常利用锚定效应“拉高出货”。某只股票上市，以6元多的发行价高开到16元，当换手率达到70%的时候，下午戏剧性的一幕上演了，股价一度上涨到50元，最后收于31元。

这种奇怪的走势也许是偶然的，但更可能是人为的操纵。操纵者为什么要把股价拉高，此后又打到跌停？实际上操纵者是在利用锚定效应操纵投资者的心理，实现自己的诱多意图。

一些股票，本身炒到20元就到位了，但运作者一定要炒到30元，甚至40元，然后再把价格打到20元。此时的20元价格就很容易出货。如果是直接拉到20元，没有锚定效应，反而不好出货。

一般来说，预设数字的影响是很难规避的，因为我们其实并不知道自己受锚定效应的影响有多大，很难做折中平衡，唯一可行的办法是，你应该有一个自己的心理“价位”，它可以让你保持适度的冷静，并且降低出错的概率。

沉没成本：泼出去的水难以收回

20世纪60年代，英国和法国政府联合投资开发大型超音速客机，即协和飞机。开发一种新型商用飞机简直可以说是一场豪赌。单是设计一个新引擎的成本就可能高达数亿美元，想开发更新更好的飞机，实际上等于把公司作为赌注押上去。难怪政府会被牵涉进去，竭力要为本国企业谋求更大的市场。

该种飞机机身大，设计豪华，并且速度快。但是，英法政府发现：继续投资开发这样的机型，花费会急剧增加，但这样的设计定位能否适应市场还不知道，而停止研制将使以前的投资付诸东流。随着研制工作的深入，他们更是无法做出停止研制工作的决定。协和飞机最终研制成功，但因飞机的缺陷（如耗油大，噪声大，污染严重，等等），不适合市场竞争，最终被市场淘汰，英法政府为此蒙受很大的损失。在这个研制过程中，如果英法政府能及早放弃飞机的开发工作，会使损失减少，但他们没能做到。

最后，英国和法国航空公司宣布协和飞机退出民航市场，这才算是从这个无底洞中脱身。这也是“壮士断腕”的无奈之举。

在经济学上，那些已经发生、不可回收的支出，如时间、金钱、精力等，被称为“沉没成本”。这个意思就是说，你在正式完成交易之前投入的成本，一旦交易不成，就会白白损失掉。

沉没成本，是没有希望捞回的成本。沉没成本也被叫作非攸关成本，即追加投入再多，都无法改变大势。但是由于人们普遍存在一种追回损失的心理，一旦出现损失，总想通过不断追加投资去挽回损失，结果投入的成本越高，越容易身陷其中而难以脱身。你在网上玩的QQ游戏，其实已经没有多少乐趣，但是看看已经达到的58级等级，你还是坚持了下去；在车站已经等了30分钟公交车，其实走路到地铁站可能更快一些，但是你想既然已经等了这么久就不应放弃……这种选择就被称为“沉没成本谬误”。

经济学家认为，如果你是理性的，那就不该在做决策时考虑沉没成本。比如，你预订了一张电影票，已经付了票款而且不能退票。但是当你看了一半电影之后觉得很不好看，此时付的钱已经不能收回，电影票的价钱就是沉没成本。这时会有两种选择：一是付钱后发觉电影不好看，但忍受着看完；二是付钱后发觉电影不好看，退场去做别的事情。在两种情况下，你都已经付钱，所以不应该再考虑钱的事。当前要做的决定不是后悔买票了，而是决定是否继续看这部电影。因为票已经买了，后悔也于事无补，所以应该以看免费电影的心态来决定是否再看下去。作为一个理性的人，选择把电影看完就意味着要继续受罪，而选择退场无疑是更为明智的做法。

然而就是这个已经沉没了的成本，却还让许多不明就里的人难以割舍。他们把它当作“鸡肋”，食之无味而又弃之可惜。实际上这些人不明白：沉没成本永远是决策的非相关成本，与其相伴随的机会成本才是决策相关成本，需要在决策时予以考虑。

沉没成本和机会成本之所以会对决策产生这样微妙的作用，原因就在于机会成本不是现实的成本，是隐性的，而沉没成本却是实实在在的，让人有一种“割肉”的痛楚。成本沉没在水里着实令人感到可惜，然而伤心懊悔不是于事无补吗？还不如适时放弃，抓紧时间，创造更多的价值出来。

如果你手中的成本正在逐渐增加，你越来越感到吃力的话，你应该及时放弃。否则，你的身心将被拖垮。选择放弃很难受，但是不放弃，则更加痛苦。

走出沉没成本谬误的怪圈其实并不难，只要你敢于放弃，有胆量、有勇气经历失败，不要为打翻的牛奶瓶哭泣，对不可追求的东西要及时放手，做一个敢于放弃的聪明人。

吉芬现象：商品定价越高，人们越愿购买

19世纪，英国学者罗伯特·吉芬在爱尔兰观察到一个现象：1845年，爱尔兰爆发了大灾荒，虽然土豆的价格在饥荒中急剧上涨，但爱尔兰农民反而增加了对土豆的消费。后来，人们为了纪念吉芬，就把吉芬发现的这种价格升高而需求量也随之增加的经济现象叫作吉芬现象，简单地说就是越买越高。

美国人罗伯特·西奥迪尼写的《影响力》一书中有这样一个故事：在美国亚利桑那州的一处旅游胜地，新开了一家售卖印第安饰品的珠宝店。由于正值旅游旺季，珠宝店里总是顾客盈门，各种价格高昂的银饰、宝石首饰都

卖得很好，唯独一批光泽莹润、价格低廉的绿松石总是无人问津。为了尽快脱手，老板试了很多方法，如把绿松石摆在最显眼的地方、让店员进行强力推销等。

然而，所有这一切都徒劳无功。在一次到外地进货之前，不胜其烦的老板决定亏本处理掉这批绿松石。在出行前她给店员留下一张纸条："所有绿松石珠宝，价格乘二分之一。"等她进货归来，那批绿松石全部售罄。店员兴奋地告诉她，自从提价以后，那批绿松石成了店里的招牌货。"提价？"老板瞪大了眼睛。原来，粗心的店员把纸条中的"乘二分之一"看成了"乘二"。

按照正常的供求规律，商品的价格上升，需求量会下降，但是为什么绿松石的价格贵了一倍，却销售一空呢？原来供求关系也是有例外的。这与价格上升但需求量却上升的商品——吉芬商品有着密切的关系。

我们知道，一种商品价格的变化会引起该商品的需求量的变化。价格变化，消费者对此会产生两种心理变化：一是价格上涨则意味着消费者的收入变相减少，产生"收入效应"；二是该商品价格上涨，则消费者会去寻求替代商品来代替价格上涨产品，从而产生"替代效应"。

运用商品价格上涨就会产生"收入效应"和"替代效应"的理论，就可以解释吉芬现象了。在19世纪中叶的爱尔兰，购买土豆的消费支出在大多数的贫困家庭的收入中占据了非常大的比例，于是土豆价格一旦上涨，当地贫困家庭的实际收入大幅度下降。在这种情况下，变得更穷的居民不得不大量地增加对土豆的购买，这样形成的"收入效应"是很大的，它大大超过了因为土豆价格上涨而产生的"替代效应"。由此产生了价格上涨，需求量同步上涨的背离经济学常规的吉芬现象。

单就一种现象而言，天底下到处都有吉芬商品或者吉芬现象。很多"北漂"的人们选择在北京城郊租房子住，但是那里的居住环境比市区要差，交通也不太便利，其房屋的性价比也比较低，房屋一般比较简陋。但是却有越来越多的人涌入郊区，其背后的原因就是，虽然郊区的租房价格不断上涨，但相比主城区而言价格还是比较便宜，对于刚刚在北京立足的年轻人来说，选择在这里租房还能享受到相对便宜的房租，哪怕房子的性价比并不高。

可为什么有些东西越贵，人们越愿意去购买？经济学家认为，吉芬现象是市场经济中的一种反常现象，是需求规律中的例外，但也是一种客观存在的现象，是人们无法回避的。

例如，天降大雨，地铁口的雨伞尽管价格较平时上涨，但销量还在上升，其关键原因不是价格上涨，而是由于突降大雨，行人急需雨伞遮风挡雨，对价格已经不再敏感。在这种情况下，只要价格不高得离谱，人们就会购买。试想如果雨并不是很大，人们可以赶到商店再去购买的话，小贩们的高价雨伞自然就无人问津了。

其实，生活中的吉芬现象并不少见。最突出的就是楼市。常常是房价涨得越来越快，而买房子的人却越来越多，许多没钱的人也在想方设法购买，借钱、按揭、攒钱……无不希望自己“有房一族”的美梦早日成真。

吉芬现象还常常被商家利用。为了迎合部分高消费群体的需求，商家也不失时机地推出了高价礼品，价格越高，越能够显出对送礼对象的高度重视。于是中秋节出现上万元一盒的月饼，饭店里出现数十万元一桌的饭菜也就不足为奇了。

生活中，我们要保持理性的消费态度，不崇尚时髦，不追赶潮流，这样才能不被商家所利用，才能避免成为吉芬现象的牺牲品。

棘轮效应：由俭入奢易，由奢入俭难

商朝时，纣王登位之初，天下人都认为在这位精明的国君的治理下，商朝的江山坚如磐石。有一天，纣王命人用象牙做了一双筷子，十分高兴地使用这双象牙筷子就餐。他的叔叔箕子见了，劝他收藏起来，而纣王却满不在乎，满朝文武大臣也不以为意，认为这本来是一件很平常的小事。箕子为此忧心忡忡，有的大臣问他原因，箕子回答："纣王用象牙做筷子，就不会用土制的瓦罐盛汤装饭，肯定要改用犀牛角做成的杯子和美玉制成的饭碗，有了象牙筷、犀牛杯和美玉碗，难道还会用它来吃粗茶淡饭和豆子煮的汤吗？大王的餐桌从此顿顿都要摆上美酒佳肴了。吃的是美酒佳肴，穿的自然要绫罗绸缎，住的就要求富丽堂皇，还要大兴土木筑起楼台亭阁以便取乐了。对于这样的后果我觉得不寒而栗。"仅仅5年时间，箕子的预言果然应验了，商纣王恣意骄奢，商朝灭亡了。

在这则故事中，箕子对纣王使用象牙筷子的评价，就反映了现代经济学中的消费效应——棘轮效应。

棘轮效应，又称制轮作用，是指人的消费习惯形成之后具有不可逆性，即易于向上调整，而难于向下调整，尤其在短期内的消费是不可逆的，其习惯效应较大。这种习惯效应使消费取决于相对收入，即相对于自己过去的高峰收入。实际上棘轮效应可以用宋代政治家和文学家司马光的一句名言概括：由俭入奢易，由奢入俭难。

这也与我们的生活经验相吻合。在生活中，这种"能上不能下"的事件出现过多次，比如石油价格上涨，导致成品油价格大幅上涨，以及出租车打车价格的上涨，广州增加了1元钱的特别附加费，北京则将每公里的单价统一上涨为2.3元。但是，在之后的国际油价下调过程中，这些价格并没有相应下调。

在房价问题上，棘轮效应的表现就更加明显。现在，房价已经形成了棘轮效应，易上难下。这是因为，尽管房价上涨的各种负面影响很大，但一旦涨上去再跌下来，就会引发严重的经济问题。就整个经济体系来说，房价可以不涨，但绝对不能暴跌，否则就有可能引发严重的经济危机。

在子女教育方面，因为深知消费的不可逆性，所以明智的家长注重防止棘轮效应。如今，一些成功的企业家虽然十分富有，但仍对自己的子女要求严格，从来不给孩子过多的零用钱，甚至在寒暑假期间要求孩子外出打工。他们这么做的目的并非让孩子多赚钱，而是为了教育他们要懂得每分钱都来之不易，懂得俭朴与自立。这一点在比尔·盖茨身上体现得十分明显。

微软公司的创始人比尔·盖茨是世界上赫赫有名的富豪，个人资产总额达460亿美元。但是，他在媒体采访时说，要把自己的巨额资产返还给社会，用于慈善事业，只给3个女儿几百万美元。比尔·盖茨没有自己的私人司机，公务旅行不坐飞机头等舱而坐经济舱，衣着也不讲究什么名牌；更让人不可思议的是，他还对打折商品感兴趣，不愿为泊车多花几美元。

有一次，比尔·盖茨和一位朋友同车前往希尔顿饭店开会，由于去晚了，以致找不到停车位。朋友建议把车停在饭店的贵客车位，盖茨不同意。他的朋友说："车费我来付。"盖茨还是不同意。原因很简单，贵客车位要多付12美元停车费，盖茨认为那是"超值收费"。

棘轮效应是出于人的一种本性，"饥而欲食，寒而欲暖"，这是人与生俱来的欲望。人有了欲望就会千方百计地寻求满足。但是，消费要结合自身情况，不要养成奢侈的消费习惯。哪怕只是几元钱甚至几分钱，也要让其发挥出最大的效益，养成良好的生活消费习惯。

节俭悖论：公众越节俭，社会越贫穷

王叔是一家外企的高级管理人员，收入丰厚，家庭生活富足。可是他却常常因两个人的花钱而生气：一个是他的父亲王大爷，另一个是他的儿子王小宝。生气不是因为别的，是因为父亲的过分节俭和儿子的过度消费。

王大爷是一个十分节俭的人。虽年已七旬，但勤俭的习惯却一直未改。为了节省一点电费，王大爷看电视时从来都不开灯，空调从装上到现在，如果不是王叔去他那里，他自己是舍不得开的。当王叔因此而说几句时，王大爷总是说："咱住在二楼这么阴凉，如果再开空调，浪费电不说，凉得也实在让人受不了。"为了防止蚊虫叮咬，王叔专门给父亲买了一盒蚊香让他记着晚上睡觉前点上。可王大爷总是说："不点也罢。过去在农村，有谁点蚊香。人瞌睡了自然就会睡着，这么大个人还在乎蚊子咬两口？”为了能免费理发，王大爷能从城西步行到城东找义务理发摊儿。为了省钱，王大爷不仅坚持自己蒸馒头，而且也很少买菜，常常是逛菜市场时顺便就捡上一些菜回来。王大爷过生日时，王叔说到饭店里去吃顿饭，可王大爷却说："还是在自己家吃实惠，割斤肉，擀点儿面，比去饭店吃强多了。"

与王大爷形成鲜明对比的是王叔的儿子王小宝。为了玩游戏，他硬是让他妈给他买了一台好电脑，游戏装备一买就是全套。他想弹吉他，就让他妈买了一把吉他，还专门请了老师来家里教他。到了夏天，王小宝进门就开空调，冰箱里的哈根达斯都是为他准备的。早上他动不动就要去喝15元钱一碗的羊肉汤。中午和晚上，饭桌上没有肉他是不会动筷子的。就这还不算，双休日王小宝还总要王叔带他去餐厅里撮一顿。对此，王叔没少说儿子，可是王小宝却振振有词："现在提倡消费，国家领导人都说要扩大内需，我们应该响应国家号召，为社会多做贡献。而且，您和我妈的收入也不应该在乎这点支出。"

王叔非常矛盾，他常因父亲的过分节俭而心疼地责怪他，但对儿子的过度消费虽然生气却又无可奈何。

其实，王叔在这里就遇到了一个经济学问题——节俭悖论。

18世纪，荷兰的曼德维尔博士在《蜜蜂的寓言》一书中讲过一个有趣的故事。一群蜜蜂为了追求豪华的生活，大肆挥霍，结果这个蜂群很快兴旺发达起来。而后来，由于这群蜜蜂改变了习惯，放弃了奢侈的生活，崇尚节俭，结果却导致了整个蜜蜂群体的衰败。

蜜蜂的故事说的就是节俭的逻辑，在经济学上叫节俭悖论。在西方经济学说史上，节俭悖论曾经使许多经济学家备感困惑，但经济学家凯恩斯从故事中却看到了刺激消费和增加总需求对经济发展的积极作用，受此启发，他进一步论证了节俭悖论。

凯恩斯是20世纪最有影响的经济学家，他一生对西方经济学做出了极大贡献，一度被誉为资本主义的"救星""战后繁荣之父"。节俭悖论就是他最早提出的一种理论，也称为节约反论、节约的矛盾。

如何解读这个悖论呢？我们都知道，节俭是一种美德，是个人积累财富最常用的方式。如果某个家庭能勤俭持家，减少浪费，增加储蓄，那么这个家庭往往可以致富。但是，根据凯恩斯的总需求决定国民收入的理论，节俭对于经济增长并没有什么好处。实际上，这里蕴涵着一个矛盾：公众节俭，降低消费，增加储蓄，往往会导致社会收入的减少。因为，人们的收入通常有两种用途——消费和储蓄，而消费与储蓄呈反方向变动，即消费增加储蓄就会减少，消费减少储蓄就会增加。所以，储蓄与国民收入呈现反方向变动，储蓄增加国民收入就减少，储蓄减少国民收入就增加。根据这种看法，增加消费减少储蓄会通过增加总需求而引起国民收入增加，这就会促进经济繁荣；反之，就会导致经济萧条。由此可以得出一个蕴涵逻辑矛盾的推论：节制消费增加储蓄会增加个人财富，对个人是件好事，但由于会减少国民收入，引起萧条，对整个国民经济发展却是件坏事。

节俭悖论告诉我们：节俭减少了支出，迫使厂家削减产量，解雇工人，从而减少了收入，最终减少了储蓄。储蓄为个人致富铺平了道路，然而如果整个国家加大储蓄，将使整个社会陷入萧条和贫困。也就是说，在资源没有得到充分运用、经济没有达到潜在产出的情况下，只有社会每个成员都尽可能多地消费，整个经济才能走出低谷，迈向就业更加充分，经济更加繁荣的阶段。

凯恩斯还说明了，需求增加所引起的GDP的增加一定高于原来需求的增加。这被称为乘数效应。比如说，需求增加了1亿元，但最后GDP的增加一定大于1亿元。这是因为各种物品有互补性，国民经济各部门之间是相关的。比如，富人买别墅花了1亿元，GDP增加了1亿元。住在别墅里一定要有汽车，买车又用了1000万元。买汽车要买汽油、买保险，购买各种服务（使用高速公路、维修等）又要用1000万元。仅这些支出就已达1.2亿元。用于买别墅的1亿元带动了建筑、装修等行业，这些部门的人收入增加，消费增加。用于买汽车和相关物品与劳务支出的2000万元也带动了这些行业的人的收入和消费增加。住房和汽车又带动了钢材、水泥、机械等行业。这样一轮一轮带动之下，整个经济GDP的增加肯定不止原来买别墅的1亿元。在这个过程中，经济发展了，所有的人——无论是作为股东和高管的富人，还是作为管理和技术人员的中等收入者，还是作为工人的低收入者——都会受益。

古老的美德何以成为现代的罪恶？有两点我们必须考虑，它有助于我们对于问题的理解：一是我们必须永远记住，在经济学中1加1不一定等于2。也就是说，对单独个人有益的事情不一定对全体有益。在有些情况下，社会成员个人的精明可以是整个社会的愚笨。节俭悖论是否存在取决于经济是否处于萧条水平。在一个古老的社会中，我们总是处在充分就业状态，因此，我们把国民产品用于当前消费越多，可用于资本形成的产品就越少。如果可以假定产出总是处在其潜在水平，那么传统的节俭理论就是绝对正确的，即从个人和从社会角度来说都是正确的。也就是说，节俭悖论的存在，是有社会经济发展的特定条件的，并不是说任何时候都如此。

第6章　市场经济是如何运行的

——供给、需求与经济周期

一个社会的发展和文明的生长，必须建立在已经找到了经济问题——人类持续生存问题的解决方法的基础之上，这事实上意味着两个相关却又独立的基本任务：①组成一个系统，以确保能生产出生存所需要的产品和服务；②安排社会生产成果的分配，以确保可以进行更多的生产活动。貌似简单实则复杂的经济生产和分配任务背后，隐藏着的挑战分为三个方面：

第一，人力调动的挑战，即要设计一些能把人类能量调动到生产性用途的社会制度。自然界并不能够恰好提供我们所需的产品数量，所以生产意味着如何把工具和技术运用于自然资源，避免浪费，以及尽可能有效地利用社会人力。

第二，人力配置的挑战，即社会制度不仅要确保生产领域足量的社会人力，而且要确保对其进行有效的配置。不仅要调动足够的人力投入生产工作，而且他们生产出来的产品和服务，还必须是社会所需要的，否则就会导致某些产品过剩，而另一些产品不足。最为严重的是当许多人饥寒交迫的时候，社会却把资源配置到非生活资料的生产，直接威胁到人持续生存的基本条件——解决温饱。如果不能把生产性人力导向最迫切需要的领域，那么配置机制就失灵了，严重的配置失灵会导致灾难性的后果。

第三，产品分配的挑战，即要通过恰当的分配方式，确保人愿意继续投入到生产领域。为了确保生产过程的持续和物质补给的稳定，社会分配产品的方式必须是：既要维护生产能力，又要保证人们继续生产的意愿。如果分配的酬劳不足以诱导人们继续投入生产过程，那么分配机制就失灵了。分配机制的失灵通常是生产失灵的主要原因。

对上述三个方面挑战的应战，形成了人类社会解决经济问题的方案。经济学家从现代回溯历史，考察了人类社会这些经济方案的基本机制，发现人类伟大的经济制度总体上只有三种类型：由传统运行的经济、由命令运行的经济、由市场运行的经济。它们单独作用或者结合在一起使人类能够解决经济挑战。

市场：无所不在的经济秩序

市场起源于古时人类对于固定时段或地点进行交易的场所的称呼，当城市成长并且繁荣起来后，住在城市邻近区域的农夫、工匠、技工们就会开始互相交易，并且对城市的经济产生贡献。显而易见，最好的交易方式就是在城市中有一个集中的地方，像市场，可以让人们在此提供货物以及买卖服务，方便人们寻找货物及接洽生意。当一个城市的市场变得庞大而且更开放时，城市的经济活力也相对会增长起来。

如今说到市场，人们并不陌生。乍看起来，市场里人群汹涌，秩序也很混乱，但令人惊奇的是，市场是如何生产出种类繁多而且数量巨大的物品和劳务的呢?

经济学家认为，市场主要解决“生产什么”“如何生产”“为谁生产”三大基本问题。

（1）生产什么：在市场上，消费者差不多每天都在做购买决策——货币正是他们手中的选票，投票多的物品和劳务得到生产，投票少的被淘汰。这些货币最终进入企业成为工资、租金和红利。当然，厂商是决定生产什么的最终决策者，他们受利润较大化的驱使，离开利润低或者亏损的行业，去生产高利润的物品——这些物品都有较大的需求。

（2）如何生产：生产者之间的激烈竞争，迫使他们采用效率最高的生产技术，以便使成本降到最低点。例如，蒸汽机取代马匹、飞机取代火车、电脑取代打字机等都是技术突飞猛进的结果。

（3）为谁生产：生产要素市场上的供给和需求决定了为谁生产。工资、地租、利息和利润的水平决定了要素市场生产的方向，它们被称为要素价格。

由此可知，统治市场经济的实际君主既不是国家总统，也不是跨国企业的CEO，而是消费者的偏好和可供利用的科学技术。消费者根据自己的先天或后天的偏好对物品和劳务进行“货币投票”，但这种投票也是有限制的。因为消费者可以乘飞机去香港，却找不到通往火星的航班。社会资源和科学技术限制了这种消费倾向。但科学技术也不是万能的，如果最先进的科学技术生产的是消费者购买能力之外或者消费者没有消费意愿的物品，那它也不能在市场中站稳脚跟。例如，市场上曾出现的无烟无味的香烟，但满足不了人们的味觉要求而自动消亡。

市场机制：市场运行的承重轴

市场机制是市场运行的实现机制，是通过市场价格的波动、市场主体对利益的追求、市场供求的变化调节经济运行的机制，是市场经济机体内的供求、竞争、价格等要素之间的有机联系及其功能。“市场机制”是“市场经济学”的核心内容。

市场运行机制是市场经济的总体功能，是经济成长过程中最重要的驱动因素。工业革命的发动是建立在市场运行机制基础之上的，或者说以工业化为核心的现代生产力的成长过程是在市场运行机制的驱动下进行的。市场运行机制是经济社会化乃至经济全球化发展不可缺少的重要方面。

市场机制是一个有机的整体，它的构成要素主要有价格机制、供求机制、竞争机制和风险机制等。

1．价格机制

价格机制是指在市场竞争过程中，市场上某种商品市场价格的变动与市场上该商品供求关系变动之间的有机联系的运动。它通过市场价格信息来反映供求关系，并通过这种市场价格信息来调节生产和流通，从而达到资源配置。另外，价格机制还可以促进竞争和激励，决定和调节收入分配等。

2．供求机制

供求机制是指通过商品、劳务和各种社会资源的供给和需求的矛盾运动来影响各种生产要素组合的一种机制。供求机制是市场机制的主体，其功能在于调节市场供给与需求之间的矛盾，使之趋于平衡。供求关系受价格和竞争等因素的影响，而供求关系的变动又能引起价格的变动和竞争的开展。

3．竞争机制

竞争机制是指在市场经济中，各个经济行为主体之间为自身的利益而相互展开竞争，由此形成的经济内部的必然的联系和影响。它通过价格竞争或非价格竞争，按照优胜劣汰的法则来调节市场运行。它能够形成企业的活力和发展的动力，促进生产，使消费者获得更大的实惠。

4．风险机制

风险机制是市场活动同企业盈利、亏损和破产之间相互联系和作用的机制，在产权清晰的条件下，风险机制对经济发展发挥着至关重要的作用。

与计划体制相比，市场机制有以下几个优点：

（1）市场机制的反应比较的敏捷，市场机制的近乎无穷多的市场主体随时都在关注着市场信息，所以市场的微妙变化容易被捕捉到。

（2）每一个主体根据自己获得的信息进行自己的判断，采取不同的策略，导致了市场策略的多元化特点。

市场机制与计划体制相比也并不是完美无缺，存在以下一些缺点：

（1）市场信息存在真伪之分。

（2）市场信息有整体性信息和局部性信息之分。

（3）市场信息有长期性信息与短期性信息之分。

（4）市场选择的多元性很可能导致市场的混乱无序。

以上市场机制的四个缺点恰好可以由计划机制来填补。所以，市场和计划各有千秋，缺一不可。

市场失灵：市场不是万能的

市场失灵是指市场无法有效率地分配商品和劳务的情况。自由市场是完全依靠价格这只“看不见的手”来实现供求平衡的，当价格在调节市场过程中失效时，就会导致产品的价格背离价值，从而破坏市场的价格机制，造成市场失灵。

市场机制配置资源的缺陷造成的市场失灵，具体表现在以下方面：

1. 收入与财富分配不公

资本拥有越多，在竞争中越有利，效率提高的可能性也越大，收入与财富也越向资本与效率集中。

2. 外部负效应问题

外部负效应是指某一主体在生产和消费活动的过程中，对其他主体造成的损害。

3. 竞争失败和市场垄断的形成

一般来说，竞争是在同一市场中的同类产品或可替代产品之间展开的。但一方面，分工的发展使产品之间的差异不断拉大，资本规模扩大和交易成本增加，阻碍了资本的自由转移和自由竞争。另一方面，市场垄断的出现减弱了竞争的程度，使竞争的作用下降。一旦企业获利依赖于垄断地位，竞争与技术的进步就会受到抑制。

4. 失业问题

失业的存在不仅对社会与经济的稳定不利，也不符合资本追求日益扩张的市场与消费的需要。

5．区域经济不协调问题

市场机制的作用只会扩大地区之间的不平衡现象。它对一些经济条件优越、发展起点较高的地区的发展越有利，那些落后地区就会因经济发展所必需的优质要素资源的流失而越发落后，区域经济差距会拉大。

6．公共产品供给不足

从本质上讲，生产公共产品与市场机制的作用是矛盾的，生产者是不会主动生产公共产品的。而公共产品是全社会成员必须消费的产品，它的满足状况也反映了一个国家的福利水平。这样一来，公共产品生产的滞后与社会成员和经济发展需要之间的矛盾就十分尖锐。

7．公共资源的过度使用

有些生产主要依赖于公共资源，如渔民捕鱼、牧民放牧以江河湖泊草地这些公共资源为主要对象，这类资源既在技术上难以划分归属，又在使用中不宜明晰归属。正因为这样，生产者由于受市场机制追求最大化利润的驱使，往往会对这些公共资源出现掠夺式使用，而不能让资源得以休养生息。

由于市场失灵的存在，要优化资源配置，必须由政府进行干预。正因为市场会失灵，才需要政府的干预或调节。将市场规律和政府调控相结合，才能有效遏制市场失灵现象。

公共产品：共同消费，共同享用

公共产品是相对私人产品而言的，是指能为绝大多数人共同消费或享用的产品或服务。如国防、公安司法等方面所具有的财物和劳务，以及义务教育、公共福利事业等，亦称公共财货、公共物品。

根据公共经济学理论，社会产品分为公共产品和私人产品。按照美国经济学家萨缪尔森在《公共支出的纯理论》中的定义，纯粹的公共产品或劳务是这样的产品或劳务，即每个人消费这种产品或劳务不会导致别人消费该种产品或劳务的减少。公共产品或劳务具有与私人产品或劳务显著不同的三个特征：效用的不可分割性、消费的非竞争性和受益的非排他性。而凡是可以由个别消费者所占有和享用，具有敌对性、排他性和可分性的产品就是私人产品。介于两者之间的产品称为准公共产品。

效用的不可分割性：私人产品可以被分割成许多可以买卖的单位，谁付款谁受益。公共产品是不可分割的，如国防、外交、治安等最为典型。

消费的非竞争性：边际生产成本为零，在现有的公共产品供给水平上，新增消费者不需增加供给成本，如灯塔等；边际拥挤成本为零，任何人对公共产品的消费不会影响其他人同时享用该公共产品的数量和质量，个人无法调节其消费数量和质量。

受益的非排他性：私人产品只能是占有人才可消费，谁付款谁受益。然而，任何人消费公共产品不排除他人消费（从技术加以排除几乎不可能或排除成本很高）。因而不可避免地会出现“白搭车”现象。

公共产品生产和供给的方式有三种：

1. 公共生产、公共提供

是指由公共部门生产出公共产品，然后，由公共部门向社会提供（包括物品和劳务）。所谓公共提供，首先是指这些公共产品是由公共部门供给的，其次它是以一种不收费的方式来提供公共产品的。政府，特别是行政部门，主要采用公共生产和公共提供方式来供给公共劳务或服务。

2. 私人生产、公共提供

公共产品并不一定都要由公共部门生产，有时，由政府购入私人产品，然后向市场提供。例如，国家可以将制片商已经拍好的电视片购买过来，在电视台播放。甚至武器和军事装备也可由私人部门生产，然后由政府采购。

3. 混合生产、混合提供

一般来说，公共产品应当由公共部门来提供。然而，有些准公共产品，尤其是在性质上接近于私人产品的准公共产品，政府在向社会提供的过程中，为了平衡获益者与非获益者的负担，提高资源的使用效益，往往也采取类似于市场产品的供应方式，即按某种价格标准向消费者收费供应。这样，消费者必须通过付款才能获得消费权。例如，对于医疗产品既可以采取政府供给方式，也可以采取政府供给、个人付费方式，此外，自来水、电、煤气等，也都可以采取收费方式来供给。但是，由于混合供给方式包含了政府的政策因素，它与市场供给的私人产品，在性质和管理上是有很大区别的。

在上述三种公共产品生产和供给方式中，前两种采用的是公共提供方式，第三种采用的是混合提供方式，这两者的区别就在于由谁来付款。公共产品无论是采用公共生产、公共提供，还是采用私人生产、公共提供方式，其结果是生产公共产品的费用完全由政府负担，亦即财政拨款。公共产品若是采用混合提供的方式，则其生产成本将由政府和受益的企业或个人共同分担。

供给与需求：经济学的心脏

1840年鸦片战争，英国用枪炮强行打开了中国的大门，英国商人为能打开中国这个广阔的市场而欣喜若狂。当时英国棉纺织业中心曼彻斯特的商人估计，中国有4亿人，假如有1亿人晚上戴睡帽，每人每年用两顶，整个曼彻斯特的棉纺厂日夜加班也不够，何况还要做衣服呢！于是他们把大量洋布运到中国。

结果与他们的梦想相反，中国当时仍然处于一种自给自足的封建经济，在此基础上形成了保守、封闭甚至排外的社会习俗。鸦片战争打开了中国的大门，但没有改变中国人的消费习惯。当时，上层人士穿丝绸，一般老百姓穿自家织的土布，中国人晚上没有戴睡帽的习惯，洋布根本卖不出去。

解决这个问题，在经济学的理论上，可以简单地说就是解决供给和需求的矛盾。供给和需求是经济学的最基本问题，弄通了供给和需求也就弄明白了整个经济学。萨缪尔森在他的《经济学》中引用了一句话：“你可以使一只鹦鹉成为经济学家，但前提必须是让它明白‘供给’和‘需求’。”长期以来经济学都致力于供给需求的均衡分析，包括均衡的条件和均衡的稳定性。

众所周知，所谓“供给”，就是提供东西。而经济学教科书上是这样解释的：“供给”就是指厂商（生产者）在某一特定时期内，在每一价格水平上愿意并且能售出的商品或劳务数量。那么，怎样来理解呢？

其中，“厂商”与“某个特定时期”指的是由于研究必要而规定的“什么人”和“什么时间”；“每一价格水平上”是指“具体情况”；“愿意”并且“能售出”指的是限制条件；“商品量”则是这句话的中心语。将这几层意思连贯起来便是经济学中供给的定义。该定义和人们日常所理解的供给不同，重点就是“愿意并且能售出”，这是供给的两个基本条件：具备出售欲望并具备供应能力。

比如疫情期间，口罩的价格上涨为2元一个，生产商甲“想”每天生产5万个口罩，这说明甲“有出售欲望”，但是甲厂的设备陈旧，每天最多只能生产3万个，也就是甲厂没有剩下的2万个的生产能力了，更别说出售了。所以在口罩价格为2元一个的情况下，生产商甲的供给量只能为3万个。头脑中“愿意出售”的5万个口罩只有3万个的“供应能力”。

再看需求，经济学中的需求是指消费者在某一特定时期内，在每一价格水平上愿意而且能够购买的商品或劳务数量。用上面的分析方法不难发现，它包含两层含义：首先，需求来自消费者的嗜好或偏好，是一种纯粹的主观上的需要；其次，需求应该是有支付能力的需求，即能够购买得起。假如一个人很有钱，买得起高档时装，但他对时装不感兴趣，也不打算买，就构不成对时装的需求；另一个人很喜欢时装，也想买，但又没有支付能力，同样构不成对时装的需求。只有主观上有买时装的欲望，客观上又具有支付能力的人，才能构成对时装的需求。

明白了供给与需求，生活中的一切经济问题就可以解决了。这是因为，在生活中有两个大家都经常看到的原理，第一个就是供给定理：在一定条件下“商品的价格越高，供给量就越大”；第二个就是需求定理：在一定条件下“商品的价格越低，消费者对商品的需求量就越大”。那么综合这两个定理，在一定的条件下，调节价格就可以使供给者的供给量和消费者的需求量相等，达到双赢的效果。

均衡价格：“看不见的手”的作用

均衡价格是商品的供给价格与需求价格相等时的价格。在市场上，由于供给和需求力量的相互作用，市场价格趋向于均衡价格。如果市场价格高于均衡价格，则市场上出现超额供给，超额供给使市场价格趋于下降；反之，如果市场价格低于均衡价格，则市场上出现超额需求，超额需求使市场价格趋于上升直至均衡价格。因此，市场竞争使市场稳定于均衡价格。

在人们的印象中，小麦属于“细粮”，玉米属于“粗粮”，小麦的价格一直比玉米贵。可是自2006年以来，“粗粮”玉米的价格却不断上涨，甚至超过了小麦。到2007年时，陕西宝鸡地区玉米的工业收购价达到1.66元／千克，而每千克小麦的市场价格仅为1.44元左右。人们不禁感到疑惑：经济困难时期让人们吃得难受的玉米，如今怎么又值钱了呢？而且还比小麦都贵了？

出现这样的现象说明了什么呢？说明了供给与需求决定了物品的价格。价格一直比小麦低的玉米突然值钱了，比小麦贵了，这种价格的变化说明它们的供求关系发生了变化。我们知道市场规律都是由供求关系来决定的，也就是说当供过于求时，市场价格就会下降，当供不应求时，市场价格会上升。可是当供大于求，价格下降后，需求量就会增加，这时就有可能出现供不应求的现象，从而导致物品的价格上涨；反之亦然。问题是，难道供求关系将永远以这种形式循环下去吗？它们中间就没有一个平衡吗？我们知道，按照事物发展的客观规律，这种平衡是绝对存在的，也就是我们所说的均衡价格。那么，什么是均衡价格呢？

为回答这个问题，我们先看一看经济理论。在微观经济分析中，需求价格是指消费者对一定量商品所愿意支付的价格，供给价格是指生产者为提供一定商品所愿意接受的价格。所谓均衡价格，是指某种商品的需求与供给达到均衡时的价格。均衡价格的形成即是价格决定的过程，它是经过市场供求的自发调节而形成的。市场的供给围绕均衡价格上下振荡调节，使市场的无规律性的自动调节呈现规律性。这就是亚当·斯密所说的“看不见的手”在迫使价格均衡。

西方经济学认为，在市场经济中，价格机制对资源配置起到了至关重要的作用。市场通过价格调节来协调整个经济中各经济主体的决策，使消费者的购买量与厂商的产量之间保持平衡。在市场经济中，“生产什么”“如何生产”和“为谁生产”的资源配置问题都由市场价格机制决定。由市场的供求均衡形成的均衡价格，能够引导社会资源的有效配置，实现帕累托最优状态。在这种状态下，生产者利润最大化的产品产量组合，恰好与消费者效用最大化的产品消费量组合相一致，社会福利因而实现了最大化。那么价格在经济中起什么样的作用呢？

美国经济学家弗里德曼把价格在经济中的作用归纳为三点：第一，传递情报；第二，提供一种刺激，促使人们采用最节省成本的生产方法，把可得到的资源用于最有价值的目的；第三，决定谁可以得到多少产品，即收入的分配。

这三种作用密切关联。根据弗里德曼的解释，价格起作用的情况也就是价格机制。然而谁都明白大自然中的一草一木，任何一个东西，在被发现之前一概定价为零。那么，为什么我们总要为不同的商品付出不同的价格呢？因为，商品的价格总是在消费者也就是我们自己的竞争中决定的，而与商品的提供者，也就是造物的人是否收费无关。一块没有经过任何加工的石头，如果我们争相去买，那么它的价格就会很高。这就是说，天上掉下来的馅饼也会在饿汉的争抢下而涨价！

蛛网理论：地瓜农夫的智慧

一位农夫种了很多地瓜，收获时丰收了，赶上地瓜涨价，卖了个好价钱，盖了房子，娶了老婆，就是地瓜婆。地瓜婆和地瓜农夫一起种地瓜，见地瓜好卖，地瓜婆让娘家人也全都种上地瓜。秋天来了，该丰收了，但地瓜农夫和地瓜婆一点也不高兴，因为去年种地瓜的人少，所以地瓜涨价了，而今年种的人太多了，全赔了。贫贱夫妻百事哀，地瓜农夫和地瓜婆在争吵中离婚了。一年后，地瓜婆又回来了，因为地瓜农夫又挣钱了，后来他们再也没有分开过，幸福地过着日子。地瓜农夫怎么又赚钱了呢？因为他请教了一位经济学家，经济学家告诉他，市场受一个叫作“蛛网理论”的东西控制，经济学家还告诉他什么时候该种地瓜，什么时候不该种地瓜。

农产品频频陷入丰产不增收的怪圈。经济学家们将这种现象称为“丰收悖论”。“丰收悖论”是指农民在丰收之年所获得的收入比平年甚至歉收年还低的矛盾现象。“丰收悖论”出现的根本原因在于农产品的需求弹性低和生产周期长。简而言之，消费需求对农产品的价格变动反应迟钝。这种现象说明市场经济并不是十全十美的，它调节经济的自发性与滞后性就是其内在缺陷。经济学里的“蛛网理论”就揭示了这一点。

当地瓜涨价的时候，肯定是市场上缺少地瓜，这时候必然导致供应增加，由于市场信息不对称，所以供应经常会超过需求，供应增多，需求就会减少，那么地瓜就会降价。接着供应就会减少，需求又会增加，地瓜又会涨价。地瓜农夫正是懂得了利用“蛛网理论”的规律，当价格下跌时，必定是供给增加，那么下年就会发生供给减少、需求增加、价格上涨的情况，所以他在今年开始种植，下年丰收，这样地瓜农夫和地瓜婆每次都能赚不少。“蛛网理论”因此有“解释市场供需双方轨迹之美丽的蛛网”的美誉。

“蛛网理论”是西方经济学的内容之一，它运用弹性理论来考察价格波动对下一个周期产量的影响，以及由于对下一周期的产量的影响产生的均衡价格的变动。引入时间这一重要因素，从动态变化的角度来分析考察需求与供给的变动，其变动情况若用平面直角坐标系进行描述，得出的图像就类似蛛网，荷兰的丁伯根把这一理论形象地定名为“蛛网理论”。

“蛛网理论”认为，当供求决定价格、价格引导生产的时候，经济中便会出现一种周期性波动。比如某一产品在第一期中供小于求时，价格上涨，第二期必然会增加生产，价格下降；因为第二期价格下跌，生产减少，又导致价格上涨；再引起第三期生产增加，价格又下跌。把各个时期的价格与产量波动画出一个图，这个图就类似于一张蜘蛛网，故该理论有“蛛网理论”之称。

这种蛛网形波动在农业中表现最明显。

以大白菜为例，新华网上曾经报道过这样一个事例：大白菜陷恶性循环怪圈，哪里爬起来哪里摔下去——2004年11月，河北固安的白菜丰收，但是价格却经受了“寒流”侵袭，收购价低至1分钱1斤，很多白菜烂在了地里无人管，甚至出现了拿白菜喂鹅、喂羊的现象。2004年后，很多农民退出了白菜种植，结果，2005年白菜价格一路高涨。2005年的白菜“大热”又让菜农们在2006年开始大量种植白菜，于是又发生了白菜价格走低的情景，价格不及2005年的三分之一。难怪有人评论说：“白菜市场简直就是在哪里爬起来再在哪里摔下去！”

这种蛛网形波动告诉我们，不能让农民单独面向市场。农民没有足够的力量像大企业那样做出比较正确的市场预测，能够在某种程度上控制市场，或者承担得起市场风险。“蛛网理论”曾经建立的现实背景是西方国家农民的一些经历。那么，西方的农民是如何走出这种“网”的呢？

在过去数百年中，美国的柑橘农民也曾有过类似于蛛网的周期性波动的痛苦经历。柑橘生产跟别的粮食一样，具有周期性。每当柑橘歉收时，农民很高兴，可是当柑橘丰收时，农民却烦恼了。柑橘农民掌握不了这种生产的变化，被类似山峰一样波动的价格折磨得晕头转向。于是他们苦苦冥想摆脱困境的出路，最终有人想出了高招，组建了一个农民与市场之间的中介组织——新奇士协会。

新奇士协会是农民自己组建的销售组织。农民将柑橘卖给协会，由协会去面对市场。协会控制了供给，在市场上就有了发言权，供大于求时，协会可以控制供给和价格，以减少农民的损失。同时，协会也为农民提供了大量有用的信息以及切实可用的技术等各方面的帮助。作为一个强大的组织，协会还做了许多农民单独做不到的事，如注册了柑橘的“新奇士”商标，组织产品的出口，进行柑橘储藏、保鲜、加工、调节供给以及大量的宣传等。这些做法使农民在供给上稳定了量，从而在与需求发生较量时平衡了市场力量，这样柑橘的价格也就有了保障。由于不会赔钱，良好的销售业绩也保障了农民的收入，保住了农民的利益。农民当然就增加了种植柑橘的积极性。

由此可见，要让农民走出这种“蛛网理论”的局限，并不能光靠农民单薄的自身力量，在农民和市场之间建立一个有效的中介组织就是一个非常好的解决办法。

经济周期：“经济大气候”的变化

经济的周期性波动被称为经济周期，它是指总体经济活动的扩张和收缩交替反复出现的过程。每一个经济周期都可以分为上升和下降两个阶段。经济周期一般是指以实际国民生产总值衡量的经济活动总水平扩张与收缩交替的现象。它具体表现为经济扩张因受到资源供给约束或消费约束，而出现经济收缩，经济收缩又因资源供给充裕或者消费需求拉动而重新进入经济扩张，周而复始，不断循环。在通常情况下，一个完整的经济周期可以划分为四个阶段：复苏—繁荣—衰退—萧条。其中，经济的复苏和繁荣阶段构成了经济周期中的扩张期，而经济的衰退和萧条阶段则构成了经济周期中的收缩期。在经济周期的上升阶段，即繁荣阶段，最高点称为顶峰。然而物极必反，顶峰也是经济由盛转衰的转折点，此后经济就进入下降阶段，即衰退。衰退严重则经济进入萧条，衰退的最低点称为谷底。当然，谷底也是经济由衰转盛的一个转折点，此后经济进入上升阶段。经济从一个顶峰到另一个顶峰，或者从一个谷底到另一个谷底，就是一次完整的经济周期。

经济周期一般有长短之分，一般而言，有以下四种经济周期的学说：

（1）库兹涅茨周期，是一种长经济周期。1930年，美国经济学家库涅茨提出一种为期15~25年、平均长度为20年的经济周期。该周期由于主要是以建筑业的兴旺和衰落这一周期性波动现象为标志加以划分的，所以也被称为建筑周期。

（2）朱格拉周期，是一种中周期。1862年，法国医生、经济学家克里门特·朱格拉在《论德、英、美三国经济危机及其发展周期》一书中首次提出市场经济存在着9~10年的周期波动。这种中等长度的经济周期一般被后人称为朱格拉周期，也称朱格拉中周期。

（3）基钦周期，是一种短周期，又称短波理论。1923年，美国的约瑟夫·基钦从厂商生产的产品过多时就会形成存货、减少生产的现象出发，在《经济因素中的周期与倾向》中把这种2~4年的短期调整称为“存货周期”，人们亦称这种周期为“基钦周期”。

（4）康德拉季耶夫周期，是一种长周期或长波。1926年，俄国经济学家康德拉季耶夫提出一种为期50~60年的经济周期。该周期理论认为，从18世纪末期开始，共有三个长周期：第一个长周期是从1789年到1849年，上升部分为25年，下降部分35年，共60年。第二个长周期是从1849年到1896年，上升部分为24年，下降部分为23年，共47年。第三个长周期是从1896年起，上升部分为24年，1920年以后进入下降期。

作为市场经济中的任何一分子，对经济周期波动必须了解、把握，并能制定相应的对策来适应周期的波动，否则将在波动中丧失生机。在市场经济条件下，企业家们越来越多地关心经济形势，也就是“经济大气候”的变化。

而作为政府部门，认识经济周期在市场经济中的运行规律和特征，有助于在制定扩张性或收缩性的经济政策以及进行政策转换时，增强预见性，避免滞后性。

经济周期的概念容易给人们造成一种错觉，即既然是周期，应该像元素周期表一样准确无误，是可以预测的。其实不然，我们应当看到，经济周期只不过是一种现象的描述，事实上不管是哪种理论，都只是对经济波动的一种解释，它是一种马后炮，而不是当头炮。因为影响经济波动的因素是极其复杂的，所谓世事如棋——局局新，就是这个道理。我们可以预测出一年四季二十四节气的准确时间，但是我们却无法预测一年四季各个节气可能发生的风云突变。影响经济波动的因素就好比这天空中突变的风云，每次都是不同的，因而经济波动是无规律的，几乎不能准确地预测；否则，我们就能消灭衰退，实现经济的长期稳定增长了。

在现实中，人们普遍认为经济波动具有破坏作用，而忽略了它的积极影响。其实在市场经济中，经济波动往往会推动公司改革，加快技术改造，提高管理效率。“祸兮福之所倚，福兮祸之所伏”，老子的话是对的。

企业精神：企业的精神风貌

企业精神指企业员工所具有的共同内心态度、思想境界和理想追求。它表达着企业的精神风貌和企业的风气。

企业精神是企业文化的一项重要而复杂的内容，人们对它的认识并不完全一致，有人认为它是企业全部的精神现象和精神活力。有人把它与企业价值观念等同起来。这些认识都没有抓住企业精神的实质。所谓企业精神，主要是指企业经营管理的指导思想。它在美国被称为“企业哲学”，在日本被称为“社风”。

美国著名管理学者托马斯·彼得曾说：“一个伟大的组织能够长期生存

下来，最重要的条件并非结构、形式和管理技能，而是我们称之为信念的精神力量以及信念对组织全体成员所具有的感召力。”

企业精神是现代意识与企业个性结合的一种群体意识。“现代意识”是现代社会意识、市场意识、质量意识、信念意识、效益意识、文明意识、道德意识等汇集而成的一种综合意识。“企业个性”包括企业的价值观念、发展目标、服务方针和经营特色等基本性质。

每个企业都有各具特色的企业精神，它往往以简洁而富有哲理的语言形式加以概括，通常通过厂歌、厂训、厂规、厂徽等形式形象地表达出来。企业精神的内容具体表现在：坚定的目标追求、强烈的群体意识、正确的竞争原则、鲜明的社会责任和可靠的价值观念及方法论等。例如：

美国IBM公司：“IBM就是服务”。

美国德尔塔航空公司：“亲如一家”。

波音公司：“我们每一个人都代表公司”。

日本三菱公司：“顾客第一”“诚实、注意和睦、公私分明”“放眼世界、努力改进经营管理、发明新技术”。

企业精神总是要反映企业的特点，它与生产经营不可分割。企业精神不仅能动地反映与企业生产经营密切相关的本质特征，而且鲜明地显示企业的经营宗旨和发展方向。它能较深刻地反映企业的个性特征并发挥它在管理上的影响，起到促进企业发展的作用。

企业精神一旦形成群体心理定势，既可以通过明确的意识支配行为，也可以通过潜意识产生行为。其信念化的结果，会大大提高员工主动承担责任和修正个人行为的自觉性，从而使他们主动地关注企业的前途，维护企业声誉，为企业贡献自己的全部力量。

一般地说，企业精神是企业全体或多数员工共同一致，彼此共鸣的内心态度、意志状况和思想境界。它可以激发企业员工的积极性，增强企业的活力。企业精神作为企业内部员工群体心理定势的主导意识，是企业经营宗旨、价值准则、管理信条的集中体现，它构成企业文化的基石。

第7章　职场人需要知道的薪酬经济学

——你一定要知道的生产要素经济学

人们都很关心自己每个月领到的薪水是多少钱，但却很少有人思考为什么自己只能领到这么点钱。实际上，你的薪水既不完全取决于你的努力程度，也不完全取决于老板是慷慨还是吝啬，真正起作用的是市场行情。

2008年以来，长三角和珠三角等经济发达地区出现了一种奇怪的现象：大学毕业生很难找到称心的工作，但中职中专毕业的技校生却有用工单位在学校门口排队招聘。用经济学来解释这种现象，就是中国的教育体制出现了问题，高等院校向社会提供了超出需求的供给，而中职中专的供给却严重不足，从而导致劳动力市场的严重失衡。

劳动力市场，就是我们接下来要讲述的生产要素市场的一个重要组成部分。

生产要素市场：决定工作报酬的市场

大多数的人都从事着全职的工作，但同样的努力换来的工作收入却不相同。经济学家认为其原因在于人们的收入也是由生产要素市场来决定的。劳动、土地和资本这三种生产要素的供给与需求决定了工人、地主和资本家的价格。

人们的收入一般和其从事的行业有关。例如，一名电脑程序员的收入会比一名种植水稻的农民的收入高得多。大家也许会认为这是理所当然的事情，但从来没有哪一条法律规定电脑程序员的收入一定要比种植水稻的农民高，甚至在道德上也没有这种要求。那么，到底是什么原因决定了不同工作的收入呢？

如果从整个国民经济的层面上来看，2021年，国内生产总值同比增长8.1%，经济总量突破110万亿元。每个人的工作收入只是整个经济收入海洋中的一滴水。人们取得收入的方式多种多样，工人赚取的是工资、福利和津贴，这在国民经济中要占到绝大部分。其余部分的获得者是地主和资本拥有者（资本以设备和建筑物的形式存在）——以租金、利润和利息的形式获得。那么是什么因素决定工人、地主和资本拥有者会以如此形式划分国民经济收入？又是什么因素使得同样的工薪阶层有不同的收入，资本拥有者阶层也有不同的收入呢？还是回到上面的问题，为什么电脑程序员的工资一定要比种植水稻的农民高呢？

其实经济学中的大部分问题的答案都在供给和需求之中，上面的问题也不例外，其答案是劳动、土地和资本这三种生产要素的供给与需求决定了工人、地主和资本拥有者的价格（也就是收入分配）。就电脑的软件行业来说，它是由程序员的劳动、企业的空间（土地要素）和办公楼及电脑设备（资本）共同构成的。同样，水稻生产行业也是由种植水稻的农民的劳动、农场（土地要素）、收割和运输设备（资本）共同组成。

收入和财富的两极分化使得分配问题成为经济学中最具争议性的问题。大多数人认为高收入和巨额财富是由运气和继承权带来的，贫穷只是因为受到歧视和缺乏机会；也有少数利益既得者认为，收入应由市场报酬机制决定，政策只应该给社会提供安全网——使那些处于贫困中的人们能得到救济，而不应该干预收入分配市场。

劳动的需求：企业怎样决定雇用人数

在完全竞争的情况下，怎样知道企业需要雇用的人数？经济学家给出的答案是：这是受其追求利润最大化的趋势决定的。由于存在着劳动边际递减规律，企业需要的人数总会有限度。

劳动市场和其他的市场一样，也是由供求力量支配的。劳动市场的均衡工资同样也是由劳动市场的供给和需求共同决定的。但劳动市场本身也有自己的特点——它是一种派生需求，并且大部分劳务并不直接作用于消费者，而是以生产成本的方式追加到物品上去。

首先，竞争企业以追求利润最大化为前提。假设有一个典型的葡萄园企业，而市场上有很多这样的企业在卖葡萄。这个企业的决策人每个月都要雇用一些人手去园中采摘葡萄，雇用的工人来源于摘葡萄的工人市场，其他企业也从这个市场上雇用工人。换言之，这个企业是葡萄价格和工人工资的接受者，它能决定的仅仅是雇用工人的人数以及出售葡萄的数量。同时，假设企业决策人追求利润最大化，工人的数量和葡萄数量将是他考虑达到利润最大化的因素。

其次，这个问题的核心是劳动边际产量递减。在考虑到雇用工人的数量之前，企业决策人要先预算摘葡萄工人的数量对采摘和销售葡萄的影响。也就是说，企业投入的是摘葡萄工人的劳动，产出的是装好的葡萄。其他投入如葡萄生长的土地、运输要用的卡车等假设都是固定的。当企业雇用1个工人时，他每周将摘100千克葡萄；当企业雇用2个工人时，每周共同摘180千克葡萄；当企业雇用3个工人时，每周共同摘240千克葡萄……我们发现，在其他生产因素不变的条件下，存在着劳动边际产量递减规律——随着工人数量的增加，劳动的边际产量发生递减。第1个工人边际产量是100千克，第2个工人边际产量是80千克，以后是60千克、40千克这样递减。劳动边际产量递减的现实原因可能是最初的工人可以随意采摘园中挂果率最高的葡萄树，随后雇用来的工人就只能采摘挂果率相对较低的葡萄树，因而增加的工人对葡萄产量的贡献呈下降趋势。

需求变化：为何企业会突然增员

要减少社会的失业率，一个可行的办法是在不减少企业的利润的情况下，增加其容纳劳动力的能力。提高产品的市场价格和进行技术创新等措施都能达到这一目的。

在经济学中，边际产量值等于投入的边际产量乘以产品的市场价格。假设橙子的市场价是每千克10元。在假设竞争市场中橙子价格不变的情况下，那么边际产量值也是随着工人数量的增加而递减的。那么企业决策人到底会考虑雇用多少工人呢?

该问题用图形直观表示就是图7–1所示的边际产量值曲线。这条曲线向右下方倾斜，并且包含了一条标示着市场工资的水平线。事实证明，只有企业决策人雇用的工人数在这两条线相交的那一点上（也就是劳动的边际产量值等于工资时），企业才能使利润最大化。但对于利润最大化的企业来说，边际产量值曲线完全可以看成劳动需求曲线。

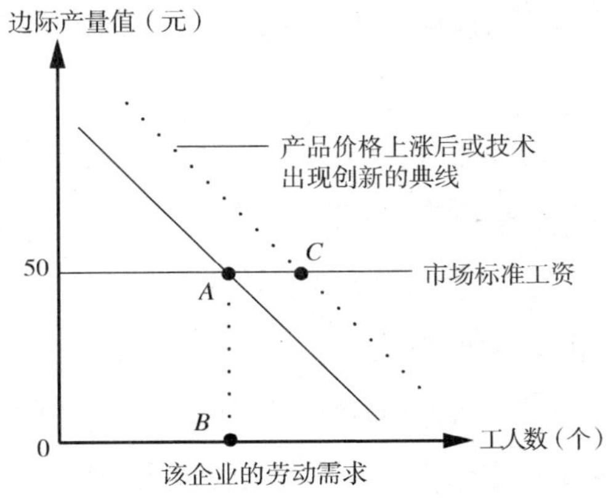

图7–1　边际产量值曲线

劳动需求曲线是对劳动的边际产量值的反映。那么，有哪些因素会使企业增加或减少劳动需求量呢？经济学家发现主要有以下三点。

1. 产品价格

由于边际产量值是边际产量乘以产品的价格，因此，边际产量值和产品价格必然同方向发生变动。也就是说，劳动需求曲线会随价格变动而移动：橙子价格上升时，橙子企业的劳动需求也会增加；反之，随着橙子价格的下降，橙子企业的劳动需求也会下降。

2. 技术创新

科学家和工程师是社会技术创新的主角，他们使工人的劳动生产效率成倍地提高，对劳动市场有着深远的影响。技术进步提高了劳动的边际产量，进而提高了劳动需求。这就很好地解释了为什么在许多国家，在工资持续上升时，其就业率也能一直增加。

3. 其他因素

但凡能影响边际产量的因素，都能构成对劳动需求曲线的影响。例如，由于摘橙子的工人缺乏足够的装橙子的纸袋，他们的劳动边际产量减少了，进而企业对他们的需求也减少了。

工资差异：关于劳动市场的均衡

在现实生活中，人们的工资水平的差异很大，平均工资是很难计算的。例如，同在汽车行业，一个汽车公司经理每年可以赚数百万元，而他的企业员工只能得到一两万元的工资。同是服务行业的人员，专业医生的工资是快餐店员工的数十倍。那么如何理解人们工资的巨大差异呢？

同样是全职的劳动力，人们所得的劳动收入有很大差异，其中原因是：存在补偿性工资、劳动质量有差别、胜者全得市场、行业工资有差别。

1. 补偿性工资

工资之间的巨大差别，有些是由工种本身的性质差别引起的。有的工作本身就很吸引人，使人愉快，让人得到较高的心理收益，甚至有些人在得不到工资的情况下也愿意努力从事，如公园的管理人员、游泳场救生员。而有的工作，含有使人们厌恶的因素——沉闷、危险、高强度，即使出高出平常数倍的工资，也不见得有人愿意去从事，如煤矿工人、排险工人等。

2. 劳动质量有差别

前面的补偿性工资对于解释工作本身的吸引力不同很有用处，但是还有解释不了的地方。例如，从事律师职业的人比清洁工人的工资要高出许多倍，但是律师的社会地位高、工作条件极优越，而清洁工的社会地位低、工作条件也不好，这说明工资差异还有一个关键因素，那就是人们本身的智力、体力、教养、教育、经验等方面都存在先天或后天的巨大差异，这使得他们的劳动质量也有很大差别。

3. 胜者全得市场

社会总会存在极少数的幸运者，他们依靠名气使他们的收入膨胀式增长。最明显的例子是娱乐明星和体育明星，他们的表演或比赛可以让全球数十亿人看到，这使得市场存在胜者全得的趋势——这也就是冠军和亚军之间的收入差距变得很大的原因。

4. 行业工资有差别

在全球分工越来越细的今天，行业之间的壁垒越来越高，“隔行如隔山”已成为现实，也就是劳工市场被分割，形成了大大小小的非竞争性群体。教育和职业经验极大地增加了人们转行的成本。例如，医生和经济学家就算是两个非竞争性群体，从业多年的医生如果要想转行做经济学家，那转行所需要的高昂的成本会使他得不偿失。可以说，人们选择一个行业，也就选择了一个行业的工资。

厂商理论：微观经济学的重要组成

真正研究厂商理论并做出重要贡献的是意大利经济学家斯拉法、英国经济学家琼·罗宾逊夫人、美国经济学家张伯伦。斯拉法于1926年出版《竞争条件下的收益规律》一书，标志着该理论的产生，该书对厂商理论的建立有着重要的作用。罗宾逊夫人于1933年出版的《不完全竞争经济学》和张伯伦于1933年出版的《垄断竞争理论》，可以看作是厂商理论最主要的著作。

在经济学说史中，厂商理论的代表作一般以张伯伦的著作为标志。此后，西方经济学中出现了厂商均衡理论，并以此作为对均衡价格理论的发展的基础，使其得到完善。

厂商理论是一种研究厂商行为规律的理论，亦称市场理论或生产理论。它通过成本—收益分析，说明厂商在不同的市场条件下，其产量和价格是如何决定的。厂商理论的研究包括四个方面：

（1）成本理论。厂商为进行生产购买生产要素而支付的代价是厂商的成本。成本按投入是否全部可变现而分为长期成本和短期成本，或者按是否随产量变化而分为不变成本和可变成本，并再细分为总成本、总平均成本、边际成本、总不变成本、总可变成本、平均不变成本、平均可变成本等。这些成本可用图形表现为相应的成本曲线。

（2）市场或厂商的分类。市场是指从事某一特定商品买卖的场所或接触点。厂商为市场生产产品，不同种类的市场决定了厂商的性质和类型。按竞争程度，根据厂商数目、产品差别程度、进入市场的难易程度以及厂商对产量和价格的控制程度，市场或厂商一般可分为四类：完全竞争、垄断、垄断竞争和寡头。

（3）厂商均衡。以利润最大化为目标，厂商理论分别分析了四种厂商在短期和长期中如何决定价格和产量。分析四种厂商的平均收益曲线、边际收益曲线同需求曲线的关系，可以区别四种厂商均衡的各自特点，并得出结论：完全竞争厂商或市场是经济效率最高的，它的成本最小、价格最低，各种资源或生产要素的利用达到最优状态。

（4）非利润最大化的厂商理论。这是研究厂商不以利润最大化为目标时的厂商理论。例如，西蒙提出令人满意原则，认为厂商的目标在不确定和不完全竞争条件下，追求的应该是使利润达到令人满意的水平，而不是使利润最大化。

厂商是市场经济中生产组织的基本单位，它主要是指个体工商户、合伙公司、股份公司等。研究影响资源配置和分配的厂商行为的理论，是微观经济学的组成部分。

生产费用论：商品的价值取决于生产费用

生产费用论是认为商品价值的大小取决于生产费用的一种价值理论。

经济学的一种庸俗价值理论认为，价值是由生产费用决定的。它最初源于亚当·斯密价值论中的一种庸俗观点，即认为在土地私有和资本积累时代，商品价值不再由生产者所独有，而是分解为工资、利润和地租等三种收入，于是商品价值也就由这三种收入所构成，这三种收入也是商品的生产费用，它决定商品价值。

萨伊和马尔萨斯把亚当·斯密的上述庸俗观点分离出来，明确提出生产费用价值论，但两人的说法又有所不同。萨伊认为劳动、资本、土地这三种生产要素在生产中各自提供了“生产性服务”，分别创造了工资、利息、地租三种相应的收入，作为自身耗费的补偿，这些收入构成生产费用，它决定了商品的价值。马尔萨斯认为，商品价值由购得的劳动量决定，购得的劳动量等于生产商品所耗费的劳动量加预付资本的利润，即生产费用。

西尼尔则把生产费用归结为“劳动和节欲”。劳动的报酬是工资，节欲的报酬是利润，工资加利润构成生产费用，决定商品价值。价值是由工资和利润即生产费用决定的；工资是对劳动的报酬，而利润是对资本家节欲的报酬。

以上各种说法都把利润包括在生产费用之内，表明这种理论明显地含有为资本的剥削收入辩解的意图，也有生产费用论者对此持不同观点。

托伦斯认为生产费用只应指资本支出，而不包含利润。但他把利润归结为流通领域的产物，认为它是消费者高于价值（生产费用）支付的结果，这是一种“让渡利润”的观点。

约翰·穆勒则认为生产费用等于工资，而商品价值除工资以外，还应加上平均利润，而利润又被看作是资本家节欲的报酬。他的价值论是生产费用加平均利润决定价值论，而就其实际内容来说，仍不外乎是以三种收入来决定价值。

各种生产费用论的共同缺点和错误在于以价值来说明价值的循环论证。各种收入不过是对已经创造出来的价值的分割，而不是价值的创造，收入多少不决定价值，收入的来源及水平反而应以价值的源泉和大小来说明。

不可替代性，帮你拿到高工资

弥子瑕是卫国的美男子，他很讨卫灵公的喜欢。

有一次，弥子瑕的母亲生了重病，可是京城离家甚远，为了尽快赶回家去替母亲求医治病，弥子瑕假传君令让车夫驾着卫灵公的马车送他回家。卫国的法令规定，私驾君王马车的人要受断足之刑。卫灵公知道了这件事，反而称赞道：“真是一个孝子！为了替母亲求医治病，竟然连断足之刑也无所畏惧了。”又有一次，弥子瑕陪卫灵公到果园散步。弥子瑕伸手摘了一个又大又熟的蜜桃，他吃到一半的时候，想起了身边的卫灵公。弥子瑕把吃剩的一半递给卫灵公，让他同享。卫灵公毫不在意这是弥子瑕吃剩的桃子，说：“你忍着馋劲把可口的蜜桃让给我吃，对我真好啊！”

弥子瑕年纪大了以后，容颜逐渐衰老，卫灵公就不那么喜爱他了。弥子瑕有得罪卫灵公的地方，卫灵公不仅不再像过去那样迁就他，而且还要历数弥子瑕的不是："这家伙过去曾假传君令，擅自动用我的车子，还目无君威地把没吃完的桃子给我吃。至今他仍不改旧习，还在做冒犯我的事！"

后来卫灵公终于找了一个借口，把弥子瑕治了罪。

弥子瑕前后的待遇截然不同，是因为以前他的美貌获得了卫灵公的喜欢，后来容颜衰老就不再获得卫灵公的喜欢。换句话说，以前他是不可替代的，后来已经成为可替代的人了。这其实涉及经济学上的替代效应。

什么是替代效应？由于一种商品价格变动而引起的商品的相对价格发生变动，导致消费者在保持效用不变的条件下，对商品需求量的改变，称为价格变动的替代效应。比如，你在市场买水果，一看到橙子降价了，而橘子的价格没有变化，在降价的橙子面前，橘子好像变贵了，这样你往往会多买橙子而不买橘子。

替代性不仅仅存在于物品与物品之间，人与人之间也存在。我们知道，无论是一个社会，还是一个企业，其本身的资源都是稀缺的，一个成员在组织中能占多大份额，取决于他在这个组织里的重要性，即其替代性的大小。在组织中，如果一个人很容易被替代，那么他本身的价值是不高的，换句话说，如果一个人想要得到比别人更多的资源，他就必须比别人更具有不可替代性。

这也是为什么那些有技术、有才能的人在企业里备受宠爱的原因，因为这个世界上有技术、有才能的人太少了，找到一个能够替代的人可不是轻而易举的事。尤其是企业的中高层，不仅要才干出众、经验丰富，而且彼此之间的性格、行为方式磨合到位，彼此融洽，成为搭档，这就更是不易，所以，企业对这类管理人才就更为珍惜。比如很多企业都非常努力提高企业研发人员的待遇，因为这些人掌握着企业的核心技术，一旦被其他企业重金挖走，给企业造成的损失将是巨大的，这些人对企业来说是不可替代的人。不像普通员工，你不愿意干，想干的人多的是，企业很容易从劳务市场上找到替代品。正是由于普通员工的替代品多，普通员工的工资与技术层、管理层差距很大。所以，那些著名企业CEO的年薪动辄几百万元，而普通员工的年薪可能还不及他们的一个零头。

不要觉得不公平，如果你想让自己获得与他们同样的待遇，你就要先让自己也具有不可替代性。

不可替代性如何获得？有这样几个渠道：一是本身具有一种天赋，比如歌星拥有好嗓子，模特拥有高挑匀称的好身材等。二是通过血缘关系获得，比如私营公司老板的儿女是其父母事业的接班人、高干的子女拥有比常人更多成功的机会等，这些都是他们通过血缘关系获得的不可替代性。三是通过良好的人际关系，如战友之间的关系、同学之间的关系等。在如今的市场经济条件下，人缘在增强不可替代性的过程中的地位日益显现。四是借助地缘关系获得，如某些企业只招聘当地人，不招聘外地人。

如果以上不可替代性你都不具备，你只有通过人力资本的投资来获得了。通过人力资本投资获得不可替代性是非常重要的，因为现代社会是高速发展的信息社会，进行人力资本的投资就是要培植自身的核心竞争力，在激烈的市场竞争中获得更多资源，这样才能让自己具备更牢固的不可替代性。

不轻易辞职，不轻易换行业

临近年终，会娜又开始琢磨跳槽的事了。说起来，会娜的个人条件也算不错：名牌大学财经专业毕业，英语六级且口语不错，外形靓丽。但她的资本使得她总不满足于现状。于是她每天必做的一件事就是研究网上的招聘启事，如果哪家公司开出的待遇比现在的公司高，那她一定毫不犹豫地奔向那家公司。有好事者偷偷帮她算了一下，结果吓了一跳：毕业3年，会娜已经换了七八家公司，最夸张的时候她1个月连跳两家，在其中一家公司才上了3天班就跟老板说再见了。

会娜对那些好几年都待在一个单位，没有跳槽打算的人总是嗤之以鼻：

“每个月拿这么一点工资，不跳槽，这辈子能混出什么来！”

跳槽，即指换工作、换单位。为了寻求更好的待遇，为了过得更宽裕，更换工作无可厚非。然而如果过于频繁，我们不得不考虑由于不断更换新环境所需要的花费。在经济学看来，就是其中所蕴含的机会成本。

不同的人，其跳槽的机会成本是不同的。对于一般人来讲，跳槽的机会成本有哪些?

第一，时间的机会成本。如果想跳槽成功，就要花费时间搜集并分析招聘信息，对市场上的招聘企业做出正确的判断。在这个过程中，跳槽者要付出时间、精力等成本，还要承担等待、焦虑、忧虑等心理压力。当信息不明朗时，还会为抉择而感到痛苦。

第二，薪资的机会成本。跳槽意味着你放弃本有的薪资，以及因此而可能获得的潜在薪资、福利、奖金等待遇。假如你本有的月薪是6000元，再加上奖金、补贴和保险等，可能月薪将近9000元。但如果你不能在辞职的当月找到工作，那么这9000元即是你跳槽所付出的机会成本。

第三，人际关系的机会成本。当你在一个环境里工作，获得的报酬不仅是货币工资，还包括学习锻炼的机会和人脉关系。人脉就是你的资源，它同时也是你遇到困难和问题时的活期存折。

第四，升迁的机会成本。当你在一个新的环境里，往往很难一下子得到真正重用，尽管在职务或薪资上可能比原来高，但新的单位需要重新对你的人品和工作能力进行一段时间的考验。

此外，如果跳槽不成功的话，还有一笔成本值得我们细细地计算。经济学告诉我们：当收益确定的时候，人们往往在不同的成本之间做大小的比较；而成本一定的时候，人们则往往将成本与收益做比较，以此来衡量支付的成本值不值。所以，我们所说的经济学注重成本概念，并不是孤立地看成本，而是把成本与收益联系在一起考虑问题。当然，谈到成本收益分析，由于信息不对称性和市场不确定性，往往事实上的成本总是比预期的大，而收益却总是比预期的小，这是在所难免的；否则，生活中就没有失败和失意了。

从我们一生来讲，我们生命中所包含的时间其实就是人生最大的一笔成本。一个想有所成就的人，总是把时间成本看得很重，因为无所作为就是成本，所以只有积极地去寻找获得人生收益的机会，才能弥补时间成本的损失。正如微生物学家巴斯德所说，机遇只偏爱那种有准备的头脑。机会永远只垂青于追逐它的人。追逐自由，追逐自己喜欢的生活方式是一个社会走向成熟的重要标志。然而，天底下没有免费的午餐，当我们赢得了自由之后，我们必定要为我们的自由付出一定的代价——机会成本，这里不妨反用一位哲人的话：上帝在为你打开一扇窗户的同时也关闭了一道门。

内卷化效应，警惕职场原地踏步

格林大学毕业之后在一家保险公司做业务代表。这是一项很让人头痛的工作，因为很多人都对保险业务员敬而远之。所以，格林的工作开展起来很困难。

办公室的其他业务员整天对自己的这份工作抱怨不停："如果我能找到更好的工作，我肯定不会在这里待下去。""那些投保的人，太可恶了。整天觉得自己上当了。"当然，这些人只能拿到最基本的薪水。只有在业务部经理催促下，或者是"胡萝卜+大棒"的政策下，他们才有一点点前进，否则就是原地踏步或者在退步。

唯有格林和他们不一样。尽管格林对现状也不是很满意，薪水不高，地位不高，但是格林没有放弃。因为他知道，与其说是放弃工作，不如说是在放弃自己。在这个世界上，没人强迫你放弃自己，除非你主动为之。格林还相信，努力是没有错的，努力还会让平凡单调的生活富有乐趣。

于是，格林主动去寻找客户源。他熟记公司的各项业务情况，以及同类公司的业务，对比自己公司和其他同类公司的不同，让客户自己去选择。虽然一些人很希望多了解一些保险方面的常识，但是他们对保险业务员的反感使他们在这方面的知识很欠缺。格林知道这些情况之后，主动在社区里办起“保险小常识”讲座，免费讲解。

人们对保险有了更多的了解，也对格林有了好印象。这时，格林再向这些人推销保险业务，大家没有反感，反而乐于接受。格林的工作业绩突飞猛进，当然薪水也有了很大的提高。

20世纪60年代末，一位名叫克利福德·格尔茨的美国人类文化学家，曾在爪哇岛生活。这位长住风景名胜地区的学者，无心观赏诗画般的景致，而是潜心研究当地的农耕生活。他眼中看到的都是犁耙收割，日复一日，年复一年，原生态农业在维持田园景色的同时，长期停留在一种简单重复、没有进步的循环状态。这位学者把这种现象冠名为“内卷化”。“内卷化”的结果是可怕的，它会让人在一个层面上无休止地内缠、内耗、内旋，既没有突破式的增长，也没有渐进式的积累，让人陷入一种恶性循环之中。你越是缺乏自信，你越难以成功，你越不能成功，你就越缺乏自信，直至破罐子破摔。正如故事中所描述的格林的其他同事一样。

其实，作为个人来讲，进入“内卷化”状态，根本原因就在于精神状态和思想观念。人们常说，信心决定命运，观念决定出路。一个人如果总是自怨自艾，不思改变，不求进取，不谋开拓，只能是原地不动，还有可能倒退。总是因陋就简，循规蹈矩，按部就班，只能进入周而复始的轮回状态。

人们都羡慕那些杰出人士所具有的创造能力、决策能力以及敏锐的洞察力，但是他们也并非一开始就拥有这种天赋，而是在长期的工作中积累和学习到的。在工作中他们学会了了解自我、发现自我，自动自发，有效地克服了“内卷化”效应，最终使自己的潜力得到充分发挥。

如果你已经想到了追求“自我实现”，如果你已经把你的想法在你所在的职位和从事的工作中的任何一个环节上体现出来了，你会为你的热情本身所感动。即使是每天按时上班，也充满了活力。从这个角度来说，你的事业就是你的工作，你的职业就是你的事业的开端。只有这样，你才能走出“内卷化”的怪圈，去迎接属于自己的胜利。

有效需求，工作不一定专业对口

如今大学生找工作，都想找专业对口的，然而结果往往并非所愿，阴错阳差地干了别的行业。其实这在事业有所成就的人士眼里很正常。学设计出身的香港导演王家卫，在面对这个问题时这样说：“朱元璋开始是当和尚，最后成了皇帝。”虽是笑谈，却也发人深省，或许从另一个侧面说明，如不为专业所困，跳出专业的局限，则眼睛为之一亮，天地为之一宽，各种新机会就会“跳”出来。

著名教育家刘道玉认为，面对就业难，大学生应该辩证地看待“对口”。大学生从事任何职业都是对口的，因为大学4年只是通才教育，只能学到最基本的知识、基本素质与基本方法，是难以培养出专家来的。成为一个专家，从大学毕业至少还需要在研究实践中拼搏15~20年。从这个意义上说，不能把求职与就业局限于自己所学的专业范围。大量的实例也说明，在以往毕业的大学生中，横向成才的例子不胜枚举。例如，学英语的成了生物学家，学经济的成了历史学家，学哲学的成了律师，学医学的成了文学家……如果树立了这个观点，那么，大学毕业生就业与求职的路子就会无限宽广，自己也掌握了自我设计的主动权。

在一般情况下，职业方向的选择是由专业决定的。现实的情况是，很多人毕业后并不能完全按照自己所学的专业来选择工作，有的甚至与原专业风马牛不相及。学非所用、用非所学、专业不对口的情况比比皆是，已不足为怪。在这种情况下，大学毕业生就需要认真考虑，选择适合自己的职业，最重要的是明确自身优势。

首先，明确自己的能力大小，给自己打打分，看看自己的优势和劣势，这就需要进行自我分析。分析自己，旨在深入了解自身，根据过去的经验选择，推断未来可能的工作方向与机会，从而彻底解决“我能干什么”的问题。只有从自身实际出发，顺应社会潮流，有的放矢，才能取得成功。定位，就是给自己亮出一个独特的招牌，让自己的才华更好地为招聘单位所赏识。对自己的认识分析一定要全面、客观、深刻，绝不回避缺点和短处。

其次，要发现自己的不足，如性格的弱点、经验与经历中的欠缺等，认真对待，善于发现，并努力克服和提高。

最后，要对职业的方向做出分析，具体包括：

（1）社会分析。社会在进步、在变革，要善于把握社会发展的脉搏，这就需要做社会大环境的分析，这包括：当前社会、政治、经济发展趋势；社会热点职业门类分布及需求状况；专业需求形势；自己所选择职业在目前与未来社会中的地位情况；社会发展对自身发展的影响；自己所选择的单位在未来行业发展中的变化情况，在本行业中的地位、市场占有及发展趋势等。

（2）组织分析。这应是个人着重分析的部分，组织将是实现个人抱负的舞台。应对自己将要寄身于其中的组织的各个方面进行详细了解，在知己知彼的基础上，只有两者之间拥有较多的共同点，组织与个人才会相互接纳。

（3）人际关系分析。个人处于社会环境中，不可避免地要与各种人打交道，因而分析人际关系状况显得尤为必要。

通过以上自我分析，明确自己该选择什么定位方向，解决“我选择干什么”的问题。定位的方向直接决定着一个人的发展，定位方向的选择应按照定位的四项基本原则——择己所爱、择己所长、择己所需、择己所利，结合自身实际来确定，选择有发展前景的职业。

从事一项喜爱的工作本身就能带给你一种满足感，你的职业生涯也将因此变得妙趣横生，将来才会有所成就；相反，一个人如果不知道自己想干什么，则什么也干不好，不但自己痛苦，对社会也是一种浪费和损失。这就要求我们有清醒的头脑，避免从众心理。

分解成功因素，快速把握职场

很多人的职业成功都存在偶然因素，如家庭背景、出生地、运气、机遇、性格等，这些偶然性因素都可能对人的职业发展产生重大影响。但是，任何偶然因素背后都有必然性，任何职业成功都不是随随便便获得的，都在偶然之中隐藏着必然性规律。规律的存在，让我们成功分析职业发展成为可能。为了方便分析，我们假设衡量职业发展成功的标准只有一个：获得物质财富的多少。

我们知道，一个人要想在职场上获得尽可能多的效用，也就是获得尽可能多的财富，他就必须参与社会分工协作，必须为社会或他人生产有用的产品或提供有用的服务。他为社会或他人生产有用的产品或提供有用的服务越多，就越能获得回报（白花花的银子），即能获得更大的职业成功。那么，一个人具备什么样的条件，他才可能为社会或他人生产更多的有用产品或提供更多的有用服务？答案很简单：高效岗位和高效劳动。

所谓高效岗位，就是这个岗位具有产生高效结果的可能。我们做个比喻：一个连长和一个军长。他们的任务是相同的，都是要和敌人的一个军进行交战。谁获胜的可能性比较大？显然是军长。渴望一个连长率领一个连打败一个军，无疑是痴人说梦。而军长率领一个军，去对抗敌人一个军，显然胜利的可能性更大。从效用上说，军长这个岗位比之连长，就是高效岗位。

所谓高效劳动，就是为实现高效而进行的努力。我们接着上面的例子继续讲，假如这个军长对战争认识不足，是长平之战中的赵括之流，主观上并没有为打赢战争做好准备和做过努力，我们可以判定，他获胜的可能性不足50%。因为对方对战争的准备比他更充分，火力更足。这时，我们假设一种情况：他的上司对他的准备工作不满，临阵将他撤掉，换来一个能干的将领。新将领一上任就对战争形势进行多方面分析和侦探，由于他的辛苦和努力，上天让他偶然得知在某地段打伏击战能够确保他打赢这场战争。相比前任军长，新将领的劳动就是高效劳动。

高效岗位和高效劳动成为决定一个人职业发展成功的高度和速度。我们假设人的资源只有时间资源，抛开工作环境、技术设备等客观条件对工作的影响，那么，我们可以推论出一个人最快获得职业成功的条件：占有高端岗位，进行积极有效劳动。这也是很多人热衷被提拔和竞选总统的原因。他们想获得更重要的岗位、更大的职业舞台来获得更大效用。

职位就是位置，好的位置能使你事半功倍。范蠡的事迹就是一个例子。

春秋末期的政治家、军事家和经济学家范蠡，公元前496年前后入越，辅助勾践二十余年，终于使勾践于公元前473年灭吴。范蠡以为大名之下，难以久居，遂乘舟泛海而去。后至齐，父子戮力耕作，致产数十万。齐人闻其贤，使为相。范蠡辞去相职，定居于陶（今山东定陶西北），经商积累资金巨万，称“陶朱公”。

范蠡定居陶，是有经济原因的。他认为，陶居于“天下之中”（陶地东邻齐、鲁；西接秦、郑；北通晋、燕；南连楚、越），是最佳经商之地，操计然之术（根据时节、气候、民情、风俗等，人弃我取、人取我与，顺其自然、待机而动），以治产，必能致富。

陶就是范蠡的“高效职位”。有了高效职位，还要高效劳动。我们再看范蠡是怎么做的。

范蠡在定居陶之前，曾在齐国经商。他改名为鸱夷子皮，带领儿子和门徒在海边结庐而居。戮力垦荒耕作，兼营副业并经商，没有几年，就积累了数千万家产。

这说明范蠡是勤奋的，并不是好吃懒惰之徒。所以，我们有理由相信，在陶经商的他，也必定是依靠高效劳动，得以富甲天下。

任何人要想获得职场成功，不仅要依赖客观条件（如人脉资源、资本实力、高效职位等），更要依赖主观努力（如积极主动的做事态度、平和的心态、对成功的渴望和追求等）。一般说来，那些成功的人具有如下几个共同特征：

（1）选择了既符合社会需要又符合自身优势的人生定位（目标和方

向）。这句话的核心关键点是：首先要有目标，没有目标的人最终会一事无成；其次对自身的目标定位要合理，既不好高骛远，也不自我看低；最后要让目标满足两个方面的要求，即符合社会需要（不能立志成为杀人犯）和符合自身优势特点（不要让乔丹去踢足球）。

（2）在人生的各个阶段能很好地把握住机遇，选择了专业化水平或效率较高的工作岗位。这就要求任何人不要在现有职位上自娱自乐，要上进，争取更高的岗位，占有更大的资源平台；要善于利用各种晋升机遇来提升自己，而不是在机遇敲门时还浑然不觉。

（3）在每一个工作岗位上充分发挥了自身的积极性和创造性。这不仅包含正确的观念、强烈的愿望、积极的心态等，还包括要为高效做事寻找正确的方法，同时还要保证所做的事情是“正确的事情”，避免劳而无获，或者背道而驰。

（4）选择有利于自身成长的制度和技术环境，并在环境中不断学习、探索和总结，不断提高自身的人力资本。人的职业技能是动态变化的。没有学习力的人，哪怕一开始技艺领先，也会随着技术的改进和发展而陷入被淘汰的境地。相反，具有很强学习力的人，总是能够使自己的工作能力保持在领先地位。这个世界什么都可以变，唯一不变的是学习。

增加投入，缩小工资差异

小杨和小李两人从小一起长大，后来又考上了同一所大学，大学毕业后两人进了同一家公司上班。

工作1年后，两人的工资有了很大的不同：小杨的月薪已经达到15000元，而小李却依然拿着8000元的薪水。

这天，两人的大学老师来看望他们。在和公司老总交流后，老师得知了两人工资上的差距，表示出很大的疑问，就问公司老总：“他们两人在学校的时候，成绩都差不多，怎么工作1年后会有如此大的差别？”

老总听完老师的话，没有马上回答，只是微笑着说：“老师，你稍微等一下。我现在叫他们两人来做一件相同的事情，你观察下他们的表现，就可以知道答案了。”

于是，老总把两人同时找来，然后对他们说：“公司准备订一批服装作为工装，现在请你们去调查一下市场上的服装情况，看看有没有合适咱们公司的服装，希望你们能够尽快给我答复。”

小杨和小李得到任务后就离开了。1小时后，小李先回到了公司。

小李向老总报告：“市场上有种款式的服装卖得很不错，我们可以订购。”老总问道：“批发价是多少呢？有多少供应商？订购多少有优惠？”小李只能说出批发价，其他的一概不知，他还辩解道：“这些问题您没有让我打听。”老总看看一旁的老师，老师一副若有所思的样子。

这时，小杨正好回来了。老总就问小杨调查得怎样，小杨回答道：“是这样的，市场上有种款式的服装不错，我已经问过了，批发价是300元一套。一共有十多家供应商，其中有一家表示，如果起订在50套以上的话，还可以优惠50块钱一套。在去之前，我已经计算过了，公司有一百多人，工装起订应该在一百套以上，所以优惠应该还可以更大。另外，我这里还有几个供应商的联系方式，细节咱们还可以继续和他们沟通。”听到这里，老总微笑着连连点头。

小杨和小李的不同汇报结果，相信已经使任何人都明白，为什么他们的工资会有如此大的差别了。其实，在任何一家公司，都能够看到这两种人，两者之间的工资差异完全取决于他们各自的付出，个人的“投入”决定了公司的“产出”。

在人力市场中，小杨和小李都属于人力资源。很显然，小杨更懂得付出和努力，所以他具有的人力资本要比小李更能给公司带来市场回报。小杨的个人努力是一种“投入”，因此带来的“产出”则是老板给予的高薪。对于企业老板来说，他们也更愿意雇用像小杨这样的人才，因为付出的同时会为公司带来更大的效益。

积极提升自身的能力，会为自己赢得更好的回报。在“投入”达到一定数量时，有时候回报和产出会来得意想不到。

曾有一位飞机维修工程师，他是维修飞机的专家，在国际知名飞机制造企业工作多年。退休后一直赋闲在家，偶尔会为一些企业做技术顾问。

有一次，一家航空公司的飞机出了故障，很多技术人员都不能找到原因，航空公司最终决定请退休在家的老工程师来看看。

老工程师先是听取了飞机检修员的问题汇报，然后又亲自去飞机的几个部位看了看。最后，老工程师随手拿起一个扳手，将几个地方的螺丝换了换位置。弄完之后，老工程师拍拍手，对陪同的航空公司人员说：“问题解决了，你们可以测试一下。”说完，老工程师就回家去了。

航空公司的人员有些不相信，问题居然这么简单就解决了。技术人员再一次对飞机进行检查，结果显示：一切恢复正常。

后来，航空公司收到老工程师寄来的一个账单，账单上显示服务费是1万美元。航空公司的负责人有些意外，他亲自拜访了老工程师。见到老工程师后，负责人问道：“您老一共在飞机上看了5分钟，拧了几个螺丝，为什么价钱这么高？”

老工程师笑了一笑，回答道：“拧螺丝只值1美元，但是在哪儿拧、怎么拧值9999美元。我5分钟发现的问题，为你换来了一架运行完美的飞机。”负责人听完老工程师的回答，哈哈一笑，不再多说，马上拿出填好的支票。

老工程师之所以能够轻而易举地获得航空公司的高额服务费，原因就在于他之前的工作积累。如果没有多年的维修经验支持，老工程师也不能轻易发现飞机存在的问题。航空公司的负责人正是明白了老工程师早期的“投入”积累，才会心甘情愿地为他付出1万美元的支票。

在现代社会中，那些舍得付出、懂得投入的人，才会赢得更多的回报。在任何一个企业，只有那些愿意为企业付出、具有高素质与高技能的员工才会更受器重。

社会是不断进步发展的，在按劳分配的基础上，将按生产要素分配的比重扩大是一种必然趋势。经济市场是残酷的，要想在竞争中获得升迁，得到更多的价值回报，就必须不断学习，不断加大对自身的“投入”。当“投入”有了一定的积累后，享受“产出”就成为理所当然的事情。

第8章　如何成功办企业

——你一定要懂的厂商经济学

1920年，约翰·卡尔文·柯立芝当选美国第29届副总统。1923年，沃伦·哈定总统突然死亡，约翰·卡尔文·柯立芝接任美国总统，并于1924年成功连任。在政治上主张小政府，以古典自由派保守主义闻名。约翰·卡尔文·柯立芝在任内一扫沃伦·哈定政府时期政治丑闻的阴霾，恢复了公众对白宫的信任，故离任时威望极高。约翰·卡尔文·柯立芝总统的传记作者说："他体现中产阶层的精神和希望，可以解释他们的憧憬和表达他们的意见。"约翰·卡尔文·柯立芝总统也有一句名言："美国人的事业就是办企业。"他的这一观点不仅源于对美国200多年建国史的深刻洞察，也表达了他对美国自由市场经济繁荣的骄傲与自豪。

经济学必须研究生产问题，而现代社会的生产活动都被组织到了厂商和企业当中，因此从古典经济学家提出的厂商理论开始，内容丰富的厂商经济学逐渐发展了起来。

生产成本：为何有的生产不划算

在生活中，生产无处不在，与生产形影不离的是成本。所有的企业都得为自己的投入支付租金、空调费、打印机费用、电费等资金。在制定生产战略时，所有的企业都明白，每多浪费一分，企业的利润就会减少一分。

成本是企业的生产支出，它可分为总成本、固定成本和可变成本、边际成本、平均成本等。所有企业在进行生产之前都会计算其生产的成本和收益。当生产成本大于总收益时，企业就会认为这样的生产不合算，从而停止生产。

1.总成本

企业使用不同的资本、劳动和原料等支付的货币量是企业的总成本。

2.固定成本和可变成本

在短期内，企业的总成本又可分为固定成本和可变成本。企业的固定成本又叫作沉没成本，它包括厂房租金、办公室租金及设备费等，也包括债务的利息、重要员工的年薪等。就算企业的生产量为零，这些费用也是必须支付的固定费用，并且固定成本不受任何产出量的影响。企业的可变成本代表着随产出水平变化而变化的开支，既包括原材料、工资和燃料，也包括不固定的所有成本。长期看来，所有成本都是可变成本，固定成本便不存在了。

3.边际成本

边际成本表示由于多生产1单位产出而增加的成本。例如，生产100张年画的总成本是100元，生产101张年画的总成本是100.3元，那就可以说生产第101张年画的边际成本是0.3元。

4.平均成本

在企业中，人们经常使用平均成本这个概念，它是总成本除以产品的单位总数。平均成本又分平均固定成本和平均可变成本。平均固定成本是用不变的总固定成本除以不断增加的产量，因而随着时间的推移，平均固定成本将越来越小，以至无穷小。

边际产量递减规律：投入和产量的关系

企业增加的投入和得到的产量并不完全是呈正比例的，因为这个过程存在着边际递减规律：随着投入的增加，得到的额外产出将逐渐减少。

为了考察生产过程与其总成本之间的联系，我们以大伟的糕点店为例。

先假设我们考察的是短期经营行为，也就是说大伟的糕点店并未取得重大的技术进步，规模是固定的，并且店内生产的糕点量是由工人的数量决定的。

当大伟雇用1个工人时，店内可以生产出50块糕点；当有2个工人时，可以生产90块糕点；当有3个工人时，可以生产120块糕点……

图8-1表现了投入量（工人数）和产量（糕点量）的关系，被称为生产函数。从图中还可以看出，随着工人数量的增加，糕点的数量也在增加。由此，经济学家提出了边际产量的概念——投入增加1单位时所得到的产量的增加。

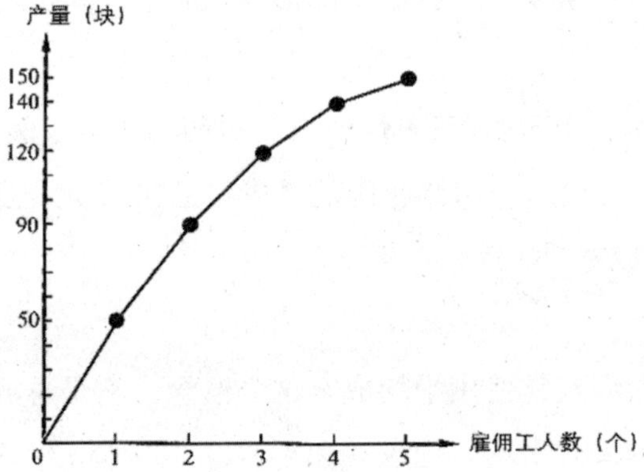

图8-1　生产函数

值得注意的是，随着工人数量的增加，工人的边际产量在逐渐降低。很容易可以计算出，第一个工人的边际产量是50块，第二个工人的边际产量是40块，第三个工人的边际产量是30块，第四个工人的边际产量就只有20块了。可能存在的原因是，由于工人的增多，大家只能共用设备，分享的空间也越来越小，工人的效率下降了。边际收益递减规律可以这样表述：在增加一种投入而保持其他条件不变时，所增加投入的边际产量至少自某点开始会逐渐下降。不过，和其他规律一样，边际产量递减规律也有前提条件——生产技术没有发生重大变化、固定生产要素不变，这两个因素缺一不可。

边际收益递减规律在其他各行各业也是普遍存在的。例如，在农业中，农民对肥料的使用在开始时对增产的贡献最大，随着肥料的增加，增加肥料的贡献越来越少，最后呈负值。又如，在人事上，政府和企业的富余人员存在，使机关人浮于事，严重存在边际产量递减，这时就有必要“减员增效”。

成本曲线：企业成本的控制程度

在短期内，一个企业的规模处于什么样的状况才有最好的平均收益呢？要回答这个问题，就需要了解企业的成本曲线，其中边际成本曲线、平均总成本曲线以及它们之间的关系特别值得注意。

1.边际成本一路攀升

由于生产中存在边际产量递减规律，所以企业的边际成本随着产量的增加而上升。在前面的糕点店的例子中，当大伟在最初生产糕点时，他的许多固定成本（如烤箱、温室、烤盘、模具等）还没有得到充分利用，有很大的使用潜力，因此增加额外的工人的边际产量很大，而增产糕点的边际成本较小。相反，到了糕点店大量生产糕点时，固定成本已经得到充分利用，工人工作的环境拥挤，设备处于很多人共用的状态，此时增加的工人的边际产量少，而增产的糕点的边际成本开始增大。

2.平均总成本曲线呈U形

这是由于平均总成本是由平均固定成本和平均可变成本共同组成。而平均固定总成本被分摊在所有产品中，因而随着产量的增加而下降。平均可变总成本则由于边际产量递减，一般会随产量增加而增加。如图8–2中的平均总成本曲线，在最初生产时，平均总成本极高，因为固定成本被分摊在少量产品上。随着产量上升，平均总成本呈下降趋势。但是当企业生产超过一定产量时，平均总成本又开始攀升了。

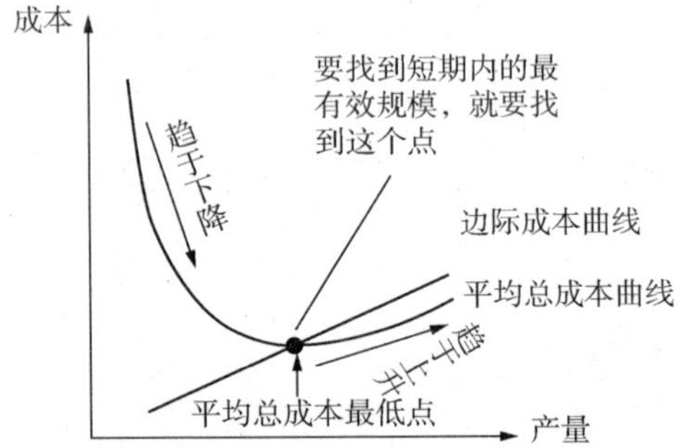

图8-2　平均总成本曲线

3.奇妙的平均总成本最低点

在图8-2中，你会发现一个令人惊奇的现象——以边际成本曲线和平均总成本曲线的相交点为界限，平均总成本曲线改变一直下降的趋势而开始上升了。这个交点被经济学家称作平均总成本最低点。换句话说，当企业的平均总成本高于边际成本时，平均总成本呈下降趋势；而当平均总成本等于边际成本时，它处于最低点；当平均总成本低于边际成本时，它呈上升趋势。平均总成本位于最低点时，企业正处于有效规模。只有这时，企业的平均收益才最高。

短期成本和长期成本：企业“翻身”时间

企业的固定成本在短期内不可变，在长期内可变。在现实生活中，很多企业家更愿意在一个行业长期做下去，他们有可能想将企业做大做强。那么在长期中选择什么样的经济规模来提高生产效率，使企业的效益最大化，是很多人都关心的一个问题。

以长淮汽车公司为例。在短短几个月的时间内，长淮汽车公司是没有能力对工厂的数量和规模进行大幅度调整的。想增加生产的唯一方法是增加工人。因此，其固定成本是一定的。但是经过数年发展，长淮汽车公司积累的资金和技术足以对其规模进行大幅扩张，可以增加生产的车间。因而，工厂的固定成本在长期中是可变的。因此，企业的长期成本曲线和短期成本曲线有所不同。

图8–3中有3条短期平均总成本曲线和1条长期平均总成本曲线。从长期企业总成本曲线来看，企业可以根据市场的需求量来调整工厂规模。这一点从图中也可以看到，长期成本曲线要平坦得多，中间一段几乎呈直线。并且，几乎所有短期曲线都在长期成本曲线之上。这说明，企业在长期中，对于选择哪一种规模有更大的自由——它可以选择任何1条短期成本曲线进行生产。相比之下，在短期中，企业几乎没有选择的余地，只能依照开始选定的曲线运行下去。

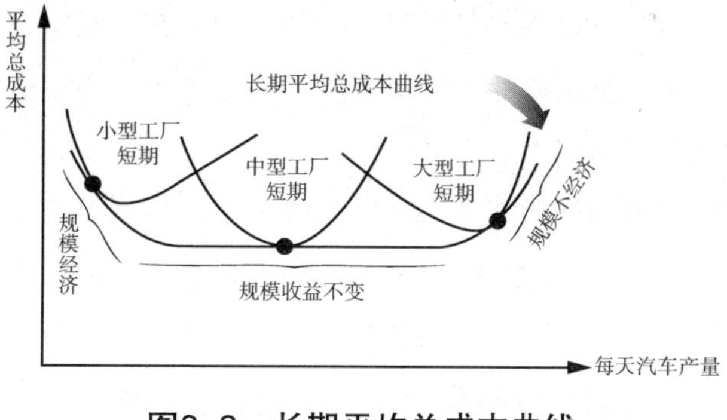

图8–3　长期平均总成本曲线

在图8–3中还可以看到在不同时段生产产量对企业成本的影响。在短期中，长淮汽车公司如果想提高汽车的产量，只能在既定的工厂规模中多雇人手，此外别无办法。这导致其平均总成本激增。但在长期中，由于工厂和车间规模的扩大，生产数量大幅上升时成本仍然保持不变。

不过，所谓长期或短期，经济学家并没有给出确切的时间限度。因为它和企业的规模有关。就一些大型的制造业，比如造船厂来说，长期是指1年或1年以上。而对于一些服务业来说，如理发店，它的长期可能是指3个月或者半年。

萨伊定律：供给创造需求

古典学派的代表人物李嘉图说："任何人从事生产都是为了消费或销售；销售则是为了购买对他直接有用或是有益于未来生产的某种其他商品。所以一个人从事生产时，他要是不成为自己商品的消费者，就必然会成为他人商品的购买者和消费者。"

对于萨伊定律简单的理解就是"供给自己创造自己的需求"。萨伊认为，一种商品要由另一种商品来购买，因为货币只是交换的媒介，那么，一种产品生产出来，与它价值相当的其他产品就有了销路，也就是创造了一定的需求。所以，社会上某些产品供过于求的原因不在于货币不足，也不在于需求不足，而是因为能与之相交换的其他产品太少了，因此应该扩大生产，以实现供需的平衡。

由此，萨伊提出这样的观点：

（1）生产越多，产品越多样化，销售状况会越好，经济状况会越好，经济会越繁荣。

（2）这一道理同样适用于对外贸易，我们在购买国外商品的同时，也促进了本国商品的生产与销售。

（3）国家的政策重点在于如何促进生产的发展，而不是鼓励消费或进行贸易保护。

例如，咖啡厅里必须需要冰糖，因为你觉得它们是互补的，只要咖啡厅存在，冰糖企业不可能卖不出冰糖；如果咖啡厅倒闭了，冰糖也就卖不出去了，没人需要了。也许你会认为咖啡厅永远不会倒闭，因为人们永远需要喝咖啡。可是人们失业了，连饭店都不去的时候，怎么去喝咖啡？那人们为什么会失业呢？因为企业倒闭了，企业是生产工作制服的，而工作制服是供给冰糖企业的，冰糖企业不再需要工作制服了，因为冰糖卖不出去了，原因是咖啡店不要冰糖了，因为咖啡店倒闭了……

就此来看，冰糖是不可能卖不出去的，因为通过上面的循环可以看出，咖啡店倒闭是因为冰糖企业倒闭造成的，而冰糖卖不出去，是因为咖啡店倒闭造成的。这就是萨伊定律所要说明的道理。萨伊定律认为供给自身可以创造需求，产品是不可能卖不出去的，因为产品生产的目的是消费，生产杯子的企业是为了利用杯子换回企业所需要的原材料（如塑料），而生产塑料的企业是为了换回自己生产所需要的设备和原材料，如此不断循环便在社会上形成一个圈，所有的产品都可以通过交换换出去。依靠产品本身就可以创造需求，一时的供需失衡只是出现在个别部门，总体来看供给和需要是平衡的。

在生活中，萨伊定律经常用于产品自身的营销上，因为产品肯定是卖得出去的，之所以出现产品滞销的情况，是由于产品本身的原因。在这一行业，供应的产品太多，需求企业肯定需要选择，这样的话，谁的产品在价格、性能上更具有优势，谁的产品就能卖得好。所以企业所要做的就是改善自己的产品。比如生产手机的企业，有的手机因为能上网，可视频，通话质量好，而且款式新颖而受欢迎。但有的手机却因为产品本身花哨有余，实用不足，结果出现滞销。

萨伊定律的伟大之处还在于，根据“供给自己创造自己的需求”这一观点，整个经济中不会存在生产过剩的问题。某种商品的供过于求的根本原因不在于需求，而是相对应的其他产品的生产过少，所以，归根结底是产品结构的问题。结构失衡导致一些产品生产过多，而其他产品生产过少，从而经济中表现出供求之间的不平衡。例如，在谈到如何扩大内需的问题时，其中的一个方法就是扩大农村消费市场。在此，我们不仅要考虑到如何生产出适合农民需要的产品，还要考虑到如何促进农业生产的发展。因为要提高农民的购买力就必须提高收入水平，这在很大程度上取决于农民能否生产出更多更好的产品。可见，萨伊定律并没有过时，它仍然在很多方面指导着我们的经济活动。

范围经济：范围与效益的联动效应

同时生产两种产品的费用低于分别生产每种产品的费用，这种状况就被称为范围经济。范围经济通常是指企业通过扩大经营范围，增加产品种类，生产两种或两种以上的产品而引起的单位成本降低的生产效应。

与规模经济不同，范围经济通常是企业或生产单位从生产或提供某种系列产品（与大量生产同一产品不同）的单位成本中获得节省。而这种节约来自分销、研究与开发和服务中心（像财会、公关）等部门。范围经济一般成为企业采取多样化经营战略的理论依据。

扩大范围之所以能产生经济效应，主要有以下四方面原因：

（1）合成效应：同一个厂商进行多品种生产，在研发、生产、销售等方面的成本比分别生产要低。

（2）内部市场：多产品企业可以在更大程度上利用企业内部市场合理配置资金和人力资源，以代替市场机制。

（3）减少经营风险：进行关联的多元化生产，企业将从产业生态环境中受益，从而增强抗风险能力，但是无关联的多元化对企业也可能构成发展陷阱。

（4）扩大发展空间：在单一产品上企业的发展空间是有限的，面临着来自市场和法律的限制，因此多产品经营是企业扩大经营空间的要求。

在IT产业中，范围经济更能加强企业的竞争优势，其重要性甚至要大于规模经济。范围经济并不仅仅存在于IT产业内部，在经济发展史上有许多范围经济发挥作用的案例。在20世纪70年代，宽阔的产品线给美国著名的履带式拖拉机制造公司卡特彼勒公司带来了强有力的竞争优势。在这一行业中，只有该公司有能力将产品开发、制造和销售过程中的管理费用全部消化掉，也只有该公司无须为满足顾客的特殊需求而向其他制造商借用设备，并且只有该公司的生产能力能保证在24小时内将任何零部件送达任何顾客。

范围经济给卡特彼勒公司带来强有力的竞争优势，使产品线较窄的竞争对手小松集团等公司根本无力与之竞争。但卡特彼勒公司的竞争优势并不是永远无法打破的。敏捷制造方式被引入设备建造后，履带式拖拉机制造行业在设计、装配方面的固定成本大大降低。小松集团无须在现有厂房、设备、存货等方面做很大的改进就能生产出更多不同型号的产品。此外，如今的空运服务已实现隔日送达，这使小松集团的经销商无须为对抗卡特彼勒公司的24小时送达服务而库存大量不同型号的零部件。小松集团等公司反而因为各种外包服务而降低了成本，重新获得了竞争优势。

因此，在注重范围经济给企业带来竞争优势的同时，必须考虑何种方式的“大而全”“小而全”才是经济的，不顾行业变迁和技术进步往往并不能给企业带来竞争优势。在实际应用过程中，必须研究供给方的范围经济和需求方的范围经济。

规模经济：企业做强的理论支持

20世纪50年代，王永庆在接手台塑的时候，并不被人看好。台塑是生产PVC塑料粉的集团，当时中国台湾的PVC塑料粉市场主要被日本企业占领，因为日本企业的生产成本低，所以其价格更低。王永庆仔细分析了当时的PVC生产。PVC的主要原料是氯气，中国台湾是烧碱生产基地，氯气正是烧碱产生的废品，所以价格极低。当时中国台湾的劳动力、电力价格都远低于世界水平，并且政府对民营企业采取扶植的政策，有很多优惠。如果台塑能够和日本一样实现平均成本最低，按货币计算还要低于这些国家，那台塑一定能够成功。

在精密的思考下，王永庆卖掉了家族的其他产业，又贷款扩大台塑的产量。到1960年，台塑就成了当时PVC行业的龙头，月产1200吨。成本下降以后，其价格远远低于世界同类产品。这样，台塑不仅把日本赶出了中国台湾的PVC市场，而且向世界各国出口。台塑获得了巨大的成功。

台塑的成功是各方面努力的结果，如内部管理、与政府的良好关系等，但最关键的是台塑将自己的产量扩大，达到成本最低，这才是台塑制胜的法宝。

降低成本，一直是每个企业所追求的主要目标。要谋求成本的有效降低，必须分析影响成本各种因素中最本质的东西，也就是要做到“单元成本”的分析。

第一种情况是，随着产量的增加，平均成本一直在下降。这种行业的生产技术特点是在开始时需要大量投资，以后产量增加时，每单位产品增加的成本并不多，最初的投资分摊在越来越多的产品上，从而平均成本越来越少。

第二种情况是，无论产量如何变动，平均成本基本不变。这种行业一般在经济中都是一些无足轻重的行业，它的市场需求量不大，产量也不大，所用的生产要素并非经济中较为紧缺的要素，不与其他行业争夺生产要素，因此即使产量增加，要素价格也不会上升，成本也不会增加。而且其初始的投资也不大，例如钢笔等小物品。

其实，更多的是第三种情况，随着产量的增加，平均成本先下降。当产量增加到一定数量时，平均成本达到最低。如果产量再增加，平均成本就增加了。也就是说，平均成本先随产量增加而递减，后随产量增加而增加。而平均成本最低时的产量就是适度规模的产量。

有很多企业，成本降不下来，效率上不去，一个重要的原因就在于没有实现适度规模。实现适度规模的原则适用于所有行业，不过各个行业实现的方式并不一样。像钢铁、家电、汽车这些行业，生产之间的联系强，因此适于集中生产，即工厂的规模要大，而且集中在同一地区，才能发挥规模经济的优势。另外一些行业如零售商业，采取了集中与分散相结合的方式。集中进货，统一的物流配送，统一的管理制度，保证了成本最低。

当企业的运营成本降下来时，消费者才能购买到更便宜的商品。

多元化战略：企业经营的“全面开花”

多元化战略是指企业为了更多地占领市场和开拓新市场，或避免经营单一事业的风险而选择性地进入新的事业领域的战略。

多元化战略通常分为产品的多元化、市场的多元化、投资区域的多元化、资本的多元化几种类型。

所谓产品的多元化，是指企业新生产的产品跨越了并不一定相关的多种行业，且多为生产系列化的产品；所谓市场的多元化，是指企业的产品在多个市场销售，包括国内市场和国际区域市场，甚至是全球市场；所谓投资区域的多元化，是指企业的投资不是集中在一个区域，而是分散在多个区域甚至世界各国；所谓资本的多元化，是指企业资本来源及构成具有多种形式，包括有形资本和无形资本，诸如证券、股票、知识产权、商标和企业声誉等。一般意义上的多元化经营，多是指产品生产的多元化。

与非相关多元化相比，相关多元化战略有以下优势：

（1）可以将专有技能、生产能力或者技术由一种经营转到另一种经营中去。

（2）能将不同的经营业务的相关活动合并在一起，降低成本。

（3）可以在新的经营业务中借用公司品牌的信誉。

（4）以能够创建有价值的竞争能力的协作方式实施相关的价值链活动。

多元化经营面临5个方面的风险：

1. 来自原有经营产业的风险

企业资源总是有限的，多元化经营往往意味着原有经营的产业要受到削弱。这种削弱不仅是资金方面的，管理层注意力的分散也是一个方面，它所带来的后果往往是严重的。

2. 市场整体风险

支持多元化经营的一个流行的说法是，多元化经营通过“把鸡蛋放在不同的篮子里”去化解经营风险——正所谓“东方不亮西方亮”。然而，市场经济中的广泛相互关联性决定了多元化经营的各产业仍面临共同的风险。也就是说，“鸡蛋”仍放在一个篮子里，只不过是篮子稍微大了一些罢了。在宏观力量的冲击之下，企业多元化经营的资源分散反而加大了风险。

3. 行业进入风险

行业进入不是一个简单的“买入”过程。企业在进入新产业之后还必须不断地注入后续资源，去学习这个行业并培养自己的员工队伍，塑造企业品牌。另一方面，行业的竞争态势是不断变化的，竞争者的策略也是未知数，相应地，企业必须不断调整自己经营策略。所以，进入某一行业是一个长期、动态的过程，很难用通常的投资额等静态指标来衡量行业的进入风险。

4. 行业退出风险

企业在多元化投资前往往很少考虑到退出的问题。然而，如果企业深陷一个错误的投资项目却无法做到全身而退，那么企业很可能全军覆没。

5. 内部经营整合风险

新投资的产业会通过财务流、物流、决策流、人事流给企业以及企业的既有产业经营带来全面的影响。不同的行业有不同的业务流程和不同的市场模式，因而对企业的管理机制有不同的要求。企业作为一个整体，必须把不同行业对其管理机制的要求以某种形式融合在一起。多元化经营多重目标和企业有限资源之间的冲突，使这种管理机制上的融合更为困难，使企业多元化经营的战略目标最终趋于内部冲突的妥协。

虚拟公司：看不见的“影子公司”

虚拟公司，是指利用网络卫星等高科技通信和流通技术组成的不受地域时空限制的经营性组织。虚拟公司可能没有办公室，没有组织，没有系统层次与垂直整合，虚拟公司是看不到的公司，也称为“影子公司”。

虚拟公司利用高信息技术手段，在全球范围内营造其软性操作机构，每个地区无须存在该地域的实地办公人员，总公司直接受理各地区业务并随时处理全球性的工作。

虚拟公司的主要特征是高智能性。它能够适应知识经济时代自身发展的需求，使低信息、低知识、低技术含量的劳动密集型产品和产业被淘汰，取而代之的是高信息、高知识、高技术含量的知识密集型产品和产业。

虚拟公司以任务信息为彼此联系的纽带，只要能及时有效地提供产品和服务就可以了，消费者没有必要也不会去关心何时何地由哪个厂家完成任务。他们需要的只是最终的产品和服务，只要用得好即可。从顾客的角度来看，虚拟公司的服务提供者以及管理机制都是隐形的，消费者完全不必要也不可能知道每项服务是由谁提供的。

虚拟公司与传统的组织形式相比较，具有明显的优势：

1. 人才优势

现代通信与信息技术的使用大大缩短了世界各地的距离，区位不再成为直接影响人们工作与生活地点的因素，这就大大拓宽了组织的人才来源渠道。组织可以动态地集聚和利用世界各地的人才资源，这为获得通常很难招聘到的具有专业技能的人才创造了条件，同时也减少了关键人才的流失。

2. 信息优势

虚拟公司成员来源区域广泛，能够充分获取世界各地的技术、知识、产品等信息资源，这为保持产品的先进性奠定了基础。同时，成员可以采集各地顾客的相应信息，反映顾客的需求，并能及时解决客户的相关问题，从而能够全面地了解顾客，这有利于组织尽快设计和开发出满足顾客需求的产品和服务，建立起良好的顾客关系。

3. 竞争优势

虚拟公司集聚世界各地的优秀人才，他们在各自的领域内都具有知识结构优势，众多单项优势的联合，必然形成强大的竞争优势。同时，通过知识共享、信息共享、技术手段共享等，优秀成员好的经验、灵感能够很快在数字化管理网络内得到推广，实现优势互补和有效合作。网络内良好的知识采集、筛选、整理、分析工具和机制，使众多不同渠道的零散知识可以迅速整合为系统的集体智慧，转化为竞争优势。

4. 效率优势

信息技术是高效组织应付环境变化的有效手段之一，而虚拟公司利用最新的网络、邮件、移动电话、可视电话会议等技术实现基本的沟通，在技术上的诱惑力更是显而易见的。据伯特咨询2004年所做的一些调查显示，虚拟公司成员之间可以及时地进行信息交流，防止信息滞留，从而缩短了信息沟通和交流所用的时间，确保人们及时做出相对正确的决策。

5. 成本优势

虚拟公司打破了组织的界线，使得组织可以大量利用外部人力资源条件，减轻了组织内部人工成本压力。在此基础上，组织可以大力精简机构，重新设计组织构架，使人员朝有利于组织发展的方向流动，促使组织结构扁平化。此外，公司柔性的工作模式减少了成员的办公费用和为聚集开会而支付的旅行费用，也减少了重新安置员工等的费用，从而降低了管理成本。

生产外包：将生产包给别人去做

生产外包又称为制造外包，是指以外加工方式将生产委托给外部优秀的专业化资源，以达到降低成本、分散风险、提高效率、增强竞争力的目的。生产外包要遵守有关的原则，而且实施生产外包要具备一定的前提条件。据专业部门研究表明，实施外包战略可使产品开发成本节约9%，生产能力和质量平均提高15%。

生产外包作为一种独特的生产经营方式，究竟有什么诱人之处，使得众多的公司和商家接踵而来？究其根源，还是因为它改善了传统生产方式的不足，与传统生产方式相比有不少优越之处。

传统上，企业出于管理和控制的需要，对与产品制造有关的活动和资源一直采取“纵向一体化”管理模式，或自行扩大自身规模，或参股到供应商、销售商企业，与为其提供原材料、半成品或零部件的企业形成一种所有权关系。

“纵向一体化”在市场环境相对稳定的情况下尚有一定的合理性，而在产品生命周期不断缩短、企业之间竞争加剧、全球市场变化莫测的情况下，则显露出种种缺陷：增加企业投资负担，承受基本建设周期长等风险，迫使企业从事不擅长的业务活动，在每个业务领域都直接面临众多竞争对手等。其结果是分散了整个企业的资源和精力，无法经营好核心业务，削弱了企业的竞争能力。因此，20世纪80年代以后，国际上越来越多的企业放弃了这种经营模式，出现了利用企业外部资源快速响应市场需求的生产外包思想，以赢得在低成本、高质量、早上市等诸方面的竞争优势。

生产外包也就是所谓的“横向一体化”思想。它形成了一条以企业为结点的从供应商到制造商再到分销商，贯穿所有企业的“网链”。显然，这些企业必须达到同步、协调运行，才有可能使价值链上的所有企业都受益，因此价值链管理的概念应运而生。价值链管理的实施给企业带来了显著的效益。

生产外包结束了自给自足的组织模式，把非核心技术工艺的大部分外包给别人，而在核心技术上区别于竞争对手，这已成为全球成功企业的共同做法。

股权激励：用明天的钱激励今天的员工

股权激励是企业拿出部分股权用来激励企业高级管理人员或优秀员工的一种方法。一般情况下激励都是附带条件的，如员工需在企业干满多少年，或完成特定的目标才予以激励，当被激励的人员满足激励条件时，即可成为公司的股东，从而享有股东权利。

股权激励的方案包括业绩股票、股票期权、虚拟股票、股票增值权、限制性股票、延期支付、经营者/员工持股、管理层/员工收购、账面价值增值权等。

对非上市公司来讲，股权激励有利于缓解公司面临的薪酬压力。由于绝大多数非上市公司都属于中小型企业，他们普遍面临资金短缺的问题。因此，通过股权激励的方式，公司能够适当地降低经营成本，减少现金流出。与此同时，这样做也可以提高公司经营业绩，留住绩效高、能力强的核心人才。

对原有股东来讲，实行股权激励有利于降低职业经理人的“道德风险”，从而实现所有权与经营权的分离。非上市公司往往存在一股独大的现象，公司的所有权与经营权高度统一，导致公司的“三会”制度等在很多情况下形同虚设。随着企业的发展壮大，公司的经营权将逐渐向职业经理人转移。由于股东和经理人追求的目标不一致，股东和经理人之间存在“道德风险”，需要通过激励和约束机制来引导和限制经理人行为。

对公司员工来讲，实行股权激励有利于激发员工的积极性，实现自身价值。中小企业面临的最大问题之一就是人才的流动问题。由于待遇差距，很多中小企业很难吸引和留住高素质管理和科研人才。实践证明，实施股权激励计划后，由于员工的长期价值能够通过股权激励得到体现，员工的工作积极性会大幅提高。同时，由于股权激励的约束作用，员工对公司的忠诚度也会有所增强。

股权激励制度作为一种中长期的激励制度，有着绩效奖励等传统激励手法难以达到的效果。无论是对内激励企业员工，还是对外激励上下游，科学合理的股权激励制度都能为企业释放股权核能。

股权激励不是分老板的股份，也不是分老板兜里的钱，而是通过一种制度，激励员工创造更多的利润，让员工干企业的活像干自己的活一样努力！

贴牌生产：挂上别人的牌子生产产品

“贴牌生产”一词源自英文OEM（original equipment manufacturer），原意是原始设备制造商。

相对应地，ODM（original design manufacturer）为原始设计制造商，OBM（original brand manufacturer）为原始品牌制造商。

A方看中B方的产品，让B方生产，用A方商标，对A方来说，这叫OEM；A方自带技术和设计，让B方加工，这叫ODM；对B方来说，只负责生产加工别人的产品，然后贴上别人的商标，这叫OBM。

贴牌生产就是按照品牌企业的生产工艺、技术要求等，为其生产产品，并贴上品牌企业的商标。销售商自己不生产产品，只负责销售产品，生产则委托生产工厂进行。这样，销售商只付给加工方加工费，就可以不交纳所得税、增值税、消费税等；而加工方则声称自己只是委托加工，因此也不交纳相关税费，有的甚至以委托加工名义不交生产税。

贴牌生产，最早流行于欧美等发达国家，它是国际大公司寻找各自比较优势的一种游戏规则，能降低生产成本，提高品牌附加值。近年来，这种生产方式在国内家电行业比较流行，如TCL公司在苏州三星贴牌生产洗衣机，长虹在宁波迪声贴牌生产洗衣机等。

在我国，贴牌生产往往还从不同角度被称为“代工生产”“委托生产”“委托加工”“定牌制造”“生产外包”等。虽然称谓各异，其本质都是指拥有优势品牌的企业为了降低成本，缩短运距，抢占市场，委托其他企业进行加工生产，并向这些生产企业提供产品的设计参数和技术设备支持，来满足对产品质量、规格和型号等方面的要求，生产出的产品贴上委托方的商标出售的一种生产经营模式。

贴牌生产是随着社会分工精细化而产生的一种现象，代表的实际上是一种分工和细化竞争的思想，其最大的特点在于实现了品牌与生产的分离，使生产者更专注于生产，品牌持有者则从烦琐的生产事务中解脱出来，而专注于技术、服务与品牌推广。由此可知，贴牌生产方式的运行机理就是在特殊的委托代理框架下，基于大规模定制思想实现供应链管理的生产模式。

企业兼并：大鱼吃小鱼

企业兼并是两个或两个以上的企业根据契约关系进行产权合并，以实现生产要素的优化组合。企业兼并在当今已经屡见不鲜。当优势企业兼并了劣势企业，后者的资源便可以向前者集中，这样一来就会提高资源的利用率，优化产业结构，进而显著提高企业规模、经济效益和市场竞争力。

企业兼并的主要形式有如下几种：

（1）购买兼并，即兼并方通过对被兼并方所有债权债务的清理和清产核资，协商作价，支付产权转让费，取得被兼并方的产权。

（2）接收兼并，这种兼并方式是指兼并方以承担被兼并方的所有债权、债务、人员安排以及退休人员的工资等为代价，全面接收被兼并企业，取得被兼并方资产的产权。

（3）控股兼并，即两个或两个以上的企业在共同的生产经营过程中，某一企业以其在股份比例上的优势，吸收其他企业的股份份额形成事实上的控制关系，从而达到兼并的目的。

（4）行政合并，即通过国家行政干预将经营不善、亏损严重的企业，划归为本系统内或行政地域管辖范围内最有经营优势的企业，不过这种兼并形式不属于严格法律意义上的企业兼并。

当今世界上，任何一个发达国家在其经济发展过程中，都经历过多次企业兼并的浪潮。以美国为例，在历史上就曾发生过5次大规模企业兼并。其中发生于19世纪末20世纪初的第一次兼并浪潮便充分优化了资源配置，微观上和宏观上双管齐下的巨大威力，不仅使企业走上了腾飞之路，而且基本塑造了美国现代工业的结构雏形。

当今世界航空制造业排行第一的美国波音公司有过多次兼并其他企业的案例，其中最著名的就是兼并美国麦道公司。1996年，“麦道”在航空制造业排行世界第三，仅次于“波音”和欧洲的“空中客车”。该年“波音”以130亿美元的巨资兼并“麦道”，使得世界航空制造业由原来“波音”“麦道”和“空中客车”三家共同垄断的局面，变为“波音”和“空中客车”两家之间的超级竞争。新的波音公司在资源、研究与开发等方面的实力急剧膨胀，其资产总额达500多亿美元，员工总数达20万人，成为世界上最大的民用和军用飞机制造企业。这对于“空中客车”来说构成了极为严重的威胁，以至于两家公司发生了激烈的争执。在经过艰苦的协商、谈判后，波音公司最终被迫放弃了已经和美国几十家航空公司签订的垄断性供货合同，以换取欧洲人对这一超级兼并的认可。但是不管怎样，前无古人的空中“巨无霸”由此诞生，并对世界航空业产生了巨大影响。

对于一个国家而言，企业兼并有利于其调整产业结构，在宏观上提高资源的利用效率。对兼并的研究，一直是经济学家的重点课题。企业兼并是企业经营管理体制改革的重大进展，对促进企业加强经营管理、提高经济效益、有效配置社会资源等具有重要意义。

由于兼并涉及两家以上企业的合并重组，其操作将是一个非常复杂的系统工程。成功的企业兼并要符合这样几个基本原则：合法、合理、可操作性强、产业导向正确和产品具有竞争能力。同时，企业兼并还要处理好“沟通”环节，包括企业之间技术的沟通和人与人的交流。只有这样，企业兼并才能发挥它的优势，否则将会适得其反，在未能达到兼并目的的同时反受其害。

资本经营：以资本导向为中心经营

资本经营是指围绕资本保值增值进行经营管理，把资本收益作为管理的核心，从而实现资本盈利能力最大化。

资本经营的内容非常广泛，可以从不同的方面划分：

从资本的运动状态来划分，可以将其划分为存量资本经营和增量资本经营。存量资本经营指的是投入企业的资本形成资产后，以增值为目标而进行的企业的经济活动。资产经营是资本得以增值的必要环节。企业还通过兼并、联合、股份制、租赁、破产等产权转让方式，促进资本存量的合理流动和优化配置。增量资本经营实质上是企业的投资行为。因此，增量资本经营是指对企业的投资活动进行筹划和管理，包括投资方向的选择、投资结构的优化、筹资与投资决策、投资管理等。

从资本经营的形式和内容来划分，可以将资本经营分为实业资本经营、金融资本经营、产权资本经营以及无形资本经营等。实业资本经营是以实业为对象的资本经营活动。金融资本经营是指以金融商品（或称货币商品）为对象的资本经营活动。产权资本经营是指以产权为对象的资本经营活动。无形资本经营是以无形资本为对象的经营活动。

资本经营具有如下三大特征：

1．资本经营的流动性

资本是能够带来价值增值的价值，资本的闲置就是资本的损失，资本经营的生命在于运动，资本是有时间价值的，一定量的资本在不同时间具有不同价值，今天的一定量资本，比未来的同量资本具有更高的价值。

2．资本经营的增值性

实现资本增值，这是资本经营的本质要求，是资本的内在特征。资本的流动与重组的目的是实现资本增值的最大化。企业的资本运动，是指资本参与企业再生产过程并不断变换其形式，参与产品价值形成运动。在这种运动中劳动者的活劳动与生产资料物化劳动相结合，资本作为活劳动的吸收器，实现资本的增值。

3. 资本经营的不确定性

资本经营活动，风险的不确定性与利益并存。任何投资活动都是某种风险的资本投入，不存在无风险的投资和收益。这就要求经营者要力争在进行资本经营决策时，必须同时考虑资本的增值和存在的风险，应该从企业的长远发展着想，企业经营者要尽量分散资本的经营风险，把资本分散出去，同时吸收其他资本参股，实现股权多元化，优化资本结构来增强资本的抗风险的能力，保证风险一定的情况下收益最大。

资本经营除了上述的三个主要的特征，还具有资本经营的价值性、市场性和相对性的特征。

国际投资的机会与风险：一把双刃剑

国际投资又称国外投资或海外投资，是指跨国公司等国际投资主体，将其拥有的货币资本或产业资本，通过跨国界的流动和营运，实现价值增值的经济行为。

国际投资是商品经济发展到一定阶段的产物，并随着国际资本的发展而发展。当商品经济发展到资本主义社会以后，银行资本与生产资本相融合并日益发展，促进了资本积累的进一步扩大，并形成了规模庞大的金融资本，出现了大量的资本过剩，以资本输出为早期形态的国际投资也随之产生。随着国际经济交易内容的不断丰富，投资的内容和形式也在不断地发生着演化。从国际资本活动的历史进程来看，国际投资活动首先表现为货币资本的运动，即以国际借贷、国际证券投资为主要形式的国际间接投资，其标志是跨国银行的出现；其次表现为生产资本的运动，即国际直接投资，其标志是跨国公司的出现。

1．国际投资的初始形成阶段（1870—1914）

这一时期，以电力革命为标志的第二次科技革命出现后，生产力得到了快速发展，国际分工体系和国际垄断组织开始形成，银行资本和产业资本相互渗透融合，从而形成了巨大的金融资本，为资本输出提供了条件，以资本输出为特征的国际投资也随之形成。

这一时期的国际投资，表现出如下特点：①投资国的数目很少；②投资的形式以间接投资为主，直接投资比重极小；③投资的来源主要是私人投资，官方投资比重很低；④投资的主要流向是由英国、法国和德国流向其殖民地国家，目的突出地反映为寻找有力的投资场所，以便获得超额利润。

2．国际投资的低速徘徊阶段（1914—1945）

这一时期是两次世界大战之间的时期。由于两次世界大战和20世纪30年代的大危机，资本主义国家不同程度受到了战争的破坏，资金极度短缺，市场萎缩，国际投资活动也处于低迷徘徊之中。

这一时期国际投资活动的基本特点可概括为：①国际投资不甚活跃，规模较小，增长缓慢；②私人投资仍占主体，但比重有所下降，官方比重有所上升；③间接投资仍为主流，但直接投资的比重有所上升；④主要投资国地位发生变化，美国取代英国成为最大的对外投资国。

3．国际投资的恢复增长阶段（1946—1979）

自从1947年美国“马歇尔计划”的实施，大规模的对外投资活动拉开了序幕。此外，这一阶段世界政治局势相对平稳以及第三次工业革命兴起，这使国际投资活动迅速恢复并快速增长。

这一时期国际投资活动的基本特点可概括为：①投资规模迅速扩张；②对外投资方式由以间接投资为主转变为以直接投资为主；③许多发展中国家也加入到国际投资国的行列之中，特别是石油输出国，其“石油美元”成为国际对外投资的重要资金来源。

4．国际投资的迅猛发展阶段（1980年以后）

这一阶段，由于科技革命、金融改革和跨国公司全球化经营等多种因素的共同作用，国际投资蓬勃发展，成为世界经济发展中最为活跃的因素。但不同国家的国际投资增长速度并不一致，其中美国的增长速度放慢，而日本的增长速度加快，形成了美国、日本、西欧三足鼎立的投资格局。

随着全球经济一体化步伐的加快，国际资本的跨国流动日趋活跃，并表现出许多新的特点。国际投资，特别是外国直接投资，在不断自由化和全球化的世界经济中正在发挥着日趋重要的作用，成为世界经济中极其活跃的组成部分。

国际投资拓宽了本国企业的经营空间，增加了企业的利润来源，促进了国际企业之间的合作和贸易的交流融合。但是国际投资有机遇，也有风险。国外政治经济环境与国内相比差异较大，不确定性因素也相对较多，国内企业在走出去过程中，应当做好对投资所在国的政治、经济、商业、社会风俗等的研究，以应付快速变化的环境，加强风险防范、控制和转移措施，将风险减少到最低。

跨国公司：国际生产和经营的“龙头”

跨国公司是指由两个或两个以上国家的经济实体组成，从事生产、销售和其他经营活动的国际性大型企业。跨国公司主要是指发达资本主义国家的垄断企业，以本国为基地，通过对外直接投资，在世界各地设立分支机构或子公司，从事国际化生产和经营活动。

联合国跨国公司委员会认为跨国公司应具备以下三要素：第一，跨国公司是指一个工商企业，组成这个企业的实体在两个或两个以上的国家内经营业务，而不论其采取何种法律形式经营，也不论其在哪一经济部门经营；第二，这种企业有一个中央决策体系，因而具有共同的政策，此政策可能反映企业的全球战略目标；第三，这种企业的各个实体分享资源、信息以及分担责任。

跨国公司是垄断资本主义高度发展的产物。它的出现与资本输出密切相关。19世纪末20世纪初，资本主义进入垄断阶段，资本输出大大发展起来，这时才开始出现少数跨国公司。当时，发达资本主义国家的某些大型企业通过对外直接投资，在海外设立分支机构和子公司，开始跨国性经营。例如，美国的胜家缝纫机器公司、威斯汀豪斯电气公司、爱迪生电器公司，英国的帝国化学公司等都先后在国外活动。这些公司是现代跨国公司的先驱。在两次世界大战期间，跨国公司在数量上和规模上都有所发展。第二次世界大战后，跨国公司得到迅速发展。美国跨国公司的数目、规模、国外生产和销售额均居世界之首。

和一般的国内企业或一般的涉外公司相比较，跨国公司的全球性生产经营方式明显较多，经营方式包括进出口、许可证、技术转让、合作经营、管理合同和在海外建立子公司等，其中，以在海外建立子公司为主要形式开展和扩大其全球性业务。

竞争是跨国公司争夺和垄断国外市场的主要手段。跨国公司主要从以下几方面提高商品非价格竞争能力：提高产品质量，逾越贸易技术壁垒；加强技术服务，提高商品性能，延长使用期限；提供信贷；加速产品升级换代，不断推出新产品，更新花色品种；不断设计新颖和多样的包装装潢，注意包装装潢的个性化；加强广告宣传，大力研究改进广告销售术。

目前，跨国公司已成为当代国际经济、科学技术和国际贸易中最活跃、最有影响力的力量。跨国公司控制了世界许多重要的制成品和原料的贸易。跨国公司40%以上的销售总额和49%的国外销售集中在化学工业、机器制造、电子工业和运输设备等四个部门。

此外，跨国公司还控制了国际技术贸易。在世界科技开发和技术贸易领域，跨国公司，特别是来自美国、日本、德国、英国等发达国家的跨国公司，发挥着举足轻重的作用。目前，跨国公司掌握了世界上80%左右的专利权，基本上垄断了国际技术贸易；在发达国家，大约有90%的生产技术和75%的技术贸易被这些国家最大的500家跨国公司所控制。许多专家学者认为：跨国公司是当代新技术的主要源泉，是技术贸易的主要组织者和推动者。

全球营销：营销从国内走向全球

全球营销是指从世界的角度去考察企业的生产、流通等全部营销活动，按最优化的原则，把不同国家中的不同企业组织起来，以最低的成本、最优化的营销方案去满足市场需求。其目的是强调营销的国际比较。全球营销战略突破了国界的概念，从世界市场范围来考虑公司营销战略的发展，以求得企业的综合竞争优势。

企业要想在激烈的优胜劣汰竞争中赢得生存发展，就必须以世界市场为导向，采取全球营销战略。企业的全球营销战略包括四个主要方面：确定全球营销任务、进行全球市场细分、选择全球竞争定位及设计全球营销组合。

1. 确定全球营销任务

全球营销任务的中心任务不再是对特定国别的市场营销活动进行个别优化，而是更多地考虑不同国家的商业利益如何隶属于全球性战略目标。既然全球营销对于企业获取其全球性战略目标有着重要的作用，那么企业的全球营销战略应与其总体战略相适应。企业在确定全球营销任务时，应以战略的眼光看待全球市场的选择与进入；注重全球市场规模的整体优化。

2. 进行全球市场细分

在全球市场细分战略方面，有三种战略可供选择。第一，全球性市场细分战略。此战略重在找出不同国家的消费者在需求上的共性，如人口统计指标、购买习惯和偏好等，而不重视国界及文化差异性。第二，国别性市场细分战略。此战略强调不同国家之间文化及品味上的差异性，市场细分主要以地理位置和国籍为基准。第三，混合型市场细分战略。此战略大体上是前两种战略的结合型战略，某些国别市场规模很大可是存在个别化，而另一些较小的国别市场则可组合成一个共同的细分市场。例如，营销区域化就是一种重要的混合型市场细分战略。

3．选择全球竞争定位

除了确定出市场细分战略外，企业还要确定其在每一个市场上的竞争地位。四种主要的竞争定位战略是：市场领导者、市场挑战者、市场追随者和小市场份额占有者。如果公司在所有的外国市场采取同样的竞争定位战略，则称之为全球性竞争定位战略；反之，如果公司在不同市场采取不同的竞争定位，则称之为混合型竞争定位战略。

4．设计全球营销组合

根据企业的全球市场细分战略和竞争定位战略，可以制定出其营销组合战略。在一个或几个外国市场上经营的公司，必须研究其对营销组合要进行多大的调整，才能适应当地市场状况。一种极端的情况是，公司使用其全球范围内标准化的营销组合，产品、广告、分销渠道和营销组合的其他因素都经过标准化，这样，由于不需要进行重大的改动，成本也就可以降至最低限度。另一种极端的情况是，制定特定的营销组合，生产厂根据各个目标市场的特点调整市场份额，从而获得较大的报酬。全球企业采取的是第一种方式。在上述两种极端情况之间，则存在着许多供这些企业选择的可能。成功的全球竞争要求跨国公司实施营销质量的变革，即由全球中心取代国际营销中盛行的多元中心与地区中心战略。据此，全球公司可以确立一个以全球市场为中心的营销扩张战略。

从以上全球营销的概念、基本观念和营销策略的主要内容，不难看出全球营销体现出国际市场营销的重新定位，是国际营销的一种新战略。为充分利用与全球营销紧密相关的国际市场机会，企业必须在实施全球营销战略前，结合企业的内部因素与外部环境进行全面地分析，以确保全球营销战略的实现。

公司和企业一般宁愿只从事国内营销活动，因为从事全球营销，将使决策者们面临一个全新的挑战，政治、经济、社会、文化、法律方面的差异都会给营销活动带来困难。但是一个公司、一个企业即使在国内市场上做得很成功，占据了大部分市场份额，那也只能支撑公司和企业的生存，谈不上发展，只有勇于开拓国际市场、开展全球营销才能促进发展，才能真正立于不败之地。

互联网+：互联网与传统行业的联姻

“互联网+”是创新2.0下的互联网发展的新业态，是知识社会创新2.0推动下的互联网形态演进及其催生的经济社会发展新形态。

2012年11月，易观国际董事长兼首席执行官于扬首次提出“互联网+”理念。他认为在未来，“互联网+”公式应该是我们所在的行业的产品和服务在与我们未来看到的多屏全网跨平台用户场景结合之后产生的一种化学公式。

2015年3月，全国两会上马化腾提交了《关于以“互联网+”为驱动，推进我国经济社会创新发展的建议》的议案，系统阐述了对互联网与传统产业关系的看法，建议以“互联网+”为驱动，鼓励产业升级，促进跨界融合，推动我国经济和社会的持续发展与转型升级。

2015年3月，李克强总理在《2015年政府工作报告》中制定“互联网+”行动计划，正式把“互联网+”纳入国家发展战略。从此，“互联网+”的概念如日中天，广为人知。

2015年7月4日，国务院印发《国务院关于积极推进“互联网+”行动的指导意见》。2016年5月31日，教育部、国家语委在京发布《中国语言生活状况报告（2016）》。“互联网+”入选十大新词和十个流行语。

2015年12月16日，第二届世界互联网大会在浙江乌镇开幕。在“互联网+”的论坛上，中国互联网发展基金会联合百度、阿里巴巴、腾讯共同发起倡议，成立“中国互联网+联盟”。

“互联网+”概念的中心词是互联网，它是“互联网+”计划的出发点。“互联网+”计划具体可分为两个层次的内容来表述。一方面，可以将“互联网+”概念中的文字“互联网”与符号“+”分开理解。符号“+”意为加号，即代表着添加与联合。这表明了“互联网+”计划的应用范围为互联网与其他传统产业，它是针对不同产业间发展的一项新计划，通过互联网与传统产业进行联合和深入融合的方式进行；另一方面，“互联网+”作为一个整体概念，其深层意义是传统产业通过互联网化完成产业升级。互联网通过将开放、平等、互动等网络特性在传统产业的运用，通过大数据的分析与整合，试图理清供求关系，通过改造传统产业的生产方式、产业结构等内容，来增强经济发展动力，提升效益，从而促进国民经济健康有序发展。

通俗地说，“互联网+”就是“互联网+各个传统行业”，但这并不是简单的两者相加，而是利用信息通信技术以及互联网平台，让互联网与传统行业进行深度融合，创造新的发展生态。它代表一种新的社会形态，即充分发挥互联网在社会资源配置中的优化和集成作用，将互联网的创新成果深度融合于经济、社会各领域之中，提升全社会的创新力和生产力，形成更广泛的以互联网为基础设施和实现工具的经济发展新形态。

“互联网+”代表着一种新的经济形态，它指的是依托互联网信息技术实现互联网与传统产业的联合，以优化生产要素、更新业务体系、重构商业模式等途径来完成经济转型和升级。“互联网+”计划的目的在于充分发挥互联网的优势，将互联网与传统产业深入融合，以产业升级提升经济生产力，最后实现社会财富的增加。

“互联网+”是互联网思维进一步实践的成果，它推动经济形态不断地发生演变，从而增强社会经济实体的生命力，为改革、创新、发展提供广阔的网络平台。

物联网：物物相连的互联网

“物联网”概念是在“互联网”概念的基础上，将其用户端延伸和扩展到任何物品与物品之间，进行信息交换和通信的一种网络概念。

物联网是新一代信息技术的重要组成部分，也是信息化时代的重要发展阶段。其英文名称是internet of things（IoT）。

物联网，国内外普遍公认最早是麻省理工学院自动识别实验室的阿什顿教授在1999年研究射频识别技术（radio frequency identification, RFID）时提出来的。

在2005年国际电信联盟（ITU）发布的报告中，物联网的定义和范围已经发生了变化，覆盖范围有了较大的拓展，不再只是指基于RFID的物联网。

2009年欧盟执委会发表了欧洲物联网行动计划，描绘了物联网技术的应用前景，提出欧盟政府要加强对物联网的管理，促进物联网的发展。

2009年8月，温家宝总理在无锡视察时提出“感知中国”，无锡市率先建立了“感知中国”研究中心，中国科学院、运营商及多所大学在无锡建立了物联网研究院。物联网被正式列为国家五大新兴战略性产业之一，写入了十一届全国人大三次会议政府工作报告，物联网在中国受到了全社会极大的关注。

物联网最简洁明了的定义是：一个基于互联网、传统电信网等信息承载体，让所有能够被独立寻址的普通物理对象实现互联互通的网络。它也可以被理解为：把所有物品通过信息传感设备与互联网连接起来，进行信息交换，即物物相息，以实现智能化识别和管理。

物联网具有普通对象设备化、自治终端互联化和普适服务智能化3个重要特征。

顾名思义，物联网就是物物相连的互联网。这有两层意思：其一，物联网的核心和基础仍然是互联网，它是在互联网的基础上延伸和扩展的网络；其二，其用户端延伸和扩展到了任何物品与物品之间，进行信息交换和通信，也就是物物相息。物联网通过智能感知、识别技术与普适计算等通信感知技术，广泛应用于网络的融合中，也因此被称为继计算机、互联网之后世界信息产业发展的第三次浪潮。物联网是互联网的应用拓展，与其说物联网是网络，不如说物联网是业务和应用。因此，应用创新是物联网发展的核心，以用户体验为核心的创新2.0是物联网发展的灵魂。

物联网具有实时性和交互性的特点，应用领域极为广泛，涉及城市管理、数字家庭、定位导航、现代物流管理、食品安全控制、零售、数字医疗、防入侵系统等各个领域。物联网应用涉及国民经济和人类社会生活的方方面面，因此，“物联网”被称为继计算机和互联网之后的第三次信息技术革命。信息时代，物联网无处不在。

物联网的概念与其说是一个外来概念，不如说它已经是一个“中国制造”的概念，它的覆盖范围与时俱进，已经超越了1999年阿什顿教授和2005年ITU报告所指的范围，物联网已被贴上“中国式”标签。

人工智能时代：人机共生的经济新生态

人工智能（artificial intelligence，AI），是研究、开发用于模拟、延伸和扩展人的智能的理论、方法、技术及应用系统的一门新的技术科学。

人工智能的定义可以分为两部分，即“人工”和“智能”。“人工”比较好理解，争议性也不大。有时我们要考虑什么是人力所能及的，或者人自身的智能程度有没有高到可以创造人工智能的地步等。但总的来说，“人工系统”就是通常意义下的人工系统。

关于什么是“智能”，就涉及很多问题了。这涉及诸如意识（consciousness）、自我（self）、思维（mind），包括无意识的思维（unconscious mind）等问题。人唯一了解的智能是人本身的智能，这是普遍认同的观点。但是我们对自身智能的理解都非常有限，对构成人的智能的必要元素也了解有限，所以就很难定义什么是“人工”制造的“智能”了。因此人工智能的研究往往涉及对人的智能本身的研究。关于动物或其他人造系统的智能也普遍被认为是人工智能相关的研究课题。

美国的尼尔逊教授对人工智能下了这样一个定义：“人工智能是关于知识的学科——怎样表示知识以及怎样获得知识并使用知识的科学。”而美国麻省理工学院的温斯顿教授认为：“人工智能就是研究如何使计算机去做过去只有人才能做的智能工作。”这些说法反映了人工智能学科的基本思想和基本内容。即人工智能是研究人类智能活动的规律，构造具有一定智能的人工系统，研究如何让计算机去完成以往需要人的智力才能胜任的工作，也就是研究如何应用计算机的软硬件来模拟人类某些智能行为的基本理论、方法和技术。

人工智能是计算机学科的一个分支，它在20世纪70年代以来被称为世界三大尖端技术之一（其他两者为空间技术、能源技术），也被认为是21世纪三大尖端技术之一（其他两者为基因工程、纳米科学）。

人工智能在计算机领域内得到了广泛的重视，并在机器人、经济政治决策、控制系统、仿真系统中得到应用。

人工智能是研究用计算机模拟人的某些思维过程和智能行为（如学习、推理、思考、规划等）的学科，主要包括研究计算机实现智能的原理，制造类似于人脑智能的计算机，使计算机能实现更高层次的应用。它企图了解智能的实质，并生产出一种新的能以与人类智能相似的方式做出反应的智能机器，该领域的研究包括机器人、语言识别、图像识别、自然语言处理和专家系统等。

人工智能从诞生以来，理论和技术日益成熟，应用领域也不断扩大，可以设想，未来人工智能带来的科技产品，将会是人类智慧的“容器”。人工智能可以对人的意识、思维的信息过程进行模拟。人工智能不是人的智能，但能像人那样思考，也可能超过人的智能。

工业4.0：第四次工业革命

“工业4.0”是以智能制造为主导的第四次工业革命，或革命性的生产方法。

“工业4.0”以2013年德国汉诺威工业博览会为标志，它宣布了这一轮工业革命以智能制造为核心。德国政府率先提出“工业4.0”战略，并在2013年4月的汉诺威工业博览会上正式推出，其目的是通过充分利用信息通信技术和网络空间虚拟系统——信息物理系统相结合的手段，使制造业向智能化转型，提高德国工业的竞争力，在新一轮工业革命中占领先机。

“工业4.0”研究项目由德国联邦教研部与联邦经济技术部联手资助，在德国工程院、弗劳恩霍夫协会、西门子公司等德国学术界和产业界的建议和推动下形成，是国家级战略。德国联邦政府的投入达2亿欧元。该战略得到了德国科研机构和产业界的广泛认同，弗劳恩霍夫协会在其下属6~7个生产领域的研究所引入“工业4.0”概念，西门子公司已将这一概念引入其工业软件开发和生产控制系统。

“工业4.0”概念包含了由集中式控制向分散式增强型控制的基本模式转变，目标是建立一个高度灵活的个性化和数字化的产品与服务的生产模式。在这种模式中，传统的行业界限消失，并产生了各种新的活动领域和合作形式。创造新价值的过程已发生改变，产业链分工被重组。

“工业4.0”的特点如下：

（1）互联：“工业4.0”的核心是连接，要把设备、生产线、工厂、供应商、产品和客户紧密地联系在一起。

（2）数据：“工业4.0”连接产品数据、设备数据、研发数据、工业链数据、运营数据、管理数据、销售数据、消费者数据。

（3）集成：“工业4.0”将无处不在的传感器、嵌入式终端系统、智能控制系统、通信设施，通过CPS形成一个智能网络。通过这个智能网络，人与人、人与机器、机器与机器以及服务与服务之间能够形成互联，从而实现横向、纵向和端到端的高度集成。

（4）创新："工业4.0"的实施过程是制造业创新发展的过程，制造技术、产品、模式、业态、组织等方面的创新将会层出不穷，从技术创新到产品创新，到模式创新，再到液态创新，最后到组织创新，一系列创新将接连发生。

（5）转型：对于中国的传统制造业而言，转型实际上是从传统的工厂，从2.0、3.0的工厂转型到4.0的工厂，从整个生产形态上说，是从大规模生产转向个性化定制，实际上整个生产的过程更加柔性化、个性化、定制化。这是"工业4.0"一个非常重要的特征。

（6）"工业4.0"的技术支柱包括工业物联网、云计算、工业大数据、工业机器人、3D打印、知识工作自动化、工业网络安全、虚拟现实和人工智能。这九大支柱中会产生无数的商机和上市公司。

自2013年4月在汉诺威工业博览会上正式推出以来，"工业4.0"迅速成为德国的另一个标签，并在全球范围内引发了新一轮的工业转型竞赛，引发了全球范围的第四次工业革命浪潮。

"工业4.0"时代的帷幕才刚刚开启，但它给了我们大概的方向，未来企业会变成数据的企业、创新的企业、集成的企业、不断快速变化的企业。对于整个制造业来说，这是一个巨大的颠覆，称之为"工业革命"，是毫不为过的。

"工业4.0"是一个全新的时代，是一次巨大的产业革命，错过了"工业4.0"也就错过了这个时代！

第9章　完全竞争市场是最理想的市场吗

——你一定要懂的市场结构经济学

高利润常常被当作垄断的象征。传统经济学认为，处于垄断地位的企业可以赚取垄断利润，过安详的日子，没有创新的动力。因此，应该反对垄断、鼓励竞争。

爱德华·科克爵士这样描述垄断的社会危害："垄断者将本应归所有人自由享有的东西攫为己有……夺取他人生意的垄断者，夺取了他人的生命……所有涉及商业和交通的垄断都是反自由和反自主的。"

完全竞争：不受干扰的市场机制

在美国的阿拉斯加自然保护区里，人们为了保护鹿，就消灭了狼。鹿没有了天敌，生活很是悠闲，不再四处奔波，大量繁衍，引起了一系列的生态问题，致使瘟疫在鹿群中蔓延，鹿群大量死亡。

后来，护养人员及时引进了狼，狼和鹿之间又展开了血腥的生死竞争。在狼的追赶捕食下，鹿群只得紧张奔跑以逃命。这样一来，除了那些老弱病残者被狼捕食外，其他鹿的体质日益增强，鹿群显得生机勃勃，恢复了往日的灵秀。

完全竞争又称为自由竞争，是指一个市场完全靠一只看不见的手，即价格来调节供求。完全竞争具备两个不可缺少的因素：市场中供给的物品是完全相同的，不存在产品差别；买者和卖者都很多且规模相当，以至于没有一个买者或卖者可以影响市场价格。

例如，小麦市场就是一个很典型的完全竞争市场，有成千上万出售小麦的农民和千百万购买小麦和小麦产品的消费者。由于没有一个买者或卖者能影响小麦价格，所以，每个人都只是价格的接收者，竞争地位平等。

完全竞争具备以下几个特点：

（1）市场上有无数的买者和卖者。

（2）同一种产品都是同质的，没有差别。

（3）市场资源是完全自由流通的。

（4）所有人都掌握着关于市场的全部信息。

为了便于理解，我们对这四个特征做一些补充说明。既然市场上有大量的需求者和供给者，那么其中任何一个人买与不买，或卖与不卖，都不会对整个商品市场的价格产生影响；既然产品都是一样的，那么对消费者来说，购买任何一家厂商的商品都是一样的；既然信息非常充分，那么也就排除了由于信息不畅产生市场同时存在几种价格的情况，价格只能是一种，否则消费者当然会去购买价格最便宜的商品。

在完全竞争市场里，商品的价格将彻底地由市场供给和需求决定，并且，每一种商品都会在最后形成一种均衡价格，也就是当市场供需相等时的价格。

如果多逛逛农贸市场，你很快就会发现，作为生活必备食品，几乎每个来买菜的人都会买鸡蛋，而且，卖鸡蛋的摊位也有很多，可以理解为鸡蛋市场上有无数的买者和卖者。每个摊点的鸡蛋都大同小异，只要不是碎的、坏的，一般没有人会去较真，硬要比较不同摊位的鸡蛋有什么区别，否则，那就真成“鸡蛋里挑骨头”了。此时就可以看作所有的鸡蛋完全同质。至于完全竞争市场的其他两个特征，我们可以看到买方和卖方都能自由选择进入还是退出（也就是鸡蛋买卖完全自由），在鸡蛋市场中，并没有多少复杂信息值得掌握，所以也可以看作人们都了解相关信息。同时，各个摊位的价格都一样，是由供需决定的均衡价格。通过鸡蛋市场，我们可以更形象地理解完全竞争市场。实际上，大多数农产品市场基本上都和完全竞争市场近似。

那么，这里还有一个问题，在完全竞争市场或者近似的市场里，因为同质同价，卖方究竟怎样才能赚取更多的利润呢？难道只能靠运气吗？的确，在这样的市场里，卖方完全受到市场支配，竞争激烈，在产品完全相同的情况下，卖方就不得不在降低成本上大做文章（如降低运费、减少商业开支等）。除此，卖方还要进行价额外的营销竞争，如热情周到的服务，把鸡蛋装进盒子便于顾客提携，将鸡蛋处理干净等，这些都可以吸引更多顾客。

在完全竞争的市场条件下，消费者和生产者都不会受到不利影响，因为完全竞争的环境迫使商品生产者竞相在降低成本、压低售价上做文章，可以使消费者按实际可以达到的最低价格来购买商品，而生产者按此价格出售商品也可获得正常利润。从社会角度来看，完全竞争促使社会资源有效地分配到每一个部门、每一种商品的生产上，使之得到充分利用。生产效率低的企业在竞争中逐步被打败，它的资金、人力、设备等社会资源也因此重新组合到生产效率高的企业中，这是商品经济良好发展的体现。因为竞争能够促进经济良性循环，刺激生产者的积极性，所以，要大力鼓励竞争，创造公平竞争的环境，这是建设社会主义市场经济体制的重要内容。

我们已经知道，现实中并不存在着真正意义上的完全竞争市场。但是就像伽利略的理想实验一样，现实中能否实现不重要，重要的是有了这种完全竞争市场的模型。对之进行分析，我们就有了一把尺子、一面镜子，就可以加深对非完全竞争市场的理解。

垄断：没有选择的可能性

“垄断”一词最早源于孟子“必求垄断而登之，以左右望而网市利”，这句话原指站在市集的高地上操纵贸易，后来泛指把持和独占。在资本主义经济里，垄断指少数大企业为了获得高额利润，通过协议联合对一个或几个部门商品的生产和销售进行操纵和控制。

经济学里的垄断一般指唯一的卖者在一个或多个市场上，通过一个或多个阶段，面对竞争性消费——这与买者垄断正好相反。垄断者在市场上能够随意调节价格与产量（不能同时调节）。由于垄断者是其所生产产品的唯一卖者，因此换句话说，他将直接面对整个市场，面对全部市场需求。而买者人数众多，因此是竞争性的，也就是说，买者是价格接受者。因此，卖者可以通过控制产品价格或者产量来实现利润最大化。

只要看过亚当·斯密的《国富论》，就会知道垄断是出现在自由市场之前的说法。在自由市场经济模式还没有确立并获得理论支持之前，各国政府都习惯性地创造着形形色色的垄断企业，19世纪初，大量企业随着工业革命崛起。然而，到了19世纪末，市场的形势就发生了转变。在自由市场出现后，为了降低大企业的垄断对小企业的冲击，政府建立了反垄断制度。不过，100多年来，该制度对于保护和促进竞争到底起了什么样的作用，经济学家并无定论。

垄断可以理解为经济力量过度集中，少数企业的市场占有率太高，也可以理解为滥用市场支配地位。市场占有率高并不违法，只有当企业利用在某个市场的支配地位设置障碍阻止其他竞争者进入，或者以捆绑销售等方式在另外的市场进行不平等竞争，才构成需要反对的垄断行为。针对前者的情况，可对垄断企业予以结构规制，注重市场结构的平衡；后者则可予以行为规制，针对的是企业竞争行为的具体办法。

要打破垄断绝非轻而易举。通常，完全垄断市场有三座护卫“碉堡”：其一是垄断企业具有规模经济优势，也就是在生产技术水平不变的情况下，垄断企业之所以能打败其他企业，靠的是生产规模大、产量高，从而具有总平均成本较低的优势；其二是垄断企业控制某种资源，美国可口可乐公司就是因为长期控制了制造该饮料的配料而独霸世界的，南非的德比尔公司也是因为控制了世界上大部分的钻石供应而形成垄断的；其三是垄断企业可能受到法律庇护，例如，许多国家的政府对铁路、邮政、供电、供水等公用事业都实行完全垄断，对某些产品的商标、专利权等也会在一定时期内给予法律保护，从而使之形成完全垄断。

垄断资本主义：垄断说了算

垄断资本主义即帝国主义，是资本主义发展的最高阶段。它是在资本主义生产力和生产关系的矛盾进一步发展的基础上，在生产和资本加速集中的过程中，于19世纪末20世纪初形成起来的。

这个过程大致分为3个基本时期。

第一个时期：19世纪60—70年代。

这一时期，自由竞争资本主义发展到了顶点，垄断组织开始出现，但只是处于萌芽状态。如在19世纪60年代，美国工矿业和铁路业中出现了称作“普尔”的垄断组织。德国在1857年出现了第一个卡特尔，到1870年增加到6个。

第二个时期：1873年爆发严重经济危机后到19世纪80年代。

在这个时期，连续发生的经济危机使生产和资本的集中进一步加强，垄断组织得到了广泛发展。1882年美国出现第一个托拉斯，即洛克菲勒的美孚石油托拉斯。随后，在榨油、造酒、制糖、火柴、烟草、屠宰和采煤等部门都出现了托拉斯组织。德国1879年有卡特尔14个，1890年猛增到210个。英、法等国也出现了垄断组织。

第三个时期：19世纪末20世纪初。

这个时期，由于工业高涨和经济危机的交替作用，资本和生产的集中大大加快，垄断组织急剧增加，渐渐地影响到所有主要工业部门，并和银行垄断结合起来，形成了金融资本和金融寡头，垄断成了全部经济生活的基础，垄断资本在各个主要资本主义国家确立了统治地位。以美国为例，截至1904

年，美国共有318个工业托拉斯，其中占资本总额六分之五的236个，是在1898年以后建立的。这318个工业托拉斯吞并了5300个工业企业，拥有全部加工工业资本的40%。

资本主义从自由竞争阶段进入到垄断阶段，是资本主义社会生产力和生产关系矛盾运动的结果。垄断是适应生产高度社会化而产生的资本社会化形式。垄断取代自由竞争只是在资本主义私有制范围内生产关系的阶段性调整。垄断资本主义在发展过程中又出现部分质的变化，从私人垄断资本主义转变为国家垄断资本主义。

资本主义发展到垄断资本主义，也即帝国主义，具有5个基本特征：

（1）垄断组织在经济生活中起决定作用。

（2）在金融资本的基础上形成金融寡头的统治。

（3）资本输出有了特别重要的意义。

（4）瓜分世界的资本家国际垄断同盟已经形成。

（5）最大资本主义列强已把世界上的领土瓜分完毕。

这些特征集中体现了帝国主义的实质，即垄断资本凭借垄断地位，获取高额垄断利润。为了获得高额垄断利润，垄断资本对内通过“参与制”和“个人联合”谋求从经济到政治实现对整个国家的统治；对外运用经济的、政治的甚至战争的手段进行扩张，谋求对整个世界经济和政治的控制。第二次世界大战后，垄断资本主义的基本经济特征在表现形式上发生了一些变化，但其基本内容及其实质并没有发生根本改变。

市场类型：在完全竞争和垄断之间

若是以垄断因素的多寡为标准，市场可以分为四种类型：垄断、寡头、垄断竞争和完全竞争。

古典经济学家认为完全竞争是最理想化的市场，换句话说，这种田园牧歌式的市场实际上并不存在。在现实生活中，我们常见的市场既不是完全竞争，也不是走向极端的垄断（市场上只有一家企业生产的产品），而往往是处在两者之间。那么，市场到底有多少种面目？例如，由于国内存在许多高氟地区，这些地区的人们不适合使用含氟牙膏。当他们想去商店买不含氟的中药牙膏时，会发现很多好的品牌：田七、黑妹、两面针等。这几家企业生产的中药牙膏几乎覆盖了全国的大部分市场，对不含氟的中药牙膏的销售价格有着决定性的影响。那么，这种不含氟的中药牙膏市场究竟属于哪一类市场呢？

虽然完全竞争模型和垄断模型都是市场的理想化模式：提供同一种产品的许多企业构成完全竞争市场；一家企业占据整个市场构成垄断市场。但事实上，和牙膏市场一样，生活中大多数物品的市场都处在完全竞争和极端垄断之间。在这些行业中，有数家有势力的企业相互成为竞争对手，但竞争的激烈程度却不如完全竞争市场那样充分，经济学家把这种市场称为不完全竞争市场。

不完全竞争市场又可以分为寡头和垄断竞争。寡头是指少数几家厂商控制整个市场产品的生产和销售的市场组织。世界石油市场就是一个最好的例子。有消息称，中国经济正在向寡头格局挺进，具有自然垄断性质的通信、电力、金融等行业表现得最明显。垄断竞争是指一个市场中有许多厂商生产和销售有差别的同种商品的一种市场组织。在现实生活中，大多数物品都处于垄断竞争当中，如影碟、游戏机、饮料等，前面讨论的牙膏也属于这一类。

因此，研究产业组织的经济学家根据企业数量和产品类型把市场分成四类：只有一家企业的市场是垄断市场；有几家有势力的企业的市场是寡头；有许多企业且出售有差别的产品是垄断竞争；有许多企业且出售无差别的产品是完全竞争。

寡头：从欧佩克对世界石油市场的控制说起

欧佩克是世界石油市场的寡头组织，各成员国会以统一的产量和价格为手段获取高额的利润。不过世界反托拉斯法和囚徒困境的存在会破坏他们形成的协议。

中东地区是一个天然的大油库，在它的地底下蕴藏的石油量占全世界的一半以上。而有幸占有这个地区的是几个石油寡头国家伊朗、伊拉克、科威特、沙特阿拉伯等。这些国家被高额的利润所诱惑，组成了一个联盟——石油输出国组织，简称欧佩克。它们想通过统一减少产量来提高石油的价格。1973—1985年，它们曾经成功地使原油价格上涨了10多倍，从而使各国共同取得惊人的利润。不过受竞争因素的影响，这种统一产量和价格的手段并不总是有效的。

那么欧佩克组织为什么有时有效有时无效呢？

为了便于研究，经济学家把这种企业（石油国此时可看成一个大企业）之间进行的有关生产与价格的协商称为“勾结”，当它们以商量好的方式统一行事时，这重新形成的企业集团被称为卡特尔。可以说形成了卡特尔的市场相当于只有一个垄断者，这完全适用于前一节我们对于垄断的分析。例如，当欧佩克组织在达成一致协议后，他们会减少石油产量并提高油价，从而使整个组织获得的利润最大化。

寡头都希望能形成卡特尔组织，但事实上并不总能如愿。原因有两个：世界上多数国家的反垄断法都禁止寡头之间以公开协议的形式进行的垄断行为；卡特尔个体成员受到利润的诱惑而私自增加产量，从而使它们的协议成为一纸空文。当欧佩克组织对各国石油产量和价格统一限定后，各成员国在私下里会多生产一些石油以便占有更大的市场份额获取更多利润，假设伊朗是这样私自计量的，那么伊拉克也会这样私自计量，其他石油寡头国家也会这样计量，这样整体上石油的实际产量会超出共同协议的产量许多，而油价在实际上也会比原定的要低。

这说明寡头们在合作和利己之间有着权衡取舍，都希望通过合作达成垄断，以使利润增加。但它们又为了私利——增加生产以占有更大市场份额的诱惑，破坏达成垄断的条件，使总产量增加，价格下降，因此共同的利润不能达到最大化。

经济自由主义：提倡市场机制

经济自由主义是指提倡市场机制，反对人为干涉经济的经济理论和政策体系。

它最初作为一种口号由法国路易十五的外交大臣达让逊提出，后来魁奈等人确认社会中存在着不以人的意志为转移的自然秩序，它支配着社会的发展。亚当·斯密所宣扬的“一只看不见的手”，使经济自由思想得到了进一步的发展。经济自由思想是亚当·斯密整个经济学说的中心李嘉图也曾阐明过同样的思想。经济自由主义在资本主义世界是长期发挥重要作用的思想主张。

经济自由主义是一种支持个人财产和契约自由权利的意识形态。经济自由主义主张限制政府在经济事务中的操控，让市场机制发挥调节资源的作用。经济自由主义者并非无政府主义者，并非一概反对政府的作用，然而绝大多数案例的研究结果都表明政府的干预过度了。

经济自由主义包括经济自由主义和新自由主义。

亚当·斯密在《国富论》一书中，在继承前人思想的基础上，从经济人这一观念出发，对经济自由放任的理论和政策，第一次做了系统阐述，并使之成为一个始终贯穿该书的重要思想。他认为在商品经济中，每个人都以追求自己的利益为目的，在一只“看不见的手”的指导下，即通过市场机制的自发调节，各人为追求自己利益所做的选择，自然而然地会使社会资源获得最优配置。他反对限制经济自由的重商主义政策和封建制度，主张自由放任，国家只起“守夜人”的作用。要求取消封建性的学徒制和居住法，使劳动力能够自由流动；要求取消妨碍土地遗产分割的法律，使土地能够自由买卖；反对政府对工业和国内贸易的干预和管理，如保护关税、行会制度和专门公司等，使商品生产、交换在完全自由竞争的条件下进行。这种自由放任的思想和主张，对当时正处于由工场手工业向机器大工业过渡的英国资本主义市场经济来说，无疑起到了促进作用。其后经济自由主义在资本主义世界还继续盛行了一百多年。但经济自由主义对促进资本主义经济发展的作用是有限的。

20世纪30年代，凯恩斯国家干预主义取代经济自由主义占据统治地位。到了70年代，在凯恩斯主义面对“滞涨”局面束手无策的形势下，资本主义世界又纷纷兴起了新的经济自由主义思潮。这一观点认为：生产资料私有制是一切经济活动的前提，特别是市场经济中一切活动的前提；交换和市场的自发运行有充分的效率；自由贸易是最好的外贸政策。新自由主义坚决反对政府的过多干预。

新自由主义不同于亚当·斯密经济自由主义之处在于，亚当·斯密的经济自由主义主张实行完全自由放任，而新自由主义则一般都主张在国家干预下强调经济自由。

在很多人看来，经济自由主义意味着不要政府或自由放任，甚至等同于无政府主义。这是对经济自由主义的误读，这种认识常常在实践上导致人们对经济自由主义的滥用或否定。

一些研究西方近现代经济学史的学者认为，整部西方经济学史就是经济自由主义和国家干预主义两种思潮消长、替代的历史。事实上，从自由主义的基本原则和各个经济学流派的哲学基础上，可以看出整个西方经济思潮也是一部自由主义兴起、发展的历史。即使是国家干预思潮（个别除外），也遵循了自由主义的基本原则，如坚持私有财产制度，强调经济个人主义和自由企业制度，追求市场与政府之间的均衡或和谐，等等。

我们认为，西方自由主义经济理论基本上可以分为两大类，即两种对立的传统。

一种是建构理性主义传统，认为政府有意识地控制和指导是个人经济自由的保证，自由放任会导致自由的丧失，人类所有的制度都是人们有意识地设计或发明的产物，强调要加强政府对经济生活的干预。

另一种则是演进理性主义传统（或称自发秩序传统），认为在恰当的法律规则约束下，每个人自发的经济活动，在追求自身利益的过程中，便可促成社会制度和经济秩序的生成以及社会公共利益的增进，强调要限制政府的干预；认为包括惯例、规则和制度在内的人类秩序，都并非是由于人们理性地预见其利益而谨慎设计的，而是不同的行为主体在追求各自的目标时不经意的结果。用18世纪苏格兰哲学家亚当·弗格森的话来说："秩序是人类行为的后果，但不是人类设计的结果。"

这两种传统的差异根源于对理性作用的认识不同。

建构理性主义传统假定，人生来具有知识和道德的禀赋，认为理性具有至上的地位。因此凭借理性，个人足以知道并能根据社会成员的偏好而考虑到建构社会制度所需要的境况的所有细节，这使人能根据审慎思考而建构社会经济制度，在哈耶克看来，这是一种"知识的自命不凡"。

而演进论理性主义传统对人的理性之局限性有清醒的认识，反对任何形式的对理性的滥用。该传统认为，只有在累积性进化的框架内，个人的理性才能得到发展并成功地发挥作用，即个人理性受制于特定的社会生活进程。

在自由主义经济思潮发展的谱系中，较早的有李斯特、凯恩斯、托宾和斯蒂格利茨等代表人物；在过去的 3 个世纪里分别有3个重要的代表人物：18世纪的斯密、19世纪的门格尔和20世纪的哈耶克。

垄断优势理论：对传统理论的挑战

可口可乐公司诞生于美国，是世界上最开放的公司之一，合作伙伴遍布天下。可口可乐公司赖以生存的秘方保存在一个安全的地方，公司里只有几个人知道这个秘方，其他人中即使是这几个知情者最亲近的人也不知晓，更不要说遍布世界的众多合作伙伴了。不仅没有合作伙伴指责这种做法的不义，与其合作的公司反而络绎不绝，日渐倍增。

“保住秘密就保护了市场”，可口可乐公司的神秘配方一直被作为最高机密保守至今，这实际上就是一种保持垄断优势地位的做法。

20世纪50年代以后，美国跨国公司呈现出如火如荼迅速发展的势态，利润差异论的局限性暴露无遗，因而迫切需要具有较强解释力的理论出现。1960年，美国学者斯蒂芬·海默在麻省理工学院完成的博士论文《国内企业的国际化经营：对外直接投资的研究》中，率先对传统理论提出了挑战，首次提出了垄断优势理论。麻省理工学院查尔斯·P.金德尔伯格在70年代对海默提出的垄断优势进行了补充和扩展。鉴于海默和金德尔伯格对该理论均做出了巨大贡献，该理论有时又被称为“海默-金德尔伯格传统”。

在2021年世界500强排行榜上，中国石化和中国石油“双雄”领风骚，在榜单上的差距不大，分列第4位和第5位。相比之下，中国三大电信运营企业在榜单上的分布并不太集中，其中，中国移动名列第56位；中国电信位于第126位；中国联通位居第260位。可以说，中国移动一家独大，牢牢掌握着市场竞争的主动权，其他运营商无论是资本、规模、收入还是利润都无法与之抗衡。中国石化起码还有中国石油这个与之实力相差不大的对手来制衡。

海默认为跨国公司进行直接投资的动机源自市场缺陷，即市场的不完全性。首先，不同国家的公司常常彼此竞争，但市场缺陷意味着有些公司居于垄断或寡占地位。因此，这些公司有可能通过同时拥有并控制多家公司而牟利。其次，在同一产业中，不同公司的经营能力各不相同，当公司拥有生产某种产品的优势时，自然就会想方设法将其发挥到极致。这两方面都说明了跨国公司和直接投资出现的可能性。海默还进一步指出，从消除东道国市场障碍的角度来看，跨国公司的优势有一种补偿的作用，亦即它们至少足以抵消东道国当地企业的优势。

海默的导师金德尔伯格对此进一步引申，列出了各种可能的补偿优势，如商标、营销技巧、专利与专有技术、融资渠道、管理技能、规模经济等。垄断优势理论从理论上开创了以国际直接投资为对象的新研究领域，使国际直接投资的理论研究开始成为独立学科。这一理论既解释了跨国公司为了在更大范围内发挥垄断优势而进行的横向投资的行为，也解释了跨国公司为了维护其垄断地位而将部分工序，尤其是劳动密集型工序，转移到国外生产的纵向投资的行为，因而对跨国公司直接对外投资理论的发展产生了很大影响。

公司拥有的垄断优势是构成公司对外直接投资的决定因素。金德尔伯格详细地列举了投资海外企业拥有的各种垄断优势，这些优势可分为四类：

（1）来自产品市场不完全的优势，如产品差别、商标、销售技术与操纵价格等。

（2）来自要素市场不完全的优势，包括专利与工业诀窍、资金获得的优惠条件、管理技能、原材料优势等。专利与专有技术可以使企业的产品区别于同类产品，从而获得对价格和销售量的控制能力，同时还可以限制竞争者进入，维护本公司的垄断地位。

（3）公司拥有的内部规模经济与外部规模经济。跨国公司通过水平的或垂直的一体化经营，可以取得当地公司所不能达到的生产规模，从而降低成本。

（4）由于政府干预，特别是对市场进入及产量限制所造成的企业优势。

企业混改：中国特色的管理创新

国企混改，全称是国企混合所有制改革，是指在国有控股的企业中加入民间（非官方）资本，使得国企变成多方持股，但仍是国家控股或主导的企业来参与市场竞争。

混改有两层意思：在宏观上，是指要让各种所有制结构并存；在微观上，则是指在一个具体的企业中，其所有者在性质上呈现为多元化的状态。

国企混改是中国企业治理和改革的一个重要创新举措。2016年12月中央经济工作会议明确指出，混合所有制改革是国企改革的重要突破口，同时落实了三个方面的改革措施：国企改革的重要突破口是混合所有制改革；混改的主要领域是电力、石油、天然气、铁路、民航、电信、军工七大领域，一般性竞争领域适合于民营化改革；混改的目标是形成有效制衡的公司法人治理结构、灵活高效的市场化经营机制。

为什么要混改？一是在宏观战略上，它是中国复兴的新经济形态；二是可以让国有资本放大调节功能；三是可以让国有资本搭民营经济发展的便车，实现保值增值；四是各种所有制取长补短共同发展，可以提高产业竞争力，同时在产业发展上，实现国企功能的战略定位和分类管理。

混合所有制的最终目的并不是混合多方资本，而是让国企在改革中能够增加竞争力和活力，为企业打造一个符合现代企业治理且能够培养竞争力和创新力的治理体系。

国企混改，需要不断丰富和拓展实现混合所有制经济的方式、路径，主要做好以下几方面的工作：

（1）内部优化重组，改善组织结构；外部合作合伙，联合兼并，实现股份制改制。通过交叉持股相互参股，构建混合型企业。开发新项目，组建新公司，实行股份制，尽可能形成混合型企业。

（2）基础好的股份制企业，通过境内外多层次资本市场，选择A股、H股等境内外类别，选择主板、创业板、中小企业板等不同渠道实现首次公开募股。

（3）通过股权的流转、增持减持、增资扩股、发行可转债、私募等方式优化股权结构，促进各类资本的融合。

（4）继续坚持和改进国有企业重组改制的成功做法，深化存续部分改制，培育优质资产推向市场，有条件的母公司可改制为控股公司或投资公司，可整合子公司争取整体上市，放大资本功能。

（5）通过合资合作、并购、参股入股等方式成为境外公司股东。

当前，中国国有企业混合所有制改革一直在稳妥推进，且已建立起日趋完善的政策体系，在实践领域也有积极进展。截至2016年年底，中国混合所有制企业户数占比已达到67.7%，一半以上的省级地方监管企业及各级子公司中混合所有制企业数量占比也超过了50%；2017年，国企混改以中国联通试点为标志，取得了突破性进展；2018年，国企混改朝着纵深方向发展，形成上下联动、南北呼应的新局面，展现战略投资更活跃、试点引领效果更突出、更注重新的经营机制等特点。

但无论是在理论认知层面，还是在实践操作层面，混合所有制改革仍存在一些误区。只有走出误区，混合所有制改革才能更好地推进，取得应有的积极效果。

中小企业：市场经济的主力军

所谓中小企业，是指在一国境内依法设立的有利于满足社会需要，增加就业，符合一国产业政策，生产经营规模属于中小型的各种所有制和各种形式的企业。

从世界范围看，各国对中小企业的划分标准总体上分为两种情形：定量划分与定性划分。

定量界定方法主要是根据企业的雇员人数、资产总额和营业额三个不同标准进行分类评价。如美国对中小企业界定的定量标准为雇员人数在500人以内；德国为雇员人数在500人以内、营业额在5000万欧元以下；意大利为雇员人数为10~500人，资产额在15亿里拉以下；日本制造业等第二产业中雇员人数在300人以下、资本在1亿日元以下的企业为中小企业；中国香港制造业中中小企业的定量标准为雇员人数在100人以内，其他行业在50人以内。

而定性划分一般以企业所有权集中程度、自主经营程度、管理方式和在本行业所处地位为标准来对中小企业进行划分。由于中小企业是一个相对的、比较模糊的概念，很难在理论和实践上给它下一个确切完整的定义，国际上对中小企业的本质特征能够达成的基本共识是：独立所有，自主经营，在其所在行业或领域不占垄断地位。

中小企业与大企业相比较而言，主要有以下基本特点：一是投入产出规模小，资本和技术构成较低；二是竞争力较弱，受市场和外部冲击的影响较大；三是适应性强，转产灵活，能够更好地满足市场各种各样的需求；四是数量众多，分布面广，有利于为社会提供较多的就业机会；五是作为推动技术创新的主导力量，中小企业在高新技术产业化、市场化方面比大企业做得好，平均周期仅为1~2年，而大企业则需4~5年；六是在地区经济结构的调整中发展中小企业有利于工业布局的合理化和推动城市化的进程。

中小企业是市场经济的主力军，中小企业不仅促进了企业之间的竞争，同时也活跃了市场经济。中小企业是一国经济和社会发展中的一支重要支撑力量，在确保一国经济稳定增长、缓解就业压力、拉动民间投资、优化经济结构、促进市场竞争、推进技术创新、促进市场繁荣、方便群众生活、保持社会稳定等方面具有不可替代的地位和作用。

中小企业是国家经济和社会发展的重要力量，是一个国家经济活力的源泉，是国家经济的晴雨表。促进中小企业发展是一国经济保持活力、稳定增长的客观要求。

大众创业、万众创新：中国经济发展的双引擎

近些年，“大众创业、万众创新”成为中国社会耳熟能详的热词，这件自下而上的“创举”得到自上而下的空前关注，“大众创业、万众创新”的

理念正日益深入人心。随着各地各部门认真贯彻落实，业界学界纷纷响应，各种新产业、新模式、新业态不断涌现，有效激发了社会活力，释放了巨大创造力，成为中国经济发展的一大亮点。

2015年6月11日，中国国务院颁布了《关于大力推进大众创业万众创新若干措施的意见》，明确指出，推进大众创业、万众创新，是培育和催生经济社会发展新动力的必然选择，是扩大就业、实现富民之道的根本举措，是激发全社会创新潜能和创业活力的有效途径。

中国实施“大众创业、万众创新”举措，有着深刻的国际和国内背景。

从国际上看，一方面世界经济发展放缓，国际经济形势不稳定，国际市场需求减弱，传统产品国际竞争压力进一步增大，因此，我们必须增加国内市场需求来促进经济稳定发展，那么，通过“大众创业、万众创新”来激发国内市场需求就成为必然的选择；另一方面国际市场对产品本身的质量、技术含量和使用效能的要求增加，对创新技术和创新产品的需求增加，因此，这也必然要求我们通过“大众创业、万众创新”来创造出新的技术、新的产品和新的服务，从而稳定和增加我国产品在国际市场的份额。

从国内来看，一方面经济下行压力还在加大，国内市场需求有待进一步开发，经济发展环境“硬约束”进一步加强，那么，我们就必须走集约发展、高技术含量发展、高附加值发展的道路，因此，我们必然要通过“大众创业、万众创新”来推动经济的转型发展；另一方面全面深化改革要想全面深入推进，就必然要通过增强经济内生动力来支撑和推动体制和机制改革，因此，我们必然要通过“大众创业、万众创新”来增强全面深化改革的动力和活力。

推进大众创新、万众创业就是要坚持市场导向，加强政策集成，强化开放共享，创新服务模式，重点抓好八个方面的任务：一是构建一批低成本、便利化、全要素、开放式的众创空间；二是降低创新创业门槛；三是鼓励科技人员和大学生创业；四是支持创新创业公共服务；五是加强财政资金引导；六是完善创业投融资机制；七是丰富创新创业活动；八是营造创新创业文化氛围。

“大众创业、万众创新”的提出把创业、创新与人、企业这几个关键要素紧密结合在一起，不仅突出要打造经济增长的引擎，而且突出要打造就业和社会发展的引擎，不仅突出精英创业，而且突出草根创业、实用性创新，体现了创业、创新、人和企业“四位一体”的创新发展总要求，揭示了创新创业理论的科学内涵和本质要求，为创新创业理论和实践研究开辟了崭新的新天地。

大众创业、万众创新可以大幅增加有效供给，增强微观经济活力，加速新兴产业发展，又可以扩大就业，增加居民收入，还有利于促进社会纵向流动和公平正义，是经济发展的重要引擎。

推进大众创业、万众创新，是经济发展的动力之源，也是富民之道、公平之计、强国之策，对于推动中国经济结构调整、打造经济发展新引擎、增强经济发展新动力、创新驱动发展道路具有重要意义，是稳增长、扩就业、激发亿万群众智慧和创造力，促进社会纵向流动、公平正义的重大举措。

淡马锡：全球最成功的巨无霸国企

淡马锡是一家新加坡政府投资的控股公司，新加坡财政部对其拥有100%的股权。淡马锡控股成立于1974年，是新加坡政府所全资拥有的几家公司中知名度最高的，却始终保持神秘的一家公司。淡马锡控股公司的经营方式被称为淡马锡模式。

淡马锡模式就是淡马锡控股公司的经营方式。这种经营方式是以客户为导向，批量处理中小企业贷款担保申请、审批、放贷及风险控制，即建立“信贷工厂”提供中小企业融资。

淡马锡公司有着优质的治理模式，拥有淡马锡100%所有权的新加坡财政部在公司内部起的作用很小，真正起到关键作用的是公司特殊的董事会构成，分层递进的控制方式和有效的约束机制。淡马锡严格实行“所有权”与“经营权”分离的原则，新加坡财政部和总统不会直接参与淡马锡的投资、脱售和其他商业、企业决策。

淡马锡如今基本上把持了新加坡国民经济的主要命脉——直接掌控公司23家，间接控制公司2000余家，在新加坡规模排名前10的企业中，淡马锡涉足7家；所涉足的公司上市资产的市值占到全股市总市值的1/3左右；操纵着共900亿新元的投资组合能力，公司规模已与美国通用电气、德国西门子等巨无霸公司相媲美。

在强大的行政权力布控之下，新加坡国有企业灵活性差的缺点日渐暴露，成为阻碍其经营发展的一大弊端。但转战国际资本市场的淡马锡不仅以骄人的业绩向全球展示着新加坡强大的国家力量，作为准公共投资性质的淡马锡模式也成为许多国家争相学习的标本。其成功秘诀在于：

1．政府不干预企业决策

淡马锡公司之所以能够茁壮成长，是因为政府实行无为而治政策，不干预公司在营运或商业上的种种决定。

作为淡马锡主管部门的新加坡财政部虽然占有全部股权，处于绝对控股的地位，但其在淡马锡治理框架中所起到的作用十分有限。

虽然董事会10名成员中仍有4名为政府官员（另外6名为民营企业人士），但作为政府公务员的董事兼职不兼薪，薪水仍由政府支付。在投资决策时，政府公务员代表政府出资的利益，更多考虑国家层面的宏观因素，而另外6位民营企业人士，则保证了公司在市场竞争中的运营效率。

2．无为而治的控股方式

在公司治理层面，淡马锡控股以“积极股东”的身份与其关联公司之间始终保持着“一臂之距”的交往。一方面，淡马锡通过持股或出售股权的方式体现其经营方向；另一方面作为股东积极参与其全资、控股公司的治理，即派高管人员进入旗下公司的董事会参与决策。淡马锡尽量避免参与各个公司的日常经营和各项商业决策，使得淡马锡旗下的公司能够充分地依据正确的商业原则开展业务。

淡马锡把对旗下公司的工作重点放在建立价值观、发展重点业务、培养人才、制定战略发展目标，以及争取盈利持续增长等宏观工作上。自律、无为而治的控股方式，使淡马锡旗下公司的策略目标、发展路径更加灵活，在审时度势中不断发展壮大。

3. 完善的经理人市场

淡马锡的经理人选择不仅与政府脱离，而且拥有完善的经理人市场，其所需要的投资与管理团队可以在国际范围内搜寻而获得。而对于这些优秀的职业经理人，淡马锡已经建立起了“使得管理层的兴趣和为股东创造价值相一致”的薪资福利计划，由此激励着平均年龄只有35岁的200余人组成的淡马锡投资队伍在全球各地寻找和抓获可能出现巨大财富的机会。

第10章　影响我们生活与财富的宏观调控

——你一定要懂的宏观经济学

宏观经济学又称总量经济学，是微观经济学的对称，是现代经济学的一个分支。宏观经济学以整个国民经济为考察对象，研究经济中各有关总量的决定及其变动，以解决失业、通货膨胀、经济波动、国际收支等问题，实现长期稳定的发展。

宏观经济学研究的一个中心问题是：国民收入水平是如何决定的？宏观经济学认为，国民收入的水平，反映着整个社会生产与就业的水平。

本书作为一本入门性读物，将在本章主要解释通货膨胀、货币发行、国家宏观调整政策以及乘数效应等基本内容。

凯恩斯主义——宏观经济学的问世

凯恩斯主义，也称凯恩斯主义经济学，是建立在凯恩斯著作《就业、利息和货币通论》的思想基础上的经济理论。

约翰·梅纳德·凯恩斯（1883—1946年）生于英国剑桥。他对1929—1933年的资本主义经济危机进行了深入的思考，于1936年发表《就业、利息和货币通论》一书，该书的出版标志着现代西方宏观经济学的产生，实现了经济学演进中的第三次革命，这在西方经济学史上是具有划时代意义的事件。

凯恩斯最早属于剑桥学派，以研究货币理论和货币政策著称。然而，20世纪30年代的经济大危机和大萧条使他的思想和主张发生了根本性的变化。他在传世之作《就业、利息和货币通论》中，否定了传统的新古典经济学关于资本主义市场经济可以自动维持经济，达到充分就业的和谐均衡状况的理论主张和信条，提出了一整套新颖的有效需求理论，并主张通过国家对经济生活进行积极干预的办法，来消除大规模失业，走出经济萧条。

"凯恩斯革命"的主要内容是从理论、方法和政策三个方面，对传统的新古典经济学进行了变革。

理论上，凯恩斯反对代表基本传统理论观念的萨伊定律，强调总需求对国民收入的重要作用。他提出在三大心理规律（消费倾向递减规律、流动偏好规律和资本边际效率递减规律）作用下，有效需求不足将导致大规模失业和生产过剩，而市场自动调节的机制将无法发挥有效作用，纠正这种失调。

方法上，凯恩斯主张重拾重商主义曾经使用过的宏观总量分析方法，摒弃此前传统的将货币经济和实物经济分开的古典二分法，将货币经济和实物经济合为一体。这一做法开辟了经济学研究方法的一个新时代。

政策上，凯恩斯反对自由放任和无为而治的传统做法，主张国家通过财政政策和货币政策对经济生活进行积极干预和调节。特别是，他创新性地提出了功能性的财政预算政策，主张以赤字财政政策来解决大的经济萧条和危机问题。

总之，凯恩斯认为，资本主义市场经济的自动调节作用尽管可以使储蓄和投资达到相等，但是未必可以达到充分就业的水平。一旦出现小于充分就业的均衡水平，国家就应该积极干预经济生活，通过增加政府投资来推动就业扩大和克服经济危机。

凯恩斯的这些理论观点和政策主张被后来的经济学界认为是对以马歇尔为代表的新古典经济学自由放任的主要思想倾向和政策主张的"革命"，这也就是后来所说的"凯恩斯革命"。这一"革命"开创了一个新时代，为现代宏观经济学的产生奠定了理论基础，凯恩斯主义经济学在第二次世界大战之后在西方国家较长期地占据主流地位。

政府的守夜人角色：管得少还要管得好

“守夜人”一词出自亚当·斯密的《国富论》一书。根据斯密的论述，政府的职能主要有三项：

（1）保护本国社会的安全，避免其遭受其他独立国家的侵犯。

（2）设立一个公正严明的司法机关，以保护公民免受他人的欺辱或压迫。

（3）建立和维持某些公共机关和公共工程。

政府是国家的管理者，是市场经济社会里收入和财富的分配者。按道理说，国家管理机构应该是越精简越好，越精简效率越高、管理费用越低，也就意味着全社会的交易成本越低。但是，问题并不像人们想象得那么简单。由于每一个社会中的人都是经济人，他们都想谋求自己的利益，政府工作人员是一个“吃皇粮”的阶层，旱涝保收，所以每个人都想晋身到这个阶层中来。

国家的管理是一个庞大、繁杂的系统，管理机构和立法部门也不像人们想象中的那么神圣，管理者本身也是经济人，他们可能会利用社会财富再分配的机会，给社会带来很多不良的后果，最终导致政府失灵。那么如果没有政府会怎么样呢?

这同样是人们不想看到的另外一种可怕的结果，它的危害远比政府干预所造成的危害要大得多。个人的争端可能引起家庭的争端，家庭的争端又可能导致部落的争端，部落的争端酿成民族的争端，民族的争端会使国家之间爆发战争……这样的社会是一个更为恐怖的世界，所以没有政府的绝对自由的社会状态只能是一种理想状态，现实中是不可能存在的。

一方面，国家权力是保护个人权利的最有效的工具，它具有巨大的规模效益，国家的出现及其存在的合理性，也正是来自保护个人权利和节约交易费用的需要；另一方面，国家权力又是个人权利最大和最危险的侵害者。国家权力的扩张总是通过侵害个人的权利实现的。没有国家办不成事，但有了国家又有很多麻烦。

从实践情况来看，凡是政府介入得多的地方未必管得好，而介入得少的地方也不一定会多么糟糕。所以，人们认为最好的政府应该是一个管得少还要管得好的“守夜人”。

政府行为的边界：政府和市场如何分工

1776年，英国古典政治经济学创始人亚当·斯密出版《国富论》，针对封建专制，提倡自由竞争，主张政府不干预主义，政府充当“守夜人”的角色，这一理论在西方经济学界占主导地位长达160年之久。

1936年，英国经济学家凯恩斯出版《就业、利息和货币通论》，掀起了一场“凯恩斯革命”，主要针对自由竞争市场经济的弊端，主张政府干预，政府干预主义逐渐成为主流经济学普遍接受的观点。

政府与市场是两种不同的配置资源和协调社会经济活动的方式，然而在现实生活中如何看待政府与市场之间的关系，实践中又如何处理好政府与市场的关系？这就有必要探讨政府与市场之间的关系，并根据政府与市场之间存在的不同关系进一步解释两者的边界。

政府旧称官府、衙门、公家等，是一个政治体系，是某个区域订立、执行法律和维持秩序的一套机构。广义政府包括立法机关、行政机关、司法机关、军事机关，狭义政府仅指行政机关。一个国家的政府又可分为中央政府和地方政府。政府作为统治阶级行使国家权力、实施阶级统治的工具，具有鲜明的阶级性，它的职能是代表统治阶级实行政治统治和管理社会公共事务。

市场是商品交换顺利进行的条件，是商品流通领域一切商品交换活动的总和。市场体系是由各类专业市场组成的完整体系，如商品服务市场、金融市场、劳务市场、技术市场、信息市场、房地产市场、文化市场、旅游市场等。同时，市场体系中的各类专业市场均有其特殊功能，它们互相依存、互相制约，共同作用于社会经济。

工业革命以来的经济社会发展经验证明，市场和政府在推动人类进步过程中都发挥了各自重要的作用。市场管不到的地方，政府应该管一管；看不见的手（市场）不起作用时，看得见的手（政府）就应该行动了。如何划分政府和市场的边界，简单地说就是政府和市场应该如何分工，分别“管”哪些事情。

对于市场和政府的分工问题，首先要明确的是市场能做什么，政府能做什么。

市场其实是一个很虚的概念，不同的人给出的定义也很不相同。但从另外一个角度分析或许能更简单明了，即市场主体。市场主体，就是市场中形形色色的企业、消费者、批发商、投资者等，市场主体能做、想做的领域，就是市场涵盖的领域；反之，市场主体不能做或不想做的领域，就是市场失灵的领域。

市场不是万能的，政府也不是万能的。市场能做的事情，就交给市场做，因为无数经验已经表明市场远比政府聪明；而对于市场失灵的领域，政府就该出手，进行适当的干预。至于政府干预应多一点还是少一点，各个国家没有固定模式，不能简单地得出美国模式好、德国模式好，还是日本模式好的结论，需要根据国情做出选择。

本位币和辅币：何谓真正的钱

我们现在见到的钱，基本上是纸币，还有硬币。从专业角度看，纸币和硬币并不是真正的钱，因为它们并不是足值货币。说穿了，它们只是一种符号，一种标明它值多少“钱”（面值）的符号。

这样，就需要引入本位币和辅币的概念。所谓本位币，也叫主币，是指按照国家规定的货币单位铸造的、国内唯一合法的标准货币，具有无限法偿能力。本位币是国家最基本的流通货币，在中国就是人民币“元”。

在金本位制货币制度下，本位币的面值和实际价值是一致的，即通常所说的足值货币。废除金本位制货币制度后，由中央银行发行的纸币同样称为本位币。虽然它在流通中完全不能兑换等值黄金，但却代表了标准的、基本的流通货币。例如，在中国，人民币就没有法定含金量，不能自由兑换成黄金，也不与任何外国货币确定正式联系（固定汇率）。

而所谓辅币，即一个国家基本流通货币的辅助货币，主要用途是辅助大面额货币流通，用于零星交易和找零。在中国，辅币就是人民币“角”“分”。辅币一般用贱金属铸造，其所包含的实际价值低于名义价值，但国家以法令形式规定其在一定限额内。辅币仅具有有限法偿性，但可以与主币自由兑换。辅币不能自由铸造，只准国家铸造，其铸币收入是国家财政收入的重要来源。在当代纸币条件下，辅币与主币经常标示国家名称或者可以体现国家权威，但与历史上金属货币体系中将主币与辅币铸造发行权分别授予不同部门比较，更多的是具有象征意义。

本位币具有无限法偿能力，辅币具有有限法偿能力，那么什么是无限法偿能力和有限法偿能力呢?

无限法偿能力和有限法偿能力都是货币制度中的概念。一国政府在制定货币制度后就必须保证这种货币在国内经济生活中畅通无阻，而要做到这一点，就必须规定本国货币的本位币和辅币都具有怎样的支付和流通能力，这体现了一个国家政府的信用力。

所谓无限法偿能力，也叫无限法偿、无限偿付，是指货币具有的无限法定支付能力。无限法偿能力是本位币的最大特点，无论本位币金额大小、用途如何，收款人都不得拒绝接受。但本位币的无限法偿能力有时候也是相对的。例如，全球不少国家为了防止麻风病传染，曾专门把麻风病传染区隔离开来使用另一种专用货币。哥伦比亚在1901—1928年，菲律宾在1913—1930年，都发行过麻风区专用硬币。不过，麻风病在今天已不再是绝症，这些硬币经消毒后纷纷成为钱币爱好者的收藏珍品。

所谓有限法偿能力，也叫有限法偿、有限偿付，是指货币具有的有限法定支付能力。当这种货币的支付数量超过一定数额时，收款人有权拒绝接受。一般来说，有限法偿能力是专门针对辅币而言的，不过由于不同国家的辅币支付能力不同，有些国家的辅币是有限法偿，但也有些国家的辅币是无限法偿的。

在我国，人民币元、角、分都具有无限法偿能力。人民币的全称是“中华人民共和国货币”，基本单位是元，1元分为10角，1角分为10分，即1元＝10角＝100分。目前市场上流通的人民币主要是第五套人民币，包括100元、50元、20元、10元、5元、1元、5角、1角。第四套人民币已经很少流通，只是还没有宣布停止使用，所以还和无限法偿、有限法偿概念有关。第一、第二、第三套人民币纸币已经停止流通使用了。

无限法偿能力和有限法偿能力在金本位制货币制度下，比较具有实际意义。归根到底，辅币是不足值货币，而本位币是足值货币，不足值货币用多了必然会对收入方产生不利影响。可是在纸币本位制货币制度下，由于纸币本身没有价值，并且纸币的发行权又完全由中央银行所控制，本位币和辅币的名义价值都高于实际价值，所以这时候的无限法偿能力和有限法偿能力区分意义已经不大，它们代表的实际上都只是国家信用而已。

货币发行：印得太多必然会贬值

钱为什么会越来越不值钱？因为纸币印得太多了。那么，政府为什么要印那么多纸币，印纸币又以什么为依据呢？

在很久很久以前，人们不需要纸币，因为那时流行的是物物交换，即实物货币。例如，张三家里的大米吃不完，想改善伙食，吃点肉食，而李四家里有的是牛和羊，却没一粒大米，张三家就可以以米易羊，两家都能得到自己想要的东西。在没有货币做交换媒介的情况下，用大米和羊直接进行物物交换，就有了现实需求和可行性。如果双方约定以100千克大米换1只成年羊，这时候就可以进行直接交换了。

物物交换方式只适用于生产力发展水平很低、富余农副产品很少的背景下。随着富余农副产品数量增多、商品交换次数增加，出现了一种固定充当商品交换媒介的特殊商品，这就是货币。任何人只要拥有这种货币，就可以用它来购买所需要的商品；相反，任何人通过出售商品都可以换取这种货币。

货币的出现使直接的物物交换变成了间接交换。例如，原来需要张三运100千克大米，李四牵着1只羊，在双方约定的某个时间、某个地点进行交换，现在不需要这么麻烦了，直接用货币就可以换取对方的100千克大米或1只羊了。

在人类发展历史上，贝壳、石头、食盐、牛羊、布匹等，都曾经充当过这种货币商品。然而随着时代发展，人们逐渐发现用金银充当货币更恰当。因为与上述货币商品相比，金银的体积更小，价值更大，质地更均匀，而且不容易腐烂，更便于携带、保管、分割。就这样，货币的历史重任慢慢地落到了金银身上。

至此，货币的形式从实物货币发展到了金属货币，这是世界各国的通行做法。直到现在，许多国家的政府仍然把黄金和白银等贵金属作为主币选用材料，并且确定为唯一的、法定的流通手段。同时，把铜、镍等贱金属作为辅币选用材料。

金属货币最初是以块状（如金块、金条、金元宝）的形式流通，每次交易都需要称分量，鉴定成色，按照交易额进行分割，这实在太麻烦了。为了便于交易，一些交易量大、信誉好的商人便在上面打上标记，以自己的信誉来担保这种金属货币的分量、成色。

随着商品交换范围的进一步扩大，人们需要有更权威的机构来进行担保，其中最权威的机构莫过于一国政府了。于是，就出现了以政府名义铸造的金属块，中央银行的雏形随即出现。

由于金属货币铸造费用高，而且容易磨损，尤其是在遇到大宗商品交易时，金属货币的运输极其困难，途中也不安全，因此，代替金属货币的纸币或银行券就出现了。

毫无疑问，这种以纸币或银行券形式出现的代用货币，必须有等价金属货币作保证。只有这样，纸币持有人才能随时随地兑换到等价的金属货币。

最早的纸币是由各家商业银行以自身信用担保发行的，自从中央银行出现后，纸币的发行权力就收归中央银行，成为它的基本职能之一，因为中央银行背后的政府更有信用保证。

事实上，中央银行发行的货币究竟有没有等价金属货币作保证，除了它自己之外，谁也不知道。所以，无论是货币票据（纸币、硬币），还是银行券（银行存单、支票），实际上都是以一国政府或中央银行的信用在作保证。

第一次世界大战后，各国相继停止了金属货币的流通和银行券的自由兑换。尤其是在20世纪30年代爆发了全球性的金融危机和经济危机之后，各主要工业国被迫放弃了金本位制和银本位制。从此，票据和银行券与金属货币之间更是没有了对应关系，表现为纯粹的“纸”币，完全依靠政府信用在强制流通，充分表现为一种信用货币。毫无疑问，这种纸币不但不能直接兑换金属货币，而且其实际价值也必然要低于货币价值。这就是目前各国广泛采用的货币形态。

随着众多支付手段的出现和普及，原来需要通过纸币、存单来进行的收付款行为，现在只需要在电脑、手机上简单操作就能实现了，人们进入了电子货币时代。

显而易见，自从社会发展进入信用货币阶段后，“钱”是否“值钱”就主要取决于政府信用了。世界通用货币如美元、欧元的流通，同样主要取决于它们的政府信用。

根据纸币流通规律，纸币的发行量应当以商品流通中所需要的金属货币量为基础。道理很简单，因为只有这样，1元钱面额纸币的名义价值才能与其所代表的1元钱的金属货币价值相符。如果纸币发行量超过金属货币量，就会造成货币（纸币）贬值。例如，如果某个国家在某个时期所必需的金属货币量为1000亿元，这时候它所发行的纸币供应量就应该是1000亿元。如果政府发行了2000亿元纸币，这时候1元钱纸币所对应的金属货币量的价值就只有0.5元，表明货币（纸币）贬值了50%。

就某个特定国家而言，政府只要通过大量发行纸币，就能通过货币贬值、物价上涨的方式转嫁经济负担。事实上，确实有许多国家的政府在发生了财政赤字后，是通过直接向中央银行贷款和发行公债的方式弥补赤字的。但是无论采取上述何种方式，都会迫使中央银行增加货币发行，导致货币供应量超过流通中的货币需求量，从而引发通货膨胀。

对于世界通用货币所处国来说，少量地增发纸币，可以通过货币贬值的方式在全球范围内聚集财富，把世界各国的财富慢慢聚集到它们国内。当然，这种做法如果不加限制，就会导致政府信用降低，货币制度崩溃，这在世界各国历史上不乏先例。

通货膨胀：钱不值钱的背后

每隔一段时间，通货膨胀就会成为人们热议的话题之一。“粮价涨了，油价涨了，猪肉价涨了，房价更是在涨……”可以说是“涨”声一片。这让敏感的老百姓渐渐紧张起来，在办公室、菜市场、洗手间、公交车……关于涨价的讨论随处可闻。那么，作为普通老百姓，我们该怎样认识通货膨胀呢？

通货膨胀就是货币相对贬值的意思，说得通俗一点，就是指在短期内钱不值钱了，一定数额的钱不能再买那么多东西了。假如以前，8元钱能买1斤猪肉，可是现在却需要15元才能买1斤猪肉。而且这种物价上涨、货币贬值的现象并不会独立出现，也就是说，不光是猪肉涨价了，你环顾四周，看到绝大部分商品的价格都上涨了，这就可以断定通货膨胀确实发生了。

通货膨胀是由流动性过剩造成的，一般在经济繁荣时期，大量的钱在市场上流动，不管是数量还是流通速度都会较高，货币的流动性大大加快。按照通行的经济学规则，市场上所需要的货币总额等于市场上所有物品的价格总和除以货币流通速度，当货币总额增多的时候，货币流通速度加快，那么商品的价格就会高涨。这是因为繁荣的经济刺激了居民信心，吸引了资本的介入，继而货币得到增加。通货膨胀一般分为以下几种类型：

（1）需求拉动型通货膨胀，这是最普遍的一种通货膨胀类型，也是最常见的。大多数通货膨胀是由需求拉动的，由于需求过度扩张，产品供不应求，物价上涨，货币贬值。比如房地产行业，在经济上升时期，自住房和投机房需求的加大导致房价上涨，房产业需要的资金比较大，属于经济里的龙头产业，房产业的价格上涨往往会拉动其他产业的上涨，从而导致需求过度的局面出现，关于这种类型的通货膨胀，经济学里有一个经典的故事：

一个人买粮食的时候认为粮食贵了，卖粮食的人说，是因为面粉贵了；卖面粉的人说，是因为油条和面包贵了；卖油条和面包的人说，因为他们要吃猪肉，而猪肉太贵了，他们必须提高价格来增加收入；卖猪肉的人说，因为生猪太贵了，所以肉贵；养猪的老大娘说，因为粮食贵了，所以生猪贵了。

这个过程是循环的，找不到哪个环节是最初的根源，但这肯定是由于需求的过度扩张造成的，一个环节的需求过度会导致其他环节都提高价格，从而导致整个市场的价格上涨。它也许是粮食稀缺造成的，也许是猪肉产量少造成的，但不管怎样，是需求扩张引起物价上涨并带动了相关产业的提价。

（2）成本推动型通货膨胀，这主要是由工资上涨引起的。工资本身具有刚性原则，只可提高不可降低，通常认为工资的降低会挫伤员工的积极性。由于工会力量的强大，工资和福利经常被人为拉动到超出社会承担能力。发放工资过多导致货币发放超出实际需要，从而造成通货膨胀的情况一般在西方容易出现。因为西方国家的工会属于比较独立的机构，它们只从工人的角度去考虑，不顾提高工资的社会成本，这样容易造成通货膨胀。还有采购成本突然提高而造成通货膨胀也属于成本推动型，比如1973年石油输出国联合垄断价格，导致石油价格猛涨，形成了世界性的通货膨胀。

（3）利润拉动型通货膨胀，这主要是指企业垄断或者联合定价导致企业利润增加，货币需求扩大，从而产生通货膨胀。这种通货膨胀是比较少见的，而且也不重要。

这三种通货膨胀的类型和形成因素虽然不一样，但是通货膨胀的发生，往往是三种因素共同造成的。原来一个产品只需要1元钱，现在产品没有变，而货币却增加了，一个产品需要2元钱了。此时的钱就不值钱了，无形之中，你手头的财富就发生了缩水。市场上的钱变多，可能是需求增加后，投资增加造成的货币富裕，也可能是利润增长得太快，刚刚产生的利润立刻就转化成投资，被投放到市场上，也可能是银行增加了放贷。当通货膨胀发生的时候，对工资来说，就得以它的购买力来核算价值了。

通货膨胀都是在不知不觉中发生的，你明显感觉到物价上升了，就是发生了通货膨胀。通货膨胀是有周期性的，一般在经济繁荣的时候出现，然后伴随经济的衰退，出现通货紧缩现象。当需求扩张的时候，供不应求，价格上涨，接着又会供应过度，价格降低，需求下降，货币需求也随之减少，此时物价变得低迷，通货紧缩到来。与通货膨胀相反，原来一个产品需要2元钱，现在货币量减少了，或者货币流通速度变慢了，这时候可能一个产品只需要1元钱了，物价形势低迷。

通货膨胀率：衡量货币贬值的程度

通货膨胀是一种货币现象，指货币发行量超过流通中实际所需要的货币量而引起的货币贬值现象。通货膨胀与物价上涨是不同的经济范畴，但两者又有一定的联系，通货膨胀最为直接的结果就是物价上涨。

通货膨胀率是货币超发部分与实际需要的货币量之比，用以反映通货膨胀、货币贬值的程度。经济学上，通货膨胀率=（现期物价水平–基期物价水平）÷基期物价水平。其中，基期就是选定某年的物价水平作为一个参照，这样就可以通过把其他各期的物价水平与基期水平进行对比，衡量现今的通货膨胀水平。

20世纪70年代后，随着浮动汇率取代固定汇率，通货膨胀对汇率变动的影响变得更为重要了。通货膨胀意味着国内物价水平的上涨，当一个经济中的大多数商品和劳务的价格连续在一段时间内普遍上涨时，就称这个经济经历着通货膨胀。由于物价是一国商品价值的货币表现，通货膨胀也就意味着该国货币代表的价值量下降。一般而言，在国内外商品市场紧密联系的情况下，通货膨胀下国内物价上涨，会引起出口商品的减少和进口商品的增加，这会对外汇市场上的供求关系产生影响，导致该国汇率波动。同时，一国货币对内价值的下降必定影响其对外价值，削弱该国货币在国际市场上的信用地位，人们会因通货膨胀而预期该国货币的汇率将趋于疲软，把手中持有的该国货币转化为其他货币，从而导致汇率下跌。按照一价定律和购买力平价理论，当一国的通货膨胀率高于另一国的通货膨胀率时，则意味着该国货币实际所代表的价值相对另一国货币在减少，该国货币汇率就会下降；反之，则会上升。例如，20世纪90年代之前，日元和前联邦德国马克汇率十分坚挺的一个重要原因，就在于这两个国家的通货膨胀率一直很低。而英国和意大利的通货膨胀率经常高于其他西方国家的平均水平，故这两国货币的汇率一直处于跌势。

影响通货膨胀率变化的三个重要指标如下：

1. 生产者价格指数

生产者价格指数（PPI）是衡量工业企业产品出厂价格变动趋势和变动程度的指数。它主要反映生产资料的价格变化状况，用于衡量各种商品在不同生产阶段的成本价格变化情况。

2. 消费者价格指数

消费者价格指数（CPI）是反映与居民生活有关的产品及劳务价格统计出来的物价变动指标，是度量通货膨胀水平的工具，以百分比变化为表达形式。

3. 零售物价指数

零售物价指数（RPI）是反映一定时期内商品零售价格变动趋势和变动程度的相对数。美国商务部每个月都会对全国范围的零售商品进行抽样调查，调查范围包括家具、电器、超级市场售卖品、医药等，不过各种服务业消费不包括在内。

许多外汇市场分析人员十分注重考察零售物价指数的变化。社会经济发展迅速，个人消费增加，便会导致零售物价上升，该指标持续上升，可能带来通货膨胀的压力，令政府收紧货币供应，提高利率为该国货币带来利好的支持。因此，该指数向好，理论上亦利好于该国货币。

非理性繁荣：所有的繁荣都是非理性的

“非理性繁荣”一词来自美国联邦储备委员会主席艾伦·格林斯潘于1996年底在华府希尔顿饭店的演讲中，谈到当时美国金融资产价格泡沫时所引用的一句名言。从那时起，许多学者、专家都注意到美国股市因投机风气过盛而引发的投资泡沫现象。

所谓非理性繁荣，是指资产价格脱离决定其价值的基本面因素而主要由市场参与主体的主观判断决定，从而持续上涨的现象。

非理性繁荣意味着市场的运行超出了正常的规律，由人类的心态推动。例如，当股市在投资者市场心理的影响下达到一个难以维系的、不正常的高度时，“非理性繁荣”现象就出现了。这一现象存在于所有的投机性市场。

现实世界中的人，并不像经济学所假设的理性人那样，而是受到情感因素和盲目性影响的非理性人，这样做出的决策也就不那么理性了。人们做出的决策不理性，他人又会有从众心理，这样经过媒体传播，就会在市场上形成反馈机制。这里的反馈机制可以想象成核反应的链式反应，是不断反馈放大的。而事实上，非理性投机不可能无限放大，投资者特定投资需求也不可能永远扩大，一旦投资者特定投资需求停止，泡沫也就破灭了。此时投资者会将注意力转移到另外的市场，开启新的非理性投资过程，引发新一轮的非理性繁荣。

人类的思维可分为理性和非理性两种方式。理性思维是一种有明确的思维方向，有充分的思维依据，能对事物或问题进行理智观察、比较、分析、综合、抽象与概括的思维；非理性思维是没有使用概念、判断、推理的思维方式，大脑工作正常时的非理性包括本能、情感、直觉、下意识、灵感等，大脑工作不正常时的非理性称为幻觉、疯狂等。

非理性是一种跳跃性的有断层的思维方式。但是，实际上所有的理性也都是有局限的，理性并不能保证理性认识得出的结论一定是正确的，理性认识来源于感性认识，来源于人对自然的感知，这种感知是经过人的神经系统的过滤提炼的，这个过程是非理性的，概念、判断并不一定反映客观事实，归纳推理得出的结论也不一定反映客观实际。理性至上论者过度夸大理性的作用，没有看到理性思维的素材来源于感性，理性思维所运用的概念、模式、理论、规律也来源于感性认识。自圆其说并不意味着一定正确，跳跃断层也并不意味一定错误。实际上人类的非理性中包含着理性的成分，因为本能、直觉、灵感等也是建立在一定的概念、判断、推理基础上的。

从证券市场来看，证券价格反映了对历史的认知和对未来的预期，这种预期是建立在由历史经验形成的模型上的，模型的正确与否，是需要事实来检验的。人类就是在不断尝试和犯错中前进的，模型不一定能永远正确，当事实和预测不一致时，需要修改理论。那些认识最先升级的人将成为证券市场的赢家。证券市场反映着社会政治、经济、文化、军事、科技水平等信息，人类的理性对它们不可能达到100%的理解和把握。那些自认为理性的人，实际上也是在有断层、空缺的状态下进行决策的，是非100%理性的，犯错是不可避免的。在实体经济中，由于信息不足，或者是由于知识不足，管理者同样面临无数的理性断层。人类不可能因为没有绝对理性的把握就不去做事，那样的话就放弃了获得丰富实践材料的机会，放弃了理性升级的源泉，放弃了意外惊喜的机会。因此，从思维严密性角度看，也可以说繁荣从来都是非理性的。

虽然理性是思维的高级形式，但它只是工具，而非理性中包含着目的，包含着生存的意志。如果没有非理性的梦想，就不会有飞机上天，就不会有登上月球，不会有探索世界的动力，就不会有那么多现代产品。随着科学的发展，许多被认为不可能的事情、非理性的幻想都有可能变成现实，所谓创新发明就是把非理性的梦想中的思维盲点、断层、空缺进行填补疏通的过程。“我的大脑告诉我停止，但我的心灵却告诉我放手去做。”正是这类“非理性”的梦想推动着人类文明的进步，推动着经济的繁荣。从这种意义上说，“非理性”是人类繁荣发展的强大动力和必由之路。

繁荣就是梦想和为实现梦想而奋斗的结果，繁荣本身就是非理性的产物。

货币政策：调控经济的杠杆

近年来，我国每年都有大量的中小企业进行注销，如此众多的中小企业倒闭，其原因是很复杂的，有大环境因素、企业自身的结构、市场优胜劣汰等诸多原因。但有一条原因不能否认，那就是我国的货币政策。

金融体系完整的国家都有中央银行，广义上说，中央银行就是政府的银行，在特殊时期采取必要措施，来保证货币政策的贯彻实施。英国的中央银行是英格兰银行，美国的中央银行是联邦储备体系，日本的中央银行是日本银行，而我国的中央银行是中国人民银行。

中央银行在宗旨、职能、业务等方面和一般的商业银行有着很大的差别。可以说，中央银行是银行的银行，中央银行与商业银行之间有管理和被管理的特殊关系。作为政府的银行，中央银行在国家经济中占有举足轻重的地位，对于促进经济的发展起着至关重要的作用。中央银行实施货币政策，有三样制胜“法宝”：存款准备金率、再贴现率和公开市场业务。

1. 存款准备金率

追求最大利益的银行家都明白存款是有需即付的，只要顾客来提取自己的存款，银行必须在第一时间支付，这就需要银行有足够的储备来满足这种需求。银行需要具备的这些储备就叫作存款准备金。那么存款准备金的数额是多大呢?

如果所有的存款在同一时间必须全部付清，那么准备金的数额就要等于存款的总量；但是在现实中这种情况几乎从来没有发生过，而且，在同一天之内，总有一些人存款，另一些人取款，这两类交易的数额常常互相抵消。对于银行家来说，以准备金形式持有的资金是无利可图的，它们躺在银行的保险柜里连利息都赚不到，于是早期的银行家们就想到，把顾客的存款借贷出去。把大部分货币存款借贷出去赚取利息，而留下小部分货币存款作为现金准备金应付顾客的支取。这样银行家的利润在一开始单纯地收取手续费的基础上，又增加了借贷的利息，实现了利润的最大化。

那么，商业银行留取准备金的数额应该占存款总额的多大比重呢？这就需要中央银行来制定。

各国的金融法规都有明确规定，商业银行必须把自己吸纳的存款的一部分存到中央银行，而这部分资金与存款总额的比率，就是存款准备金率。中央银行如果提高存款准备金率，那么流通中的货币会成倍缩减，因为商业银行交到中央银行的准备金多了，可供自身支配的资金便少了，因而银行给企业的贷款就会减少，相应地，企业在银行的存款也会更少，于是在整个社会上就会出现“存款—贷款”的级级递减，导致社会货币总量的大幅降低。就像我们在调试音响的过程中，如果降低功放机的功率，输出的音量就会减小，中央银行提高存款准备金率就是这个道理；反之，如果中央银行把存款准备金率调低，流通中的货币量就会成倍增加。

2．再贴现率

企业向商业银行借贷货币时，常常把没有到期的商业票据转让给银行，以取得贷款，这种行为在经济学上称为贴现。

而中央银行作为“银行的银行”，扮演的是最后贷款人的角色。商业银行在囊中羞涩、资金周转困难时，就需要向中央银行求借。这种借贷和企业向商业银行借贷的性质一样，也需要有所付出。于是商业银行就如法炮制，把从企业那里得来的没有到期的商业票据再转让给中央银行，这种行为在经济学上称为再贴现。而中央银行接受商业银行的票据，也是有条件的，要在票据原价的基础上打折，这个折扣率就是再贴现率。很明显，中央银行如果对再贴现率做出改动，就相当于增加或减少商业银行的贷款成本，抑制或鼓励商业银行的信用扩张，同时，货币供应量也会相应地收缩或膨胀。

贴现率是一个在现代经济学中占有重要地位的基本概念，它解决了未来的经济活动在今天如何评价的问题。所谓的贴现率，是指未来的款项折合为现值的利率。

我们前面说过，商业银行需要增加贷款或者现金吃紧时，需要一部分货币，这时它们就把自己拥有的一部分商业票据交给中央银行，中央银行按照一定的比率扣除一部分钱后兑换为现金。这样商业银行就可以把票据换为现金或者充当存款准备金，扩大自己的放款数量。而这个折扣率就称为再贴现率。

再贴现率是商业银行将自己拥有的未到期票据向中央银行申请再贴现时的预扣利率。再贴现意味着商业银行从中央银行取得了借款，增加了货币投放，也就直接增加了货币供应量。再贴现率的高低直接决定着再贴现额的高低，并且间接影响商业银行的再贴现需求，进而影响再贴现的整体规模。一方面，再贴现率的高低直接决定再贴现成本的高低，如果再贴现率提高，那么再贴现成本就随之增加，反过来也是同样的道理，因此影响到再贴现需求；另一方面，再贴现率的变动，是中央银行政策意向的反映。中央银行通过调整再贴现率来实现某种货币政策，当经济过热时，中央银行为了控制货币数量和商业银行的放款额度，就会提高再贴现率，以减少商业银行的借贷款数量；而当经济萧条时，中央银行就会降低再贴现率，把商业银行手中的债券吸收过来实行贴现以减轻商业银行准备金的压力，鼓励商业银行发放贷款，刺激社会的消费和投资，实现社会经济的正常运转。

3. 公开市场业务

平日里对货币政策进行宏观调控时，中央银行使用最多的是公开市场业务。

公开市场业务是指中央银行在公开的金融市场上购买或售卖政府有价证券，增加或减少商业银行的准备金，从而影响整个经济活动，实现既定目标的行为活动。中央银行买进有价证券时，会向出卖者支付货币，从而增加流通中的货币量；而中央银行在卖出有价证券时，就会使流通中的货币量减少。

公开市场业务最大的优点是对经济的震动小，而且操作过程灵活方便，因而中央银行可以经常运用它对经济进行微调。自20世纪50年代起，美联储90%的货币吞吐就是通过公开市场业务来实现的，其他很多国家也都采用公开市场业务来调节货币供应量。

公开市场业务的操作可以分为两类：能动性的公开市场操作和保卫性的公开市场操作。能动性的公开市场业务以改变准备金水平和基础货币为目的；保卫性的公开市场业务则以抵消影响货币基数的其他因素的变动为目的。

公开市场业务相对于其他货币政策工具，具有主动性强、灵活性强等明显的优越性。于是各国政府的货币操作手段逐渐出现趋同趋势，都逐渐向依赖中央银行的公开市场业务靠近。但是公开市场业务想要有效地发挥作用，还受一些条件的限制，只有满足了这些重要的前提，公开市场业务才能最大限度地发挥作用。

由上我们可以看出，国家的货币政策就像一只“大手”，不断地校正着国家经济的方向，会对经济产生重大的影响。那么，我们就很有必要对货币政策进行深入的了解。

通常来说，货币政策是指中央银行为实现既定的经济目标（稳定物价、促进经济增长、实现充分就业和平衡国际收支），运用各种工具调节利率和货币供给，进而影响宏观经济的方针和措施的总和。

货币政策分为紧缩性和扩张性两种。

紧缩性货币政策是通过削减货币供应的增长率来降低总需求水平，在这种政策下，取得信贷较为困难，利率也随之提高。因此，在通货膨胀较严重时，采用紧缩性的货币政策较合适。

扩张性货币政策是通过提高货币供应增长速度来刺激总需求，在这种政策下，取得信贷更为容易，利率会降低。因此，当总需求与经济的生产能力相比很低时，使用扩张性的货币政策最合适。

凯恩斯乘数：一家公司的玻璃打破后

一场暴风雨过后，一家百货公司的玻璃被刮破了。

百货公司拿出5000元将玻璃修好。装修公司把玻璃重新装好后，得到了5000元，拿出了4000元为公司添置了一台电脑，其余1000元作为流动资金存入了银行。电脑公司卖出这台电脑后得到4000元，用3200元买了一辆摩托车，剩下800元存入银行。摩托车行的老板得到3200元后，用2650元买了一套时装，将550元存入银行。最后，各个公司得到的收入之和远远超出5000

元这个数字。百货公司玻璃被刮坏而引发的一系列投资增长就是乘数效应。

在经济学中，乘数效应更完整的说法是支出/收入乘数效应，是指经济活动中某一变量的增减所引起的经济总量变化的连锁反应程度。在宏观经济学中，乘数效应指的是支出的变化导致经济总需求与其不成比例的变化，意指最初投资的增加所引起的一系列连锁反应会带来国民收入的数倍增加。

所谓乘数，是指这样一个系数，用这个系数乘以投资的变动量，就可得到此投资变动量所引起的国民收入的变动量。假设投资增加了100亿元，若这个增加导致国民收入增加300亿元，那么乘数就是3，如果所引起的国民收入增加量是400亿元，那么乘数就是4。

为什么乘数会大于1呢？比如某政府增加100亿元用来购买投资品，那么此100亿元就会以工资、利润、利息等形式流入此投资品的生产者手中，国民收入从而增加了100亿元，这100亿元就是投资增加所引起的国民收入的第一轮增加。这100亿元随后又会转化为工资、利息、利润、租金的形式，流入制造此投资品的所有生产要素所有者的口袋，因此，投资增加100亿元，第一轮就会使国民收入增加100亿元。随着得到这些资本的人开始第二轮投资、第三轮投资，经济的增长就会以大于1的乘数增长。

乘数效应也叫凯恩斯乘数，事实上，在凯恩斯之前，就有人提出过乘数原理的思想和概念，但是凯恩斯进一步完善了这个理论。凯恩斯的乘数理论对西方国家从“大萧条”中走出来起到了重大的作用，甚至有人将其与爱因斯坦的相对论相提并论，认为20世纪两个最伟大的公式就是爱因斯坦的相对论基本公式和凯恩斯乘数理论的基本公式。凯恩斯乘数理论对于宏观经济的重要作用在1929—1933年的世界经济危机后得到重视，一度成为美国大萧条后拉动经济的原动力。

最初被用于宏观经济调控的乘数效应在后来的发展中也不仅仅限于宏观调控了。在管理中，同样存在着乘数效应。管理者都希望管理能达到乘数效应。比如，实施一个促进销售的计划，管理者希望这个计划的效果可以成倍地增加，但是如果没有其他的策略配套实施，乘数效应很难实现。又如，在激励政策中，管理者采取了结果激励方法或者过程激励方法，但最好的结果可能只是对某些具体的行为产生效果，而持续的激励或者自发的激励效果则不可能实现。

管理者自然希望每一个决策都能实现乘数效应，即一种措施产生多重效果，但乘数效应不是一劳永逸的，乘数效应需包括一系列的措施，只有这些相应的配套措施发挥了功效，乘数效应才可能发生功效。所谓的配套措施，是使当初措施的效果进一步发挥的措施，如管理中的激励措施，单纯的激励是不可能在没有其他激励的情况下继续发挥作用的，必须要有相应的配套措施（如企业文化等）才可以，只有做好这些相应的措施，才可能发挥出预期的效果。

乘数效应还在不断演化与发展，乘数效应的应用一定不仅仅止于宏观经济与管理中。那么，你是否发现，在我们的日常生活中，也隐藏着乘数效应的神奇魔力呢？

不良需求：经济离不开宏观调控

有这样一个猴子捞月的寓言故事：树上的猴子们都拉着前面一只猴子的尾巴，形成一条链子，把最前面的一只猴子送到水面，让它捞水里的月亮。大家听了这个故事都会觉得好笑。现在看来，这些猴子的探索精神还是很不错的，通过实践，它们自会明白，那水中的月亮不过是天上的月亮的倒影，并非实体，从而增长知识。倒是我们人类，往往把投影当作实体，而把实体抛在脑后。例如，宋代理学家朱熹创造的理学，主张“存天理，灭人欲”，而不知道当时的人的贪欲是商品经济发展的折射，是社会不公正的投影。这无异于企图从水面上抹去月亮，又比捞月的猴子高明多少呢？

猴子们认为月亮在水中，可等它们真正去打捞时，才发现怎么都无法碰触到月亮。水中的月亮永远只是一个美丽的影像而已。在经济学里，我们可以这样理解，如今的泡沫经济就如水中的月亮一样，它由投机活动产生，造成社会经济的虚假繁荣，最后必定泡沫破灭，导致社会动荡，甚至是经济崩溃。

所谓泡沫经济，是指经济过热，虚假膨胀，最后像肥皂泡沫一样破灭的形象化说法。其主要表现是不动产和股票的市价超常规急剧上涨，价格严重背离价值，破坏了市场正常的供求关系，信用混乱，资产骤然收缩，经济陷入危机。

泡沫破灭后，经济显现出相应的后遗症，其主要特征是：股价、地价大幅下落，不动产业萧条，股市长期低迷，证券公司收益剧减；欠息欠账等不良债权膨胀，偿款负担增大，企业对价格风险大的产业投资热情下降，资金转向短期投资和债券；股价下跌损害一般中小企业和家庭消费，资金需求不旺，迫使中央银行降低再贴现率。概括地说，泡沫经济的后果，一是社会分配不公，有的土地所有者个人资产骤然升值，而另一些高价买入股票、地产者则损失惨重，贫富差距拉大；二是金融信用危机，不动产抵押贬值，债务拖欠，破产案件增多。

另外，泡沫破灭后，经济恢复滞缓，经济调整难度增大，泡沫高潮时企业借贷增多，泡沫破灭后企业收益恶化，负债加重。因此，各个国家都会积极防止泡沫经济的发生。对资产的狂热需求会引发泡沫经济，泡沫崩溃会导致经济萧条，不良需求还可能造成更大的危害。

只要在市场上存在需求，而这种需求又能够给商家带来利润，就一定会产生供给，即使这种需求未必文明，这种供给未必合法。比如由对毒品的需求导致的对毒品的供给就是较极端的例子。即便是再强有力的政府用尽各种办法进行管控，但因为满足对毒品需求的供给可以取得暴利，毒品供给者就是冒着上绞刑架的危险也要生产并贩卖毒品。惩罚只是抬高了毒品的生产与销售成本，但生产者与贩卖者转而又将这种风险成本以提高价格的方式转嫁给毒品消费者了，这就是需求的力量。

人的欲望是产生各种需求的源泉，而欲望又具有无限性的特点，即人们的欲望永远没有完全得到满足的时候。一个欲望满足了，又会产生新的欲望。“人心不足蛇吞象”就揭示了这个道理。中国传统道德观把人的欲望看成罪恶之源，主张“存天理，灭人欲”。其实，正是人类欲望的无限性推动社会不断地进步。人的欲望要用各种物质产品或劳务来满足，物质产品或劳务要用各种资源来生产。但是，自然赋予人们的资源是有限的。一个社会无论有多少资源，其总量总是有限的。相对人们的欲望，资源量总是不足的，物质产品或劳务也总是不足的。人类欲望的无限性造成了资源的稀缺性。

稀缺性是人类面临的永恒的问题，它与人类社会共存亡。从人类可利用能源的角度看，资源似乎还没有什么限制。但从另外的角度看，人类却要为此付出难以预估的代价。人们对鲸鱼油的贪念，使鲸鱼遭受灭顶之灾，倘若鲸鱼因此灭绝，则必将导致生态链的巨大动荡；煤炭资源经过几十年的不断挖掘逐渐匮乏，人们将一个好端端的地球挖得百孔千疮，地质构造的变化引发了无穷的地质灾害；石油的利用与最终可能的匮乏，同样可以有所预言……

同时，我们还必须注意到，所谓没有极限的增长，目前只发生于这个世界上的少数中心国家。而这些国家没有极限地增长的背后，却是其他国家大量资源面临实质性的枯竭。

森林是一个典型的例子。1990—2000年，世界森林的面积平均每年减少940万公顷。有人还算了这样一笔账：占世界人口二十分之一的美国，耗费着世界四分之一的资源。即使将全世界可能开发的资源都利用起来，并且对其进行重新分配，全世界的人也不可能按照美国人的方式生活。

需求的力量是一种伟大的力量，不断创造着供给，但也是一种毁灭性力量，使人类在表面进步的同时面临因资源最终匮乏导致的大崩溃。人们不良的过度的需求需要政府加强管理。

经济刺激政策：信心比黄金更重要

一个女儿对父亲抱怨她的生活，抱怨事事总是那么的艰难，她不知道该如何去应付生活，想要自暴自弃。她已经厌倦了抗争和奋斗，好像一个问题刚刚解决，新的问题就又出现了。

她的父亲是位厨师，这位厨师把女儿带进了厨房，父亲先往三口锅里各倒入一些水，然后把它们放在旺火上烧。不久锅里的水开了，他往第一口锅里放了些胡萝卜，往第二口锅里放了鸡蛋，往第三口锅里放入碾成粉末的咖啡豆。他将它们浸入开水中煮，一句话也没说。

女儿咂咂嘴，不耐烦地等待着，纳闷父亲到底在做什么。大约20分钟后，父亲把火关上，把胡萝卜捞出来放入一个碗内，把鸡蛋捞出来放入另一个碗内，然后又把咖啡倒到一个杯子里。做完这些之后，他才转过身问女儿："亲爱的，你看见什么了？""胡萝卜、鸡蛋、咖啡。"她回答。

他让女儿靠近些，并用手去摸摸胡萝卜。她摸了摸，注意到它们变软了。父亲又让女儿拿起一只鸡蛋并打破它，将壳剥掉后，她看到的是只煮熟的鸡蛋。最后，父亲让她喝了口咖啡，品尝到香浓的咖啡，女儿笑了。她问道："爸爸，这意味着什么？"

父亲解释说，这三样东西面临同样的逆境——煮沸的开水，但其反应各不相同：胡萝卜入锅之前是强壮的、结实的，毫不示弱，但进入开水之后，它变软了，变弱了。鸡蛋原来是易碎的，它薄薄的外壳保护着它脆弱的内脏，但是经开水一煮，它的内脏变硬了。咖啡豆则很独特，在进入沸水以后，它们反倒改变了水。

父亲问女儿："哪个是你呢？当逆境找上门来时，你该如何反应？你是胡萝卜，鸡蛋，还是咖啡？"

遇到金融危机就畏缩吗？像失去了力量的胡萝卜那样变得软弱？还是像被重塑成其他模样的鸡蛋那样？或者像咖啡豆？咖啡豆改变了给它带来痛苦的开水，并在达到100度的高温时散发出最佳的香味。水温很高时，它的味道反而更好了。

当金融危机来袭，想要走出金融危机的阴影，困难重重，压力巨大。关键在于我们的选择，更在于我们克服困难的信心。

2008年9月24日下午，在纽约华尔道夫饭店，时任中国国务院总理温家宝面对美国经济金融界知名人士，用斩钉截铁的声音说："在经济困难面前，信心比黄金和货币更重要。"在纽约出席联合国会议的温家宝总理在短短48小时的行程中，特意安排了一场与美国经济金融界知名人士的座谈会。与会者都是美国经济、金融和学术界的顶尖人物：纽约联邦储备银行行长盖特纳，花旗集团董事长、美国前财政部部长鲁宾，美中贸易全国委员会主席、陶氏化学公司董事长利伟诚，诺贝尔经济学奖得主、哥伦比亚大学教授斯蒂格利茨，美国外交关系委员会主席哈斯。

温总理说，美国次贷危机引发国际金融市场剧烈动荡，全球经济前景不容乐观。同时也应看到，现在的情况与20世纪30年代不尽相同。美国实体经济，包括高科技经济基础还是好的。过去几十年，世界经济历经风风雨雨，最终都渡过了危机，实现了新的发展。今天，国际社会抵御金融风险的能力不断增强，经验更加丰富。面对危机，关键是要鼓起勇气和信心，这比黄金和货币更重要。温总理说，我们注意到美国政府和金融界已为稳定国内金融市场采取了一系列重要措施，希望这会对缓解当前困难起到积极作用。

美方与会者纷纷表达了对中国的期待。盖特纳说，在当前世界经济下滑的形势下，人们更重视中国发出的信息，中国是全球经济金融稳定的信心的来源。利伟诚说，在美国经济趋弱的情况下，中国经济保持稳定和强劲有力，是世界的福音。斯蒂格利茨说，全球金融监管体系过去忽略了发展中国家的声音，今后应更多地倾听中国的声音。斯蒂格利茨还向温总理建议：采取积极的财政货币政策，扩大内需，保持经济稳定增长；从美国金融危机中吸取教训，加强金融监管，重视金融衍生品安全和金融创新问题；此外，还应完善社会保障体系。

正是在信心比黄金更重要的态度下，温总理呼吁全世界提振信心、携手合作、共克危机，并提出实现GDP增长8%左右的目标。中央迅速出台了扩大内需促进经济增长的十项措施。

经济刺激组合拳：财政货币政策

时任美国总统奥巴马于2009年2月17日在美国西部城市丹佛签署了总额为7870亿美元的经济刺激计划，标志着“奥巴马新政”正式付诸实施。奥巴马说，经济刺激计划将是重振美国经济的一个起点，将“为美国经济实现持久发展和繁荣奠定基础”。

经济刺激计划几乎涵盖美国所有经济领域，资金总额中约35%将用于减税，约65%将用于投资。在减税项目中，每个劳动者最高可获得400美元退税，每个家庭最高可获得800美元的退税；在投资项目上，基础设施建设和新能源将是两大投资重点。该计划将为美国保住和创造约350万个工作岗位。

为确保这些资金得到透明使用，白宫当天专门开通一个相关网站，公布经济刺激计划所有资金使用详情。官员表示民众可以通过该网站查询到每笔资金的具体流向。

7870亿美元经济刺激计划是第二次世界大战以来美国政府最庞大的开支计划，舆论普遍认为，在上台不到1个月时间内，这一计划即获得通过，是奥巴马的一个重大胜利。

每当社会经济面临衰退的时候，政府总会站出来抛出一揽子经济刺激计划，这是因为在一个市场经济中，消费和投资是由无数个体的家庭和企业决定的，它们在衰退时期不可能无缘无故地增加开销。而在这个时候，政府就应该当一个大买家，出资去投资。市场受到这个巨大的“新主顾”的刺激，就会终止不景气，转入兴旺。

中央银行处理通货膨胀问题，就是通过所谓的货币政策。中央银行是如何操作的？它把你手上多余的钱收回来叫你不要花了。民众手里余钱的多少体现了潜在需求的大小，大家都用这个钱去买自己想要买的东西。比如，大家都去买猪肉，猪肉价格就会上升；大家都去买矿泉水，矿泉水的价格就会上升。那怎么办？最好的办法就是这个钱不要花掉。你不花钱，物价就不会上升。但是要让民众不花钱，就需要政府使用货币政策进行调控。

货币政策是一个很宽泛的概念，它包括了以下几项：

（1）存款准备金政策。存款准备金是指金融机构为保证客户提取存款和资金清算需要而准备的资金，金融机构按规定向中央银行缴纳的存款准备金占其存款总额的比例就是存款准备金率。存款准备金制度是在中央银行体制下建立起来的，美国最早以法律形式规定商业银行向中央银行缴存存款准备金。存款准备金制度的初始作用是保证存款的支付和清算，之后才逐渐演变成为货币政策工具，中央银行通过调整存款准备金率，影响金融机构的信贷资金供应能力，从而间接调控货币供应量。

银行借钱给别人，才有利息，才能通过息差赚钱。比如，老百姓存了100元钱，银行通过息差赚取2%的利息，这时银行不能100%放贷。银行全都放贷了，当人取钱时，银行没钱给人怎么办？这就会造成金融危机。因此，中央银行要求每家银行必须要保存一定的存款准备金，这样才能防止出现别人来取钱时没有钱的状况。银行会把储户存款的一部分拿来放贷。如果存款准备金率是20%，那么20%的存款就留在银行，供提款人取现金用。也就是说，如果银行有100元钱的存款，就只能放贷80元，那么，企业就只有80元钱来购买产品原材料。这样，社会的通货膨胀压力就小很多，因为只有80元钱来购买产品。可以说提高存款准备金的目的就是把多余的钱收回来。

（2）利率政策。这是我国货币政策的重要组成部分，也是货币政策实施的主要手段之一。中国人民银行根据货币政策实施的需要，适时运用利率工具，对利率水平和利率结构进行调整，进而影响社会资金供求状况，实现货币政策的既定目标。

近年来，中国人民银行加强了对利率工具的运用。利率调整逐年频繁，利率调控方式更为灵活，调控机制日趋完善。随着利率市场化改革的逐步推进，作为货币政策主要手段之一的利率政策，将逐步从对利率的直接调控向间接调控转化。利率作为重要的经济杠杆，在国家宏观调控体系中将发挥更加重要的作用。

提高利率对民众来说是一个很好的政策，提高利率使民众存在银行里面的钱的利息增加了。如果民众把钱存到银行里，就不会花钱，民众不花钱就不会给物价造成压力。因此，可以说提高利率的重要作用就是抑制民众的消费。如果企业想要扩大投资，就要向银行借钱。借钱之后，就会去买原材料，买生产设备，这又涉及花钱问题。钱花了之后，很可能会对物价的控制造成压力。政府如何能让企业不花钱？方法就是利用货币政策提高利率，让企业借钱的成本上升。过去的贷款利率是6%，现在变10%了，企业借钱就要多还4%。于是，很多企业就不会去借钱了。企业不借钱就不会购买生产原料，就不会去购买别的产品，因此通货膨胀压力就减轻了。所以，利率是控制通货膨胀的手段之一。

（3）政府发行公债。公债是由政府发行的，可以把老百姓的钱收回来，让老百姓不花钱。老百姓不花钱，就不会对物价的控制施加压力。

运用货币政策的具体做法是，当经济繁荣时，中央银行采取紧缩性的货币政策，即在金融市场上卖出政府债券，提高再贴现率和准备金率，减少货币供给量，提高利率，减少投资，抑制需求；当经济衰退时，中央银行采用扩张性的货币政策，即在金融市场上买进政府债券，降低贴现率和准备金率，增加货币供给量，降低利率，增加投资，刺激需求。

市场监管：法律不能成为摆设

一条狗鱼罪大恶极，要对其进行审判。法庭由两头驴、两匹老马以及两只山羊组成，并任命狐狸为检察官。没有谁能指出指控有什么不公正的地方，狗鱼实在无从抵赖，起初被判吊死在树上。这时狐狸检察官成了关键，它说，对狗鱼这种恶行累累的家伙来说，绞刑实在太轻了，应该判以闻所未闻的重刑——让它在河里活活淹死！法庭接受了建议，改判为扔到河里淹死。

在这个故事中，法律并没有起到惩戒的作用。

同样地，还有另一个“狗熊照看蜂房”的故事。

百兽推举爱吃蜂蜜的狗熊看蜂房，结果狗熊监守自盗，把蜂蜜往自己窝里搬。事情败露后，百兽罚它在窝里禁闭一个冬天。

寓言是人类生活的折射，克雷洛夫在以上寓言中讽刺的社会现象，在我们的现实生活中仍然是不可回避的事实。年年“3・15”消费者权益日曝光假冒伪劣产品，但假冒伪劣产品并未就此消失，而是像韭菜一样割了又长出来。只要违法的收益远远大于付出的成本，制假售假就会屡见不鲜。

市场经济是一种以市场为基础，配置社会资源的经济运行方式和竞争平台，市场交易的基本原则是公平、公开、公正。没有法律，市场秩序将一片混乱。

大家知道，市场经济是一种竞争经济。通过竞争达到优胜劣汰，合理配置资源，是市场经济的优越性之一。但是，市场竞争必须是公平、合法的竞争，否则，市场机制就可能失灵或扭曲。在市场竞争中，有些竞争者为了贪图利益不惜冒最大风险，采取各种不正当手段进行或限制竞争，这必然妨碍正常的市场竞争。这时就需要运用法律手段规范和制裁不正常竞争和垄断行为，维护公平、合理的市场竞争。这就像球赛中，球员必须依照一定的规则进行比赛一样。没有规则，比赛就无法进行。因此，市场经济的法律体系就相当于比赛规则，它是维护正当竞争的保障。

因此，市场经济越发达，法制会越发展，我国现在虽处在社会主义初级阶段，但是必须永远坚持这一原则，那就是“社会主义市场经济是法治经济”。

如果有法不依，尤其是对经济违法犯罪的惩罚力度疲软，法律成了稻草人一样的摆设，市场经济的秩序必然会遭到破坏，最终是全社会为此买单。由经济人组成的社会，其社会秩序并不是靠甜言蜜语式的说教劝出来的，而是依靠完善的立法和严格的执法维护的。

一位哲人曾说过："人，一半是天使，一半是魔鬼。"一个社会的经济秩序主要是靠法律规范甚至靠法律惩罚建立并巩固，假如没有严厉的法纪，天使也会变成魔鬼。在英国发展商品经济的初期，假冒伪劣产品不少，欠款不还也相当寻常。但当法律得到严格执行，制假售假者被惩罚得倾家荡产，还要成为囚徒，借钱和欠款者不但要被抄家抵债，还要进监狱，谁还敢藐视市场经济的规则？也正是这样，英国市场秩序变得井井有条，依法惩罚造就了一个文明诚信的社会。曾经有一位国际著名影星逃税多年，到了意大利，一下飞机立即被捉拿归案，谁敢不依法照章纳税？在新加坡，吐一口痰要罚款数千新元，谁敢和法律去较劲？

如果有法不依，法律便成了稻草人。如果政府管理部门只局限于对市场进行突击检查，没有人对市场进行日常的产品质量检验，恐怕伪劣产品会继续源源不断地流入市场。我国的市场经济违法行为如此泛滥，其实解决途径很简单：加大对市场经济违法行为的打击力度，使违法犯罪的成本远远大于其收益。当执法立竿见影，令行禁止，权贵犯法与普通民众同罪时，谁也不会破坏市场经济的法则。

在社会主义市场经济中，政府充当的是市场经济的"监管者"的角色，政府在为市场做好服务的同时，也应该拿起手中的"大棒"严厉打击市场中的违法行为，切实维护好市场经济的秩序，从而为社会创造完美的市场交易秩序。

财政赤字：事关纳税人的权益

克林顿曾被评为20世纪最优秀的美国总统，其中一个很重要的原因，是美国政府一向以财政赤字而闻名，而克林顿时代赤字却转为盈余。

在克林顿入主白宫的8年内，美国国内生产总值（GDP）的增长非常强劲，年均涨幅高达3.5%，高于吉米·卡特和里根两人在任时的水平，只是稍逊于肯尼迪和约翰逊在20世纪60年代美国经济腾飞时的表现。而且在他的任期内，美国就业形势一片大好，新增加的就业机会远远多于第二次世界大战后除卡特之外的所有美国总统。此外，克林顿也很会抓时机，他在美国人均收入涨幅停滞多年、刚刚出现上升势头的时候适时决定增税，结果使联邦政府的收入出现了大规模的盈余。最终，克林顿凭着自己手下一个最小规模的政府机构，实现了自约翰逊总统时期以来美国GDP最强劲的涨幅，也使美国政府自杜鲁门总统之后，首次真正地出现了财政盈余的局面。

当政府财政收入少而支出多的时候，就会出现财政赤字。就是说政府的支出大于收入，形成一个差额；相反，当政府财政收入多而支出少的时候，也会出现一个差额，即财政盈余。但是，在当今世界各国，财政盈余的很少，绝大多数国家政府的财政表现都是赤字。

如果国家财政出现入不敷出的局面，那么这种支出差额在进行会计处理时，需用红字书写，这也正是赤字的由来。赤字的出现有两种情况：一是有意安排，被称为赤字财政或赤字预算，它属于财政政策的一种；二是预算里并没有设计赤字，但执行到最后却出现了赤字，也就是财政赤字或预算赤字。

在现实中，很多经济处于上升状态的国家都需要大量财力解决大批问题，经常会出现入不敷出的局面，因此财政赤字看来似乎不可避免。不过，这也反映出财政赤字的一定作用，即在一定限度内，它可以刺激经济增长。在居民消费不足的情况下，政府通常的做法就是加大政府投资，以拉动经济的增长，但是长期的财政赤字会给国民经济造成很大负担，不是长久之计。

国际上衡量财政赤字有两条警戒线标准。第一条警戒线是财政赤字占GDP的比重不能超过3%，一旦超过，就会出现财政风险。例如，我国GDP总量在2021年时是114万亿元人民币，30万亿元的3%是多少？就是3.42万亿元。如果我国的赤字大于3.42万亿元，它就超出了警戒线。第二条警戒线是政府的财政赤字不能超出财政总支出的15%。政府的钱不够花，可以去借债；如果再不够花，还可以去借债。但不能借债太多，一国政府的财政赤字不能超出这个百分比，如果赤字超出财政总支出的15%，就说明赤字过大。

世界上多数国家都是采用发行国债的方法来解决财政赤字问题的。一国政府出现赤字，可以通过发行国债来拉动经济，发行债券对经济增长有拉动作用。

政府可以这么做的前提是，政府用国债投资的项目赚回的钱将来能够把这些债还上。政府要还上这些债务，说到底最后还是要由纳税人来负担，这一代人的税收不够还，下一代人还要接着还。所以政府发的国债，实际上是把将来的钱拿到今天来花。

产权保护：威廉一世与磨坊

1866年，威廉一世刚刚打赢对奥地利的“七周战争”，把500万人口64万平方千米土地划入了普鲁士的版图。他在大批臣属的前呼后拥之下临幸他在波茨坦的一座行宫。然而，行宫前的一座破旧磨坊却让他大为扫兴，他想拆除，但磨坊却并不属于王室；他想赎买，奈何磨坊主死活不卖。暴怒的国王强令拆除，但被磨坊主诉至法庭。本来平民告国王已经是破天荒头一遭，审理案件的三位法官还毅然一致裁定：被告人因擅用王权，侵犯原告人由宪法规定的财产权利，触犯了《帝国宪法》第79条第6款；责成被告人威廉一世，在原址立即重建一座同样大小的磨坊，并赔偿原告人150马克。

那时，欧洲已经有了完全独立的法院。法律规定，包括皇帝在内的任何人都可以成为被告。更令人瞠目结舌的是，这一次威廉一世不但真的坐在了被告席上，而且还输掉了官司。法庭最后判皇帝败诉，必须在原地按照原样重建磨坊，另外还得赔偿磨坊主人的经济损失。对于法院的判决，威廉一世只得表示顺从和执行，重建了磨坊。

一晃几十年过去了，当年的威廉一世和磨坊主都相继离开人世。由于经营不得法，磨坊主的后代面临破产的厄运。在无可奈何之际，他给威廉二世写了一封信，表示愿意把磨坊转卖给皇帝。

读到这封信，威廉二世感慨万分。他觉得这座磨坊与众不同，是历史的见证。它代表了司法独立和公正的形象，必须作为一座丰碑为子孙永远保留下来。威廉二世亲自写信，对小磨坊主好言相劝，希望他能够像当年他父亲爱护自己的生命那样爱护自己的磨坊，代代相传。为了帮助小磨坊主还清所欠的债务，他还赠送了几千马克给小磨坊主。

小磨坊主收到信和钱后，非常感动。他表示要铭记往事，再也不把这座磨坊卖掉。

欧洲启蒙运动以来，经济学家们一直认为有益的产权制度必须保护产权，确保人们得到回报，方便人们签订合约以及解决纠纷。只有在能够感受到这种安全感的时候，人们才会受到鼓励进行投资，扩大再生产，从而促进经济发展，促进社会财富的积累，推动社会进步。如果一个社会、国家不能提供一个相对安全的生活环境，贫穷的人可以随意掠夺有钱人的资产，偷盗成风、打家劫舍成为家常便饭，那么这样的社会、这样的国家就必然遭遇经济发展的迟滞，甚至倒退，因为人们失去了积累财富的动力。

我国的产权制度一直都不够完善，不完善的产权制度导致了一系列关于产权的纷争，形成了不良的社会风气。人们鼓励劳动，鼓励创造财富，但是财富以及财富的所有者的人权、财产权却得不到应有的保护。这样，社会的发展必然会受到影响。所以要保证社会的发展，就要鼓励人们勤劳致富，就要建立完善的制度，这些都与产权的保护相关。

产权安排确定了每个人相应于物时的行为规范，每个人都必须遵守与其他人之间的相互关系。但是，我们必须清楚地看到，产权的保护又涉及两个方面：一是保护投资、财产免受他人的侵犯；二是我们必须承认，能够保护私有产权的强大政府本身也可能成为产权的破坏者。

比如西班牙王室，在腓力二世时期，他们为了维持庞大的军队开支，没收大量私人资本，同时还向民间举债，发行了大量债券。政府的利息负担越来越重，后来竟然单方面宣布延长还债期限、降低利息。再后来仍然偿还不起，干脆自说自话宣布破产，最后赖账了事。所以当时人们能够选择的最好的出路就是当学生、僧侣、乞丐或者官吏。在这样的产权制度下，还有谁会参与投资进行生产活动呢？

再来看美国。在独立战争期间，国家向个人借了大量的国债，独立战争结束后，百废待兴，面对巨额国债国家根本无法偿还，于是很多人主张将这笔债务免除。但是，当时由于很多高层的掌权者本身就是国家债务的债权人，这些债权人联合了很多拥有国家债权的议员，最终在费城召开会议，通过了一项法案，确立了美国私有财产不受侵犯的法律依据。正是在其对产权保护制度的鼓励和示范作用下，美国这个新兴的资本主义国家获得了迅猛发展的动力。

铁刺（有刺铁丝网）甫一出现就大受好评，为什么这么一个简单的东西会得到人们那么高的评价呢？正是这个非常简单的发明，使小偷的盗窃成本大大提高，有效地保护了社会财富的安全，促进了社会的进步和发展。现在，不只是商业区，在很多住宅小区里都安装了防盗网、防盗门，甚至防盗摄像头，并设置保安，这都是为了防止偷盗行为。但是，我们必须清楚地知道，保护财产的成本越高，财富的价值就降得越低。当我们为了保护一个几万元的钻石项链要花费十几万元的时候，这样的保护就多少带了些买椟还珠的意味，换句话说，任何有价物品并不值得付出超过它自身价值的财力物力进行保护。

面对目前产权制度缺失的实际情况，我们更应该在实际的经济生活中，注意保护自己的财产权利，在经济活动中要保护好财产获得的法律凭据。例如，购买房屋的发票是你合法取得房屋的唯一凭据，据此你才可以在房产管理部门办理房屋产权登记证，有了这个证件，你的房产才能够被合法地使用、抵押、出租、转赠、出售……又如，在日常的买卖活动中，人们还没有养成购买商品索要发票的习惯，没有发票就没有获得商品的合法证据，这样想要退货、换货、维修时，没有合法的证明，就容易产生产权不清晰的问题。

可见，建立一套完整、有效、操作性强的产权保护制度，降低社会的交易成本，对我们现阶段的市场经济社会来说，已经是一个刻不容缓的课题。市场经济社会是一个现实的社会，每个人虽然都是理性的经济人，但是人的理性也是有限的，每个人又都具有一定的机会主义倾向。所以在有些场合，当权力、法律、感情都不能有效解决一些特殊的、混乱的、模糊的产权问题的时候，人的机会主义倾向就会作怪了，“黑吃黑”的恶果就在所难免了。当用正常的手段进行产权交易成本太高的时候，人们可能转而寻找不正常的手段，以降低交易的成本。在目前的经济转轨时期，在普通老百姓中间，关于产权纠纷的案件其实每天都在发生，这些案件极大一部分都是因经济纠纷引起的，而所谓纠纷其实就是产权不清晰。一系列关于产权纠纷的恶性案件引起了国家高层领导人的关注，就是在这种情况下，国家随之在《国有土地上房屋征收与补偿条例》中对强制动迁进行了严格的限制，有效地保护了个人的财产权利。《中华人民共和国宪法》中也开创性地增加了保护私有财产的条款。不要小看这么一句话，它的现实作用和历史意义将是巨大和深远的，也许它会引起产权制度的一场深刻革命。

财政政策：调节总需求的杠杆

新型冠状病毒感染疫情暴发以来，世界经济面临衰退的危险，中国经济也处于一个历史性重要关口。为了防止经济持续恶化，同时也为经济发展创造有利的外部环境，政府各部门高强度、高密度地出台了一系列宏观调控政策。在宏观经济面临很大风险的情况下，国家决定实行积极的财政政策和适度宽松的货币政策。

中国财政政策由“稳健”转为“积极”，重点是以扩大消费需求为核心，以加快改革为重点，综合运用各种财政手段，配合金融政策和其他手段，改善经济结构和拉动经济增长。政府通过一系列的财政政策的调整，引领中国经济穿越急流险滩，获得了稳健的增长。

财政政策是指国家根据一定时期政治、经济、社会发展的任务而规定的财政工作的指导原则，通过财政支出与税收政策来调节总需求。增加政府支出，可以刺激总需求，从而增加国民收入；反之则压抑总需求，减少国民收入。税收对国民收入是一种收缩性力量，因此，增加政府税收，可以抑制总需求从而减少国民收入；反之，则刺激总需求，增加国民收入。

财政政策通常分为扩张性财政政策、紧缩性财政政策、中性财政政策。

（1）扩张性财政政策（又称积极的财政政策）是指通过财政分配活动来增加和刺激社会的总需求，这可以通过增加国债，使支出大于收入，出现财政赤字来实现。

（2）紧缩性财政政策是指通过财政分配活动来减少和抑制总需求。

（3）中性财政政策是指财政的分配活动对社会总需求的影响保持中性。

财政政策的手段主要包括税收、预算、国债、购买性支出和财政转移支付等。

现代国家的财政政策，都是随着不同时期政治和经济发展的不同需要而不断调整的。但这种调整在一定时期内又保持相对稳定，主要的调节方式如下。

（1）动态调节。即根据社会经济的发展变化规定相应的财政政策。

（2）总体调节。即制定从全局上组织各种经济活动之间、经济与社会事业之间平衡协调发展的财政政策。

（3）主动调节。即基于对经济发展状况的认识而制定的有针对性的政策。

调节经济的财政政策，有膨胀性财政政策、紧缩性财政政策、平衡性财政政策、总量调节政策和结构调节政策等。

财政政策手段的选择是由财政政策的性质及其目标所决定的。财政政策的阶级性质和具体目标不同，所采取的手段也不同。

财政政策是国家整个经济政策的组成部分，是政府进行宏观调控的主要政策之一，同其他经济政策有着密切的联系。财政政策的制定和执行，要有金融政策、产业政策、收入分配政策、货币政策等其他经济政策的协调配合。

拉弗曲线：画在餐桌上的抛物线

在经济学界，美国供给学派经济学家拉弗知名度颇高。拉弗以其“拉弗曲线”而著称于世，并当上了里根总统的经济顾问，为里根政府推行减税政策出谋划策。

拉弗曲线的基本含义是，税收并不总是随着税率的增高而增高，当税率高过一定点后，税收的总额不仅不会增加，反而还会下降。

拉弗曲线描绘了政府的税收收入与税率之间的关系，当税率在一定的限度以下时，提高税率能增加政府税收收入，但超过这一限度时，再提高税率反而会导致政府税收收入减少。因为较高的税率将抑制经济的增长，使税基减小，税收收入下降；反之，减税可以刺激经济增长，扩大税基，使税收收入增加。

拉弗曲线的一般形状如图10–1所示。它可以理解为：在原点O处税率为零时，将没有税收收入；随着税率增加，税收收入达到最高额ON；当税率为100%时，没有人愚蠢到还要去工作，所以也没有税收收入，因此曲线是两头向下的倒U形。拉弗曲线说明，当税率超过图中E点时，挫伤积极性的影响将大于收入影响。所以尽管税率被提高了，但税收收入却开始下降。图中的阴影部分被称为税率禁区，当税率进入禁区后，税率与税收收入呈反比关系，要恢复经济增长势头，扩大税基，就必须降低税率。只有通过降低税率才可以鱼与熊掌兼而得之——收入和国民产量都将增加。

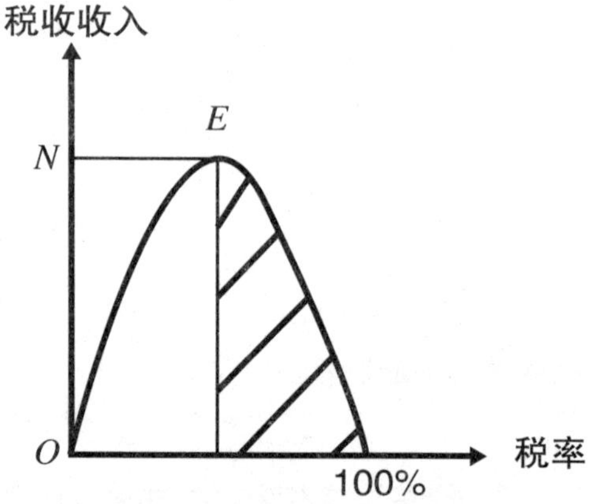

图10–1　拉弗曲线图

当年拉弗教授在一次宴会上，为了说服当时福特总统的助理切尼，使其明白只有通过减税才能让美国摆脱“滞胀”的困境，即兴在餐桌上画了一条抛物线，以此描绘高税率的弊端。后来，拉弗曲线理论得到了美国前总统罗纳德·里根的支持。在1980年的总统竞选中，里根将拉弗所提出的拉弗曲线理论作为“里根经济复兴计划”的重要理论之一，并以此提出一套以减少税收、减少政府开支为主要内容的经济纲领。里根执政后，其减税的幅度，在美国的历史上实为罕见，经济出现当时少有的景气，可以说拉弗曲线理论立下了汗马功劳。

大数据：信息产业高速增长的新引擎

大数据指无法在一定时间范围内用常规软件工具进行捕捉、管理和处理的数据集合，是需要新处理模式才能具有更强的决策力、洞察发现力和流程优化能力的海量、高增长率和多样化的信息资产。

大数据由巨型数据集组成，这些数据集大小常超出人类在可接受时间下收集、使用、管理和处理的能力。

大数据必须借由计算机对数据进行统计、比对、解析方能得出客观结果。美国在2012年就开始着手大数据，奥巴马更在同年将2亿美元投入大数据的开发，更强调大数据会是未来的石油。数据挖掘则是在探讨用以解析大数据的方法。

具体来说，大数据具有4个基本特征：

（1）数据体量巨大。

（2）数据类型多样。现在的数据不仅是文本形式，更多的是图片、视频、音频、地理位置信息等多类型数据，个性化数据占多数。

（3）处理速度快。数据处理遵循“1秒定律”，可从各种类型的数据中快速获得高价值的信息。

（4）价值密度低。以视频为例，1小时的视频，在不间断的监控过程中，可能有用的数据仅有一两秒。

大数据的作用如下：

（1）对大数据的处理分析正成为新一代信息技术融合应用的结点。移动互联网、物联网、社交网络、数字家庭、电子商务等是新一代信息技术的应用形态，这些应用不断产生大数据。云计算为这些海量、多样化的大数据提供存储和运算平台。通过对不同来源数据的管理、处理、分析与优化，将结果反馈到上述应用中，将创造出巨大的经济和社会价值。

大数据具有催生社会变革的能量。但释放这种能量，需要严谨的数据治理、富有洞见的数据分析和激发管理创新的环境。这是卡内基梅隆大学海因兹学院院长克里希南提出的。

（2）大数据是信息产业持续高速增长的新引擎。面向大数据市场的新技术、新产品、新服务、新业态会不断涌现。在硬件与集成设备领域，大数据将对芯片、存储产业产生重要影响，还将催生一体化数据存储处理服务器、内存计算等市场。在软件与服务领域，大数据将引发数据快速处理分析、数据挖掘技术和软件产品的发展。

（3）大数据利用将成为提高核心竞争力的关键因素。各行各业的决策正在从“业务驱动”转变为“数据驱动”。

对大数据的分析可以使零售商实时掌握市场动态并迅速做出应对；可以为商家制定更加精准有效的营销策略，提供决策支持；可以帮助企业为消费者提供更加及时和个性化的服务；在医疗领域，可提高诊断准确性和药物有效性；在公共事业领域，大数据也开始发挥促进经济发展、维护社会稳定等方面的重要作用。

（4）大数据时代科学研究的方法手段将发生重大改变。例如，抽样调查是社会科学的基本研究方法。在大数据时代，可通过实时监测、跟踪研究对象在互联网上产生的海量行为数据，对其进行挖掘分析，揭示出规律性的东西，提出研究结论和对策。

现如今，“大数据”一词越来越多地被提及，人们用它来描述和定义信息爆炸时代产生的海量数据，并命名与之相关的技术发展与创新。大数据正在以不可阻拦的磅礴气势，与当代同样具有革命意义的最新科技如纳米技术、生物工程等一起，揭开人类新世纪的序幕。哈佛大学社会学教授加里·金说：“这是一场革命，庞大的数据资源使得各个领域开始了量化进程，无论学术界、商界还是政府，所有领域都将开始这种进程。”

大数据宣告了21世纪是人类自主发展的时代，是不以所谓“上帝”的意志为转移的时代，是“上帝”失业的时代。

网络经济：谁火了阿里巴巴

阿里巴巴是全球最大的网上交易市场和商务交流社区。阿里巴巴创建于

1998年年底，总部设在杭州，并在海外设立美国硅谷、伦敦等分支机构。

2003年“非典”期间，网络商务价值凸显，阿里巴巴网站各项指标持续高速发展。通过对阿里巴巴140万中国会员的抽样调查，发现在“非典”时期3个月内达成交易的企业占总数的42%，业绩逆势上升的企业达52%，这更进一步巩固了阿里巴巴全球第一商务平台的地位。

阿里巴巴两次被哈佛大学商学院选为MBA案例，在美国学术界掀起研究热潮，四次被美国权威财经杂志《福布斯》选为全球最佳B2B站点之一，多次被国内外媒体、硅谷和国外风险投资家誉为与Yahoo、Amazon、eBay、AOL比肩的五大互联网商务流派代表之一。

阿里巴巴的创始人、首席执行官马云是50年来第一位成为《福布斯》封面人物的中国企业家，并多次应邀为全球著名高等学府麻省理工学院、沃顿商学院、哈佛大学讲学。日本《日经》杂志高度评价阿里巴巴在中日贸易领域里的贡献：“阿里巴巴已达到收支平衡，成为整个互联网世界的骄傲。”

网络经济是指建立在计算机网络基础上的生产、分配、交换和消费的经济关系。它以信息为基础，以计算机网络为依托，以生产、分配、交换和消费网络产品为主要内容，以高科技为支持，以知识和技术创新为灵魂。网络经济可以概括为一种建立在计算机网络基础之上，以现代信息技术为核心的新的经济形态。

网络经济是一种高度信用化的经济形态，在网络经济中参与交易的各方是互相不见面的，交易的商品和服务最多也是以“图像”的方式虚拟存在，所以网络经济对经济中的信用度要求很高，网络经济的实质就是强化的信用经济。

此外，网络经济很少受时间因素的制约，网络经济是建立在综合性全球信息网络的基础之上的，突破了时间和空间以及国界的限制，使经济活动成为全球化的活动。网络经济在互联网上的经济活动实际上只是一套符号体系，它必须与实际经济相对应。

网络经济不仅是指以计算机为核心的信息技术产业的兴起和快速增长，

也包括以现代计算机技术为基础的整个高新技术产业的崛起和迅猛发展，更包括由于高新技术的推广和运用所引起的传统产业、传统经济部门的深刻的革命性变化和飞跃性发展。

因此，绝不能把网络经济理解为一种独立于传统经济之外、与传统经济完全对立的纯粹的“虚拟”经济。它实际上是一种在传统经济基础上产生的、经过以计算机为核心的现代信息技术提升的高级经济发展形态。与传统经济相比，网络经济具有以下显著的特征：快捷性、高渗透性、自我膨胀性、边际效益递增性、外部经济性、可持续性和直接性。

共享经济：人人分享，人人获益

共享经济，一般是指以获得一定报酬为主要目的，基于陌生人且存在物品使用权暂时转移的一种新的经济模式。也有的人说共享经济是人们公平享有社会资源，各自以不同的方式付出和受益，共同获得经济红利的经济模式。此种共享更多地是通过互联网作为媒介来实现的。

“共享经济”这个术语最早由美国得克萨斯州立大学社会学教授马科斯·费尔逊和伊利诺伊大学社会学教授琼·斯潘思于1978年提出。事实上，共享概念早已有之。传统社会中，朋友之间借书或共享一条信息，邻里之间互借东西，都是一种共享的形式。但这种共享受制于空间、关系两大要素。一方面，信息或实物的共享受制于空间的限制，只能限于个人所能触及的空间之内；另一方面，共享需要有双方的信任关系才能达成。

2000年之后，随着互联网的蓬勃发展，各种网络虚拟社区、论坛开始出现，用户在网络空间上开始向陌生人表达观点、分享信息。但网络社区以匿名为主，社区上的分享形式主要局限在信息分享或者用户提供内容，而并不涉及任何实物的交割，大多数时候也并不带来任何金钱的报酬。

2010年前后，随着优步（Uber）、爱彼迎（Airbnb）等一系列实物共享平台的出现，共享开始从纯粹的无偿分享、信息分享，走向以获得一定报酬为主要目的，基于陌生人且存在物品使用权暂时转移的"共享经济"。

共享经济的形成需要具备三大主体：商品或服务的需求方、供给方和共享经济平台。共享经济的本质是通过整合线下的闲散物品或服务者，让他们以较低的价格提供产品或服务。对于供给方来说，通过在特定时间内让渡物品的使用权或提供服务，可获得一定的金钱回报；对需求方而言，不直接拥有物品的所有权，而是通过租借等共享的方式便可使用物品。

由于供给方提供的商品或服务是闲散或空余的，而非专门为需求方提供的，供给方从商业组织演变为线下的个体劳动者，因此，需要有一个平台对数量庞大的需求方和供给方进行撮合。这就产生了共享经济的平台公司。

共享经济平台作为移动互联网的产物，通过LBS技术[①]的应用、动态算法与定价、双方互评体系等一系列机制的建立，使得供给与需求方通过共享经济平台进行交易。与传统的酒店业、汽车租赁业不同，共享经济平台公司并不直接拥有固定资产，而是通过撮合交易，将需求方和供给方进行最优匹配，达到双方收益的最大化。

近年来，共享经济方兴未艾。据统计，2019年，共享经济的市场规模在84680亿元，相比2018年的73580亿元，同比增长13.1%。而在2017年，共享经济的市场规模是57220亿元。2019年共享经济的市场规模相比2017年，同比增长32.4%。2020中国共享经济市场规模达到84384亿元。

人口红利：经济增长的一个有利条件

有一个网友在微博上描述了这样两个情景。

情景一：饭桌上坐着两个老人、一个年轻的女人，还有一个看上去三四

① LBS 技术：Location Based Services，是利用各类型的定位技术来获取定位设备当前的所在位置，通过移动互联网向定位设备提供信息资源和基础服务。

岁的小孩，三个人伺候一个孩子吃饭。很明显，两个老人一个是孩子的外婆，一个是孩子的奶奶，而年轻女人是孩子的母亲。

情景二：早上奶奶送孙女上学。孙女走在前面，奶奶在后面拖着一个带轮子的包。这种包一般是经常出差的上班族使用的。这样的包对常常在多地之间往来的人员会很有帮助，容量足够大，而且可以在地上拖着走，不费力。可是这个小女孩不过三四年级，就需要这么一个包。

情景一意在说明孩子们享受的人口红利太多；情景二说明孩子们又被要求为未来的人口红利做准备，一个孩子要赡养多个老人，负担又太重。

经济学中所说的人口红利，是指一个国家的劳动年龄人口占总人口比重较大，抚养率比较低，为经济发展创造了有利的人口条件，整个国家的经济呈高储蓄、高投资和高增长的局面。

人口生育率的迅速下降在造成人口老龄化加速的同时，少儿抚养比亦迅速下降，劳动年龄人口比例上升，在老年人口比例达到较高水平之前，将形成一个劳动力资源相对丰富、抚养负担轻、对经济发展十分有利的黄金时期，人口经济学家称之为人口红利。

在2021年5月11日的发布会上，时任国家统计局局长宁吉喆表示，10年来，我国人口总量持续增长，仍然是世界第一人口大国。中国劳动力资源依然丰富，人口红利继续存在，同时劳动年龄人口逐年缓慢减少，经济结构和科技发展需要调整适应。

中国已于1999年进入老龄化社会。据预测，2030年以后，中国将进入老龄化高峰时期，到2050年，老年人口总量将超过4亿，老龄化水平将推进到30%以上。届时，中国经济的人口红利将丧失殆尽，社会保障支出负担将大幅加重。政府对于三胎生育的鼓励与扶持，就是对未来的一种应对。

严格说来，任何完成了人口转变的国家，都会出现这样一种人口红利。许多新兴工业化国家，尤其是东亚国家因为人口转变的历程较短，往往只用几十年的时间就走完了发达国家上百年才完成的人口转变历程。人口年龄结构变化和经济高速增长之间因而表现出了非常强的关联性，人口转变为经济增长带来的“红利”效应开始被越来越多的人所注意。

事实上，人口红利更像一个机会，只有抓住这一机会并加以很好的利用才能使“机会”转变为“红利”。从这个意义上说，人口红利只是经济增长所面临的一个有利条件：在一定时期内劳动力资源非常丰富。而这一有利条件或者说优势能否转变为实实在在的经济成果，显然依赖于劳动力资源能否得到充分利用。如果在人口红利期，劳动力资源无法得到充分利用，当人口的“机会窗口”关闭后，人口红利也会随之消失。

银发经济：一个庞大的“银发市场”

人类即将步入老人时代，“银发经济”也在悄然降临。

“银发经济”是指围绕老年人群体展开的一系列消费行为与经济现象。

现代人的寿命越来越长。即便退休年龄被延迟到65岁，城市里的老人们也能有十余年的退休生活。

许多人会把老龄化和通货紧缩联系在一起，认为老年人不喜欢消费。其实这是一种误解。老年人比年轻人更注重健康，也更需要陪伴和关爱。就网上消费而言，老人其实比年轻人更依赖网购。老年人们腿脚不便，难以像年轻人那样去各大超市逛街购物，更难以从高高的货架上拿到想要的商品。去实体商店购物体验太差，于是他们中的多数人选择了网购。

毕马威网购调研结果显示，网购中花钱最多的不是年轻人，而是战后“婴儿潮”（第二次世界大战之后的1946—1964年）一代诞生的老人。

毕马威2016年调查的数据显示，从全球来看，65岁以上的老年人在网购上花的钱要比65岁以下的人多20%。其中美国老人最能花钱，网购消费比年轻人多37%。中国老人最保守，网购消费几乎与年轻人持平。

有些人认为老人不注重提高生活质量，这就大错特错了。由于老人的身体更加虚弱，他们非常乐意掏钱购买那些让生活更轻松的产品。如果他们不喜欢，那说明他们觉得不好用，或者太过花里胡哨。

据美国财经有线电视卫星新闻台（CNBC）的报道，老人们不仅对电动自行车有较高的购买欲望，而且对现在热炒的无人驾驶汽车同样感兴趣，因为它将为视力不佳、行动不便的老人们开启一个全新时代。

随着物质生活水平的提高，如今大多数人能活到70岁以上，这部分老年消费者在社会中的比例逐渐增加，他们比过去更加富裕，健康状况也更好，参与工作的时间也将更长，因而他们会花钱，也愿意花钱，这些都直接创造了“银发经济”。

数据也证实了这一点。瑞士信贷银行的调查指出，几乎在所有发达国家，60岁以上消费者的人均消费额都超过了25~64岁年龄层的平均水平，未来20年，老年人的可支配收入将大大增加。美国政府的一项调查显示，“婴儿潮”一代出生的老人，每年的消费额比其他年龄层多4000亿美元。

英国《金融时报》调研结果显示，英国通过创业实现再就业的老人（65岁以上）数量持续增长。在这种由老人创立的公司中，年龄歧视不再是问题，对于老人的刻板印象也不复存在。

中国的“银发经济”潜力同样巨大。根据全国老龄工作委员会发布的《中国老龄产业发展报告》，2014—2050年，我国老年人口的消费潜力将从4万亿增长到106万亿元左右，占GDP的比例将增长至33%，成为全球老龄产业市场潜力最大的国家。

就目前来看，中国老年人的消费潜能并未充分释放，因此业内不少人将“银发经济”视为未来推动我国经济增长的重要引擎之一。

2015年，全球60岁以上的老年人口还只有9亿。但到了2050年，这个数字将暴增至21亿，摆在投资者面前的将是一个21亿人的老年人商品市场。对于老年人这个特殊群体，衣、食、住、行、保健、娱乐、休闲各个领域，全都蕴含着巨大的消费潜力，“银发经济”将是一片广阔的商业蓝海。

中等收入陷阱：国民收入的“天花板”

“中等收入陷阱”是指的是当一个国家的人均收入达到世界中等水平后，由于不能顺利实现经济发展方式的转变，新的增长动力不足，最终出现经济停滞徘徊的一种状态。

陷入“中等收入陷阱”的国家的主要表现有：经济增长回落或停滞，贫富分化，腐败多发，过度城市化，社会公共服务短缺，就业困难，社会动荡，信仰缺失，金融体系脆弱等。

一个经济体从中等收入向高收入迈进的过程中，既不能重复又难以摆脱以往由低收入进入中等收入的发展模式，很容易出现经济增长的停滞和徘徊，人均国民收入难以突破1万美元。进入这个时期，经济快速发展积累的矛盾集中爆发，原有的增长机制和发展模式无法有效应对由此形成的系统性风险，经济增长容易出现大幅波动或陷入停滞。大部分国家则长期在中等收入阶段徘徊，迟迟不能进入高收入国家行列。

从拉美地区和东南亚一些国家的情况看，陷入“中等收入陷阱”的原因主要有以下几个方面：

1.错失发展模式转换时机

以阿根廷等拉美国家为例，在工业化初期实施进口替代战略后，未能及时转换发展模式，而是继续推进耐用消费品和资本品的进口替代，即使在20世纪70年代初石油危机后，还是维持“举债增长”，使进口替代战略延续了半个世纪。而马来西亚等东南亚国家则因国内市场狭小，长期实施出口导向战略使自身过于依赖国际市场需求，极易受到外部冲击。

2.难以克服技术创新瓶颈

马来西亚等东南亚国家在亚洲金融危机后再也没能恢复到危机前的高增长，这就与经济增长缺乏技术创新动力有直接关系。

3.对发展公平性重视不够

拉美国家在进入中等收入阶段后，由于收入差距迅速扩大导致中低收入居民消费严重不足，消费需求对经济增长的拉动作用减弱。一些国家还由于贫富悬殊，社会严重分化，出现激烈的社会动荡，甚至政权更迭，对经济发展造成严重影响。

4.宏观经济政策出现偏差

从拉美国家看，受西方新自由主义影响，政府作用被极度削弱，宏观经济管理缺乏有效制度框架，政策缺乏稳定性，政府债台高筑，通货膨胀和国际收支不平衡等顽疾难以消除，经济危机频发造成经济大幅波动，如20世纪80年代的拉美债务危机、1994年墨西哥金融危机、1999年巴西货币危机、2002年阿根廷金融危机，都对本国经济持续增长造成严重冲击。

5.体制变革严重滞后

在拉美国家，体制变革受到利益集团羁绊，严重滞后于经济发展，精英集团的“现代传统主义”片面追求经济增长和财富积累，反对在社会结构、价值观念和权力分配等领域进行变革，或者把这种变革减少到最低限度。经济财富过度集中，利益集团势力强大，造成寻租、投机和腐败现象蔓延，市场配置资源的功能受到严重扭曲。

拉美地区和东南亚一些国家是陷入“中等收入陷阱”的典型代表。一些国家收入水平长期停滞不前，一直没能跨过15000美元的发达国家的门槛。国际上公认的成功跨越“中等收入陷阱”的国家和地区有日本和“亚洲四小龙”，但就比较大规模的经济体而言，仅有日本和韩国实现了由低收入国家向高收入国家的转变。

对比成功和失败的两类国家，经济学家们发现：对于一个国家来说，能否在中等收入阶段，通过技术创新等渠道，成功转换增长动力机制，调整发展结构，是跨越“中等收入陷阱”的关键。

三驾马车：拉动GDP增长的火车头

“三驾马车”原意是指三匹马拉一辆车。中国古代以拉车的马匹的多少来区分地位，所谓“三驾马车”，不是说三匹马拉的车，而是说三匹马一组一辕，分前、中、后三组来拉的车。现已产生许多引申义，常常被用在经济上，如国家财政“三驾马车”、国民经济“三驾马车”等。

经济学上常把投资、消费、出口比喻为拉动GDP增长的“三驾马车”（从支出角度看，GDP是最终需求——投资、消费、出口三种需求之和），这是对经济增长原理最生动形象的表述。

完整意义上的“三驾马车”是指在支出法核算中的最终消费支出、固定资本形成总额、产品和服务出口。最终消费支出反应消费需求；资本形成总额反应投资需求；净流出等于货物和服务的流出减去流入后的净额，反应外部需求。这“三大需求”就是我们所说的拉动经济增长的“三驾马车”。

那么，“三驾马车”是如何拉动经济增长的呢?

1.固定资产投资与经济增长之间的关系

投资波动会导致经济同向波动，它与总产出之间存在着乘数效应。当投资增加时，对投资品的需求会立即增加，投资品生产企业的产量增加，就业就会上升，居民收入增加，有利于促进消费需求的增加；反之，则相反。投资与经济增长是一种相互促进、相互制约的关系。一般来说，投资的适度增长能促进经济持久发展，投资增长不足可能减缓经济发展，投资增长过快可能引起经济过热。

2.消费与经济增长之间的关系

消费是经济增长的真正最终需求，是推动经济稳定增长的根本动力。消费需求对经济的促进作用大于投资需求。消费需求是最终需求，是总需求的重要组成部分，消费增加直接拉动经济增长。

3.出口与经济增长之间的关系

内需可以为外需提供重要的支撑和动力，同样，外需对内需也有着巨大的拉动作用。外需从不同的方面直接或间接地刺激内需，形成了如“出口—带动国内相关产业的发展—提供大量就业岗位—提高居民收入水平—扩大消费需求或出口—缓解国内产能过剩—减少相关企业破产—增加国家税收收入—扩大国内投资需求和消费需求”的“拉动链”。

1997年的亚洲金融危机，虽然对中国经济也产生了不小的冲击，特别是我国香港作为国际金融中心，刚刚回到祖国的怀抱，如果因此而陷入了困境，其后果不堪设想，但是，此次金融危机，不仅没有对中国经济产生直接的不利影响，反而让中国收获了一笔宝贵而重要的财富，成为一次成功应对危机的范例。

在此次应对过程中，中国成功地运用了“三驾马车”的互动作用，通过对泰国、印度尼西亚等周边国家的经济援助、信贷支持，依靠人民币币值的稳定以及香港金融秩序稳定的强大支撑，赢得了世界各国的尊重和信任，也打通了本已越来越拥挤、越来越难以行走的出口通道，获得了一次难得的出口拉动经济增长的机会。十多年来，如果没有出口的强力支撑，中国经济不可能发展得这么快，也不可能在较短的时间内成为世界第二大经济体。

供给侧结构性改革：释放新需求，创造新供给

供给是指生产者在某一特定时期内，在某一价格水平上愿意并且能够提供的一定数量的商品或劳务。供给侧，即供给方面。供给侧是相对于需求侧而言，需求侧要素由消费、投资、出口“三驾马车”组成，供给侧则包括劳动力、土地、资本和创新四大要素。国民经济的平稳发展取决于经济中需求和供给的相对平衡。

所谓“供给侧改革”，就是从供给、生产端入手，通过解放生产力，提升竞争力，促进经济发展。具体而言，就是要求清理“僵尸企业”，淘汰落后产能，将发展方向锁定新兴领域、创新领域，创造新的经济增长点。

需求侧管理认为需求不足导致产出下降，所以拉动经济增长需要“刺激政策”（货币和财政政策）来提高总需求，使实际产出达到潜在产出。供给侧管理认为市场可以自动调节使实际产出回归潜在产出，所以根本不需要所谓的“刺激政策”来调节总需求，拉动经济增长需要提高生产能力即提高潜在产出水平，其核心在于提高全要素生产率。

制度经济学代表人物之一、美国著名经济学家西奥多·舒尔茨说过：“任何制度都是对实际生活中已经存在的需求的响应。”随着中国经济进入转型升级的新阶段，一些制度体系已严重滞后，进而创新制度供给成为迫切的需求。

改革开放三十多年来，中国经济持续高速增长，成功步入中等收入国家行列，已成为名副其实的经济大国。但随着人口红利衰减、“中等收入陷阱”风险累积、国际经济格局深刻调整等一系列内因与外因的作用，经济发展正进入“新常态”。

2015年以来，中国经济进入了一个新阶段，主要经济指标之间的联动性出现背离，经济增长持续低迷，CPI持续低位运行，居民收入有所增加而企业利润率下降，消费上升而投资下降等。对照经典经济学理论，我国出现的这种情况既不是传统意义上的滞胀，也非标准形态的通缩。与此同时，宏观调控层面货币政策持续加大力度而效果不彰，投资拉动上急而下徐，旧经济疲态显露而以“互联网+”为依托的新经济生机勃勃……简而言之，中国经济的结构性分化正趋于明显。为适应这种变化，在正视传统的需求管理还有一定优化提升空间的同时，迫切需要改善供给侧环境，优化供给侧结构机制。

供给侧结构性改革，就是从提高供给质量出发，用改革的办法推进结构调整，矫正要素配置扭曲，扩大有效供给，提高供给结构对需求变化的适应性和灵活性，提高全要素生产率，更好地满足广大人民群众的需要，促进经济社会持续健康发展。

供给侧结构性改革，就是用增量改革促存量调整，在增加投资过程中优化投资结构，为产业结构开源疏流，在经济可持续高速增长的基础上实现经济可持续发展与人民生活水平不断提高；是优化产权结构，国进民进，使政府宏观调控与民间活力相互促进；是优化投融资结构，促进资源整合，实现资源优化配置与优化再生；是优化产业结构，提高产业质量，优化产品结构，提升产品质量；是优化分配结构，实现公平分配，使消费成为生产力；是优化流通结构，节省交易成本，提高有效经济总量；是优化消费结构，实现消费品不断升级，不断提高人民生活品质，实现创新、协调、绿色、开放、共享的发展。

从2015年开始，以去产能、去库存、去杠杆、降成本、补短板为重点的供给侧结构性改革，经中央经济工作会议定调后，已正式拉开帷幕。供给侧结构性改革作为中国转型时期的重要举措，是适应和引领经济发展新常态的重大创新，将对中国结构性、体制性问题产生决定性影响。

供给侧结构性改革旨在调整经济结构，使要素实现最优配置，提升经济增长的质量和数量。通过改革制度供给，可以大力激发微观经济主体活力，增强中国经济长期稳定发展的新动力。

“一带一路”：全球繁荣的经济合作之路

“一带一路”是“丝绸之路经济带”和“21世纪海上丝绸之路”的简称。

丝绸之路是起始于古代中国，连接亚洲、非洲和欧洲的古代陆上商业贸易的路线，最初的作用是运输古代中国出产的丝绸、瓷器等商品，后来成为东方与西方之间在经济、政治、文化等诸多方面进行交流的主要道路。

丝绸之路从运输方式上，主要分为陆上丝绸之路和海上丝绸之路。陆上丝绸之路，是指西汉（前202—前8）汉武帝派张骞出使西域开辟的以首都长安（今西安）为起点，经凉州、酒泉、瓜州、敦煌、中亚国家、阿富汗、伊朗、伊拉克、叙利亚等而达地中海，以罗马为终点，全长6440千米的陆上通道。这条路被认为是连接亚欧大陆古代东西方文明的交汇之路，而丝绸则是最具代表性的货物。海上丝绸之路，是指古代中国与世界其他地区进行经济文化交流交往的海上通道，最早开辟始于秦汉时期。它从广州、泉州、宁波、扬州等沿海城市出发，到南洋与阿拉伯海，最远甚至到达非洲东海岸。

随着时代发展，丝绸之路成为古代中国与西方所有政治经济文化往来通道的统称。除了"陆上丝绸之路"和"海上丝绸之路"，还有北向蒙古高原，再西行天山北麓进入中亚的"草原丝绸之路"等。

进入21世纪以来，国际政治经济格局继续发生深刻变化，全球性挑战此起彼伏，中国改革开放进入新的阶段。全球化大势不可逆转，世界各国需要相互依存，主动加强战略沟通和政策对接，在全球更大范围内整合经济要素和发展资源，才能形成共识和合力，促进世界和平与共同发展。为此，2013年9月和10月，中国国家主席习近平分别提出建设"丝绸之路经济带"和"21世纪海上丝绸之路"的合作倡议，其核心内容是促进基础设施建设和互联互通，对接各国发展战略和政策，深化贸易投资产业和金融服务领域的务实合作，促进各国协调联动发展，实现共同繁荣。该倡议得到国际社会的积极响应和广泛支持。

"一带一路"贯穿亚欧非大陆，一头是活跃的东亚经济圈，一头是发达的欧洲经济圈，中间的广大腹地国家经济发展潜力巨大。丝绸之路经济带重点方向是经中亚、俄罗斯至欧洲（波罗的海）；中国经中亚、西亚至波斯湾、地中海；中国至东南亚、南亚、印度洋。21世纪海上丝绸之路重点方向是从中国沿海港口过南海到印度洋，延伸至欧洲；从中国沿海港口过南海到南太平洋。

"一带一路"将在陆上依托国际大通道，以沿线中心城市为支撑，以重点经贸产业园区为合作平台，共同打造新亚欧大陆桥、中蒙俄、中国—中亚—西亚、中国—中南半岛等国际经济合作走廊；在海上以重点港口为节点，共同建设通畅安全高效的运输大通道。

2015年3月28日，中国国家发展和改革委员会、外交部、商务部联合发布了《推动共建丝绸之路经济带和21世纪海上丝绸之路的愿景与行动》。“一带一路”经济区开放后，承包工程项目突破3000个。中国企业共对“一带一路”相关的49个国家进行了直接投资，投资额同比增长18.2%，我国承接“一带一路”相关国家服务外包合同金额178.3亿美元，执行金额121.5亿美元，同比分别增长42.6%和23.45%。

2016年6月底，中欧班列累计开行1881列，其中回程502列，实现进出口贸易总额170亿美元。2016年6月起，中欧班列穿上了统一的“制服”，深蓝色的集装箱格外醒目，品牌标志以红、黑为主色调，以奔驰的列车和飘扬的丝绸为造型，成为丝绸之路经济带蓬勃发展的最好代言与象征。

2022年8月10日，由敏华控股投资建造的敏华墨西哥生产制造基地项目奠基仪式在墨西哥新莱昂州蒙特雷市北美华富山工业园举行。基建项目既是中墨合作的重要领域，同时也是“一带一路”框架下的重要内容。北美华富山工业园是由中国华立集团联合墨西哥SANTOS家族在墨西哥合作开发的第一家工业园区，自2015年10月成立至今已吸引20余家企业入驻。

2022年8月27日，2022“一带一路”国家·中国医院管理与高质量发展国际学术会议在兰州大学第一医院举行。本次大会为期三天，来自德国、俄罗斯、罗马尼亚、印度、希腊、孟加拉国、格鲁吉亚、英国等“一带一路”沿线国家及我国台湾地区的14名专家学者前来参加会议，围绕“健康中国”医学服务重点内容，以全球视野谋划、推动创新发展。

“一带一路”是中国倡导的国际合作新方案。“一带一路”借用古丝绸之路的历史符号，融入了新的时代特征，面向人类共同的发展未来，既是维护开放型世界经济体系，实现平等、多元、自主、包容、平衡和可持续发展的中国方案，也是深化区域合作，加强文明交流互鉴，维护世界和平稳定，推动全球化健康发展，构建平等互利共赢全球经济新秩序的中国主张，体现了中华文明历史传承和思想的不断创新。

第11章　货币贬值和升值意味着什么

——你一定要懂的国际贸易经济学

一个经常出国旅行或者从事国际商务的人，会对人民币的对外汇率非常敏感。当人民币升值时，他能用等额的人民币兑换到更多的外币；当人民币贬值时，则只能用等额的人民币兑换到较少的外币。人民币与外币之间兑换比率，在经济学中称为人民币的汇率。

即使是不出国的人，也能间接受到汇率的影响。当人民币贬值时，中国出口商品的外币结算价格就会下降，在国际市场上中国生产的商品就具有价格优势，外贸工厂的订单就会增加，工厂就会生意兴隆，工人的奖金就会增加；当人民币升值时，中国生产商的价格优势就会丧失，中国货卖不出去，就会影响到中国企业主和工人的收入。美国把自己本土制造商大批破产倒闭的原因归咎于中国，多次要求人民币升值，并通过把中国列入汇率操纵国来威胁中国政府采取措施。由此可见，汇率问题不仅关系到普通人的生计，也是国际政治博弈的领域。

通过学习本章的国际贸易经济学，你将能通晓中国与世界的贸易格局与经济走势。

人民币升值：到底是好事还是坏事

从2007年开始，人民币一直不断升值，2014年更是突破了对美元1：6.1

的关口。从1994年人民币改革以来，这是中国人民币迫于国内外压力第一次大规模升值，对于人民币的升值，有的人认为是好事情，而有的人认为是坏事情，不同的人有不同的看法。那么，人民币升值到底是好是坏呢？该如何对待人民币升值？

人民币升值对于国内经济、贸易、企业经营又会产生什么影响呢？

这里先谈一下“汇率”问题。汇率亦称外汇行市或汇价，是一国货币兑换另一国货币的比率，是以一种货币表示另一种货币的价格。由于世界各国货币的名称不同，币值不一，所以一国货币对其他国家的货币要规定一个兑换率，即汇率。

汇率是国际贸易中最重要的调节杠杆。因为一个国家生产的商品都是按本国货币来计算成本的，拿到国际市场上竞争，其商品成本一定会与汇率相关。汇率的高低也就直接影响该商品在国际市场上的成本和价格，直接影响商品的国际竞争力。

例如，一件价值100元人民币的商品，如果美元对人民币汇率为8.25，则这件商品在国际市场上的价格就是12.12美元。如果美元兑人民币汇率涨到8.50，也就是说美元升值，人民币贬值，该商品在国内市场上成本实际上是低了，直接使它在国际市场上的价格变低。商品的价格降低，竞争力越强，肯定好卖，从而促进该商品的出口；反之，如果美元汇率跌到8.00，也就是说美元贬值，人民币升值，必将有利于美国出口商品。

人民币升值对出口企业是最不利的，因为同样的商品要换取美元，再兑换回人民币，而美元却是相对贬值的，比如10万美元可以换取80万元人民币，但现在10万美元只能换取70万元人民币。同样的价格，由于人民币的升值，收入却凭空减少了10万元人民币。

对于普通民众来说，人民币升值有多大影响？

一般民众只在新闻上听到人民币升值了，觉得钱应该更加值钱了呀，但自己在买商品的时候，发觉钱不但没有值钱，反而不如以前了。原来1元钱买1斤白菜，而现在却是2元买1斤白菜，这样来看自己的钱反而更不值钱了。

这是因为人民币升值，会导致更多的人愿意持有人民币，一般民众感觉不到，似乎升一点值对自己没什么影响，但是持有大量资金的个人或金融机构对此却十分敏感，哪怕只是升值一小点，他们的财富便可以因此增加或减少很多。比如一个人有80亿元人民币，他原来可以兑换成10亿美元。但现在人民币升值后，他只用60亿元就可以兑换10亿美元，白赚了20亿元人民币。

由于人民币升值的趋势一直高涨，所以人们对人民币的未来预期更加乐观，认为其还会继续升值下去，于是大量的外币机构开始储备人民币。人民币需求越大，人民币的价值就会越来越高。而大量的人民币必然会涌进中国市场，因为只有在中国才可以消费人民币。这样便会在中国造成通货膨胀，使物价上涨。所以人民币升值对普通民众而言并没有太多好处，尤其对出口商打击很大。

总而言之，人民币升值有利也有弊，是一把“双刃剑”，我们要谨慎而理性地看待。

对外贸易：全球化与反全球化的背后

对外贸易亦称国外贸易或进出口贸易，简称外贸，是指一个国家（地区）与另一个国家（地区）之间的商品和劳务的交换。这种贸易由进口和出口两个部分组成。对运进商品或劳务的国家（地区）来说，就是进口；对运出商品或劳务的国家（地区）来说，就是出口。

对外贸易不仅把商品生产发展水平很高的国家互相联系起来，而且使生产发展水平低的国家和地区也进入交换领域中来，使作为一般等价物的货币深入到其经济生活中，使这些国家和民族的劳动产品日益具有商品和交换价值的性质，价值规律逐渐支配了他们的生产。随着各国的商品流通发展成为普遍的、全世界的商品流通，作为世界货币的黄金和白银的职能增长了。

黄金和白银除具有货币一般购买手段之外，还被用来作为国际支付、国际结算与国际信用的手段。黄金、白银由于变成世界货币，产生了形成商品世界价格的可能性。世界价格的形成，表示价值规律的作用扩大到世界市场，为各国商品的生产和交换条件的比较建立了基础，促进了世界生产和贸易的发展。对外贸易促进了国际分工，节约了社会劳动，不但使各国的资源得到最充分的利用，而且还可以保证社会再生产顺利进行，加速社会扩大再生产的实现。

20世纪以来，对外贸易蓬勃发展，各国之间的贸易往来日益频繁。对外贸易的兴盛直接促进了经济全球化的进程。“经济全球化”是指世界经济活动超越国界，通过对外贸易、资本流动、技术转移、提供服务、相互依存、相互联系而形成的全球范围的有机经济整体。简单地说，也就是世界经济日益成为紧密联系的一个整体。经济全球化是当代世界经济的重要特征之一，也是世界经济发展的重要趋势。

经济全球化作为一个经济发展的自然过程，其产生、发展具有客观规律性，而经济全球化作为跨越国界、全球资源配置的同义词，反过来又有力地促进了生产力的提高和经济的发展。

20世纪80年代，全球化作为世界经济的新趋势以前所未有的速度迅猛发展，一方面经济全球化使得资源在全球范围内配置，意味着资源更加有效利用，扩大了全球商品和生产要素的流动规模，全面调整了世界经济格局，推动了世界经济的发展；另一方面，伴随着经济全球化进程的加快，世界经济发展出现了种种问题，批判和抨击的声浪也日益高涨，出现了反全球化运动。

第二次世界大战以来，由于西方发达国家在世界生产、贸易、技术及金融等方面占绝对统治地位，发展中国家经济发展不仅受制于资金困难、贸易条件恶化、债务负担沉重及贸易保护主义等，还直接遭受西方国家的剥削及经济危机的转嫁。近年来，国际经济旧秩序不合理、不公正的问题在经济全球化背景下更加突出。广大发展中国家特别是其中的大多数经济落后国家参与和利用国际分工的领域相对狭小，而一些最不发达的国家则基本上被排除在国际分工体系之外。在支撑世界贸易体系的制度框架内，发达国家是最大的赢家。在“无差别”“互惠”等原则下迅速发展的贸易全球化，更有利于发达国家在全球市场上的经济扩张。

针对全球化进程的加快及其负面影响，对经济全球化的质疑、批判、抨击、抗议愈演愈烈，到20世纪90年代末终于形成了一股颇有声势的反全球化运动。世界上最大的反全球化组织是“人民全球行动”，它于1994年1月1日，即《北美自由贸易协定》生效的当天在墨西哥南郊的恰帕斯州成立。其宗旨是发动全世界的工人、农民、青年学生反对全球化和自由贸易。同年，当国际货币基金组织和世界银行在西班牙的马德里召开大会的时候，有200多个社团同时召开专门会议，揭露把大部分国家和人民排除在外的发展模式。1999年6月18日，2000多人在英国伦敦举行集会抗议当时在德国科隆举行的八国首脑会议，酿成数十人受伤，财产损失高达100多万英镑的重大流血事件。这次事件被认为是反全球化运动的开端。

事后不到半年，在1999年12月3日，当世界贸易组织在美国西雅图召开世界贸易组织“千年回合”的会议时，4万多名抗议者与警察发生冲突，10多人受伤，500人被捕，财产损失达200万美元。从此，抗议全球化的浪潮在全世界此起彼伏。2000年6月，世界各地的非政府组织代表在日内瓦举行会议，决定在世界经济论坛举行的同时召开世界社会论坛。2001年1月25日在巴西南部港口城市阿雷格里召开的反全球化集会引起国际社会的极大关注，时任联合国秘书长安南专门致信表示支持。反全球化运动者把矛头直指跨国公司、世界贸易组织、世界银行、国际货币基金组织和联合国贸发会议等国际经济组织及其有利于发达国家的国际规则，以及全球化的理论基础——新自由主义，抗议发达国家通过推动全球化进程来摧毁发展中国家的本土文化和破坏生态环境，主张保卫人权，提出豁免发展中国家的外债，呼吁发展中国家的工会组织与发达国家的工会组织联合起来，抵制全球化对工人的消极影响等。自2001年反全球化大会之后，反全球化大会每年召开一次。参加大会的人数越来越多，声势越来越大，关注和所讨论的问题越来越广泛。

从总体上而言，反全球化运动的兴起，是对标榜公正与平等、繁荣与富足的全球化的一个极大讽刺，它构成了全球化时代一个极不和谐的音符，反全球化已越来越成为一场世界性的运动，其本身也已全球化了。它的产生和发展，客观地说，在一定程度上有利于减少或纠正经济全球化所带来的负面效应。

出口与进口的关系：贸易顺差与逆差

中国的国际收支在数百年来曾经发生过几次重大的变化，从明朝中期直接贸易开通之后，一直到鸦片战争前夕，中国的对外贸易收支整体格局是巨额贸易顺差。在鸦片战争之后，西方列强大规模向中国销售鸦片，中国在对外贸易中从持续了数百年的贸易顺差转为贸易逆差。一直到20世纪80年代，中国贸易出现顺差是非常少的，而贸易逆差是经常的现象。

改革开放以来，中国经济突飞猛进。1990年开始，中日对外贸易出现了顺差。1990—2006年，中国对外贸易顺差的年平均增长率为20.7%，贸易顺差处于起伏增长的状态。这段时期里，中国经济发展最突出的特点之一就是对外贸易增长快于国民经济增长，对外贸易依存度持续上升到国际最高水平，中国多年的出口导向战略为中国创造了世界第一的外汇储备，国际组织认为中国的外贸神话是全球化时代最成功的故事。

所谓贸易顺差，是指在特定年度一国出口贸易总额大于进口贸易总额，又称“出超”。这表示该国当年对外贸易处于有利地位。

贸易逆差是指一国在一定时期内（如1年、半年、1季、1月）进口贸易总值大于出口总值，俗称“入超”，或叫贸易赤字。这表明一国的外汇储备减少，该国商品国际竞争力弱，该国当年在对外贸易中处于不利地位。

换一种说法，在一定的单位时间里（通常按年度计算），贸易的双方互相买卖各种货物，互相进口与出口，如果甲方的出口金额大过乙方的出口金额，或甲方的进口金额少于乙方的进口金额，其中的差额，对甲方来说，就叫作贸易顺差；反之，对乙方来说，就叫作贸易逆差。一般就贸易双方的利益来讲，其中得到贸易顺差的一方是占便宜的一方，而得到贸易逆差的一方则是吃亏的一方。可以这么说，贸易其实是为了赚钱，而贸易顺差的一方，就是净赚进了钱；而贸易逆差的一方，则是净付出了钱。

贸易顺差的大小在很大程度上反映一国在特定年份的对外贸易活动状况。在通常情况下，一国不宜长期大量出现对外贸易顺差，因为此举很容易引起与有关贸易伙伴国的摩擦。例如，美日两国双边关系市场发生波动，主要原因之一就是日方长期处于巨额顺差状况。与此同时，大量外汇盈余通常会致使一国市场上本币投放量随之增长，因而很可能引起通货膨胀压力，不利于国民经济持续、健康发展。同样，一国政府当局应当设法避免长期出现贸易逆差，因为大量逆差将致使国内资源外流，对外债务增加，这种状况同样会影响国民经济正常运行。

贸易顺差并不一定越多越好，过高的贸易顺差是一件危险的事情，意味着本国经济的增长比过去几年任何时候都更依赖于外部需求，对外依存度过高。巨额的贸易顺差也带来了外汇储备的膨胀，给人民币带来了更大的升值压力，也给国际上贸易保护主义势力以口实，认为巨额顺差反映的是人民币被低估。这增加了人民币升值压力和金融风险，为人民币汇率机制改革增加了成本和难度。比较简单的对策就是拉动国内消费。

贸易补贴：进出口贸易的津贴

2007年3月30日上午，时任美国商务部部长古铁雷斯宣布，将改变维持23年之久的贸易政策，对一直被美国认定为“非市场经济”的中国使用反补贴税贸易惩罚手段。

根据美国商务部的这一初步决定，多家中国造纸公司的铜版纸产品将被征收反补贴税。其中，山东晨鸣纸业集团遭征收的关税为10.9%，江苏金东集团遭征收20.35%，其他多家公司遭征收18.16%。

1984年，美国商务部做出一项决定，对于美国认定的“非市场经济国家”不使用反补贴税惩罚手段。1986年，美国联邦法院在“乔治城钢铁案”中对这一政策做出确认，判定商务部有权决定是否使用反补贴税手段。

不过，古铁雷斯说，时代变了。他说，商务部在1984年做出决定时，当时的共产主义国家里的公司不会因为政府补贴而调整其商业行为。但是，“2007年的中国不是20世纪80年代中期的苏联、东欧集团。中国的公司会根据补贴做出反应，而且我们可以合理地估量出这些反应”。

实际上，一些美国相关企业和人士一直在酝酿和推动使用反补贴税手段来对付中国，不过，这些动作主要是通过国会的渠道进行。按照美国的宪政，要改变一项在司法判例中确定的原则，需要通过立法手段来加以推翻。因此，国会中陆续有议员尝试推动立法，迫使行政部门对中国使用反补贴税手段。

那么到底什么是补贴与反补贴呢？

国家对进出口贸易给予的津贴就是贸易补贴。贸易补贴可以是直接的，也可以是间接的。直接贸易补贴简单来说就是负税，其后果与税收正相反。间接贸易补贴则一般采取放宽信贷、廉价使用能源或免费使用基础设施等方式。补贴量可以与贸易量保持某一固定比例关系，称为从量补贴；也可以与贸易值保持某一固定比例关系，称为从价补贴。比如在贸易补贴中的出口补贴，又称出口津贴，是一国政府为降低出口商品的价格，加强其在国外市场上的竞争能力，在出口某种商品时给予出口厂商的现金补贴或财政上的优惠待遇。其方式有直接和间接两种：直接补贴即出口某种商品时，直接付给出口厂商的现金补贴；间接补贴即政府对某些出口商品给予财政上的优惠。

而反补贴是指一国反倾销调查机关实施与执行反补贴法规的行为与过程。其中的补贴是指一国政府或者任何公共机构向本国的生产者或者出口经营者提供的资金或财政上的优惠措施，包括现金补贴或者其他政策优惠待遇，使其产品在国际市场上比未享受补贴的同类产品处于有利的竞争地位。世界贸易组织反补贴协议将补贴分为三种基本类型：禁止性补贴、可诉补贴和不可诉补贴。针对前两种补贴，国家可以向世界贸易组织申诉，通过世界贸易组织的争端机制经授权采取反补贴措施；进口成员可根据国内反补贴法令通过调查征收反补贴税。

商品倾销：以低价格占领市场

在1855年以前的10年间，英国对华工业品贸易始终在200万英镑左右徘徊。拥有3.6亿人口的中国，1853年人均消费英国棉纺织品的价值只有0.75便士；而仅有14600人口的洪都拉斯却人均消费英国棉纺织品934.5便士，是中国的1246倍。直到第二次鸦片战争后的1865年，在对外合法贸易中，中国才第一次出现逆差。

在市场竞争中，要想使自己的商品畅销，除质量因素外，最重要的就是商品的价格，尤其是像当时中国这样的自然经济占主导地位的国家。也就是说，必须使自己的商品成为“廉价”的商品，才能使崇尚节俭的中国人去购买它的商品。

英国率先完成了工业革命，早已用机器大工业生产取代了手工劳动，比中国的手工业者的劳动效率不知要高多少倍，其商品价格可以相应地降低为中国的多少分之一。当两国同样的商品放在一起时，英国商品就可轻易地变成“廉价”商品。

英国的“廉价”商品比中国自然经济条件下的手工业产品生产成本低，其竞争能力自然就强，所以在英国的棉纺织品大量涌入中国市场之后，中国的手工业者就纷纷破产。这样，为其生产原料的农民就只好将原料转卖给外国人，也就造成了中国原料被掠夺的情况。

商品倾销是指大企业在控制国内市场的条件下，以低于国内市场的价格，甚至低于商品生产成本的价格，在外国市场抛售倾销商品，打击竞争者以占领市场。

根据1994年关税及贸易总协定第6条的协议规定，如果在正常的贸易过程中，一项产品从一国出口到另一国，该产品的出口价格低于在其本国国内消费的相同产品的可比价格，也即以低于其正常的价值进入另一国的商业渠道，则该产品将被认为是倾销。

倾销通常具有以下特征：

（1）倾销是一种人为的低价销售措施。它是由出口商根据不同的市场，以低于有关商品在出口国的市场价格对同一商品进行差价销售。

（2）倾销的动机是多种多样的，有的是为了销售过剩产品，有的是为了争夺国外市场，扩大出口，但只要对进口国某一工业的建立和发展造成实质性损害或实质性威胁或实质性阻碍，就会招致反倾销措施的惩罚。

（3）倾销是一种不公平竞争行为。在政府奖励出口的政策下，生产者为获得政府出口补贴，往往以低廉价格销售产品；同时，生产者将产品以倾销的价格在国外市场销售，从而获得在另一国市场的竞争优势并进而消灭竞争对手，再提高价格以获取垄断高额利润。

（4）倾销的结果往往是给进口方的经济或生产者的利益造成损害，特别是掠夺性倾销扰乱了进口方的市场经济秩序，给进口方经济带来毁灭性打击。

商品倾销通常由私人大企业进行，但随着国家垄断资本主义的发展，一些国家设立专门机构直接对外进行商品倾销。商品倾销一般分为三种情况：

（1）偶然性倾销。因为销售旺季已过或公司改营其他业务，把“剩余产品”在外国抛售。

（2）间歇性倾销。以低于市场价格甚至是成本的价格，在外国市场倾销，垄断市场后再提价。

（3）长期性倾销。产品以低于国内的价格出售，但出口价格高于生产成本，采用规模经济来扩大生产，降低成本。

WTO：世界贸易组织的功能与挑战

世界贸易组织（WTO）是一个独立于联合国的永久性国际组织，前身是关税及贸易总协定（1947年10月30日在日内瓦签订，并于1948年1月1日开始临时适用），是全球性的组织，也是联合国相关组织，被称为“经济联合国”。1994年4月15日，在摩洛哥的马拉喀什市举行的关税及贸易总协定乌拉圭回合部长会议决定成立更具全球性的世界贸易组织，以取代成立于1947年的关税及贸易总协定。

世界贸易组织于1995年1月1日正式开始运作，负责管理世界经济和贸易秩序，总部设在瑞士日内瓦莱蒙湖畔。1996年1月1日，正式取代关税及贸易总协定。

世界贸易组织与世界银行、国际货币基金组织一起，并称为当今世界经济体制的三大支柱。目前，世界贸易组织的贸易量已占世界贸易的95%以上。

世界贸易组织的宗旨是：促进经济和贸易发展，以提高生活水平，保证充分就业，保障实际收入和有效需求的增长；根据可持续发展的目标，合理利用世界资源，扩大商品生产和服务；达成互惠互利的协议，大幅度削减和取消关税及其他贸易壁垒并消除国际贸易中的歧视待遇。

世界贸易组织的目标是建立一个完整的、更具有活力的和永久性的多边贸易体制。与关贸总协定相比，世界贸易组织管辖的范围除传统的和乌拉圭回合确定的货物贸易外，还包括长期游离于关税及贸易总协定外的知识产权、投资措施和非货物贸易（服务贸易）等领域。世界贸易组织具有法人地位，它在调解成员争端方面具有更高的权威性和有效性。

世界贸易组织具有如下的职能：

1. 负责世界贸易组织多边协议的实施、管理和运作

世界贸易组织的主要职能是负责协定和多边贸易协议的实施、管理和运作，并促进其目标的实现，同时为诸边贸易协议的实施、管理和运作提供框架。多边贸易协议是所有成员都需要承诺的，而诸边贸易协议虽然在世界贸易组织的框架内，但各成员方可有选择地参加。

2. 为谈判提供场所

世界贸易组织为其成员就多边贸易关系进行的谈判和部长会议提供场所，同时提供使谈判结果生效的框架。

3. 寻求解决贸易争端

世界贸易组织成员发生纠纷时，通过该组织的贸易争端解决机制来解决可能产生的贸易争端。这也是世界贸易组织最重要的职能之一。

4. 贸易政策审议

世界贸易组织依靠贸易政策审议机制，审议各成员的贸易政策。主要是对各个成员的全部贸易政策和做法及其对多边贸易体制运行的影响进行定期共同评价和评审。其目的在于促进所有成员遵守多边贸易协议及诸边贸易协议的规则、纪律和承诺，增加透明度。

5. 处理与其他国际经济组织的关系

世界贸易组织与负责货币和金融事务的国际组织如国际货币基金组织和世界银行及其附属机构进行合作，以增强全球经济决策的一致性，保证国际经济政策作为一个整体和谐地发挥作用。世界贸易组织分别于1996年12月和1997年4月与国际货币基金组织和世界银行签署了合作协议。

6. 对发展中国家和最不发达国家提供技术援助和培训

给予发展中国家的特殊和差别待遇，包含在乌拉圭回合达成的大多数单独协议和安排中，这些规定中的一项内容是向发展中国家提供技术援助，以使它们能够履行协议所规定的义务。

世界贸易组织为国际贸易提供了许多保障，作为当今世界唯一规范全球贸易的国际组织，它通过多边贸易谈判、贸易政策审议和争端解决机制，为

广大成员参与并受益于国际贸易提供了多边制度保障，在推动全球经济可持续发展，遏制贸易保护主义等方面，发挥了中流砥柱的重要作用，显示了多边贸易体制强大的生命力和制度优势。

当然世界贸易组织也面临很多问题。如多哈回合迟迟无法达成协议，多边贸易体制无法向前推进。其原因是复杂的，第一，发展中国家自觉在乌拉圭回合谈判中上了发达国家的恶当，在多哈回合谈判中要求先解决历史遗留问题，而发达国家要求加入新的议题，新旧问题一揽子解决；第二，各国利益分化严重，且大多面临国内贸易保护主义压力，很难做出妥协（如果没有印度谈判会顺利不少）；还有世界贸易组织的民主赤字、本身决策机制不完善等原因。这带来了世界贸易组织面临的第二个问题，即各国开始将目光转向自由贸易协定（Free Trade Agreement，FTA，是为了绕开世界贸易组织多边协议的困难，同时也为了另外开辟途径推动贸易自由化，各国以自愿结合方式就贸易自由化及其相关问题达成的协定）。自由贸易协定呈星火燎原之势发展起来。

在未来，世界贸易组织只有不断地调整未来的利益和政策的出发点，努力去纠正现有世界贸易体系中的不公平和不平衡，将发展问题始终确定为多边贸易体制的核心问题和需要解决的重要问题，让自由贸易为发展服务，才能在未来真正释放其本身具有的能力。

热钱：投机性短期资本

在1848年的美国政府中，专业的马戏团小丑丹・赖斯在为扎卡里・泰勒竞选宣传时，使用了乐队花车的音乐来吸引民众注目。此举为泰勒的宣传取得了成功，越来越多的政客为求利益而投向了泰勒。到1900年，威廉・詹宁斯・布莱恩参加美国总统选举时，乐队花车已成为竞选不可或缺的一部分。由此学界产生了一个术语——从众效应（又称乐队花车效应）。因为从众效应同样在民众中得到应验：在总统竞选时，参加游行的人们只要跳上了搭载乐队的花车，就能够轻松地享受游行中的音乐，又不用走路，因此，跳上花车就代表了“进入主流”。于是，越来越多的人跳上花车。

这种效应在资本市场被称为“热钱羊群效应”，指的是一种典型的套利投机性质的异常情况——受从众效应影响，当购买一件商品的人数增加，人们对它的偏爱也会增加。这种关系会影响供求理论所解释的现象，因为供求理论假设消费者只会按照价格和自己的个人偏爱来买东西。比如在股票市场中，如果某一只股票有很多人在买，那么买的人就会越来越多。所以在证券交易市场中，从众效应可以使一只股票在短时间内提升至一个不合理水平。而这些在短期内推动证券大幅上涨的资本，就是投机性短期资本，即热钱。

热钱（hot money）又称游资或投机性短期资本，是指以追求最高报酬和最低风险为目标而在国际金融市场上迅速流动的短期投机性资金。热钱具有“四高”特征：高收益性与风险性；高信息化与敏感性；高流动性与短期性；投资的高虚拟性与投机性。

国际间短期资金的投机性移动主要是为逃避政治风险，追求汇率变动、重要商品价格变动或国际有价证券价格变动的利益，而热钱即为追求汇率变动利益的投机性行为。当投机者预期某种通货的价格将下跌时，便出售该通货的远期外汇，以期在将来期满之后，可以较低的即期外汇买进而赚取此汇兑差价的利益。由于这纯属买空卖空的投机行为，故与套汇不同。在外汇市场上，由于此种投机性资金常常将有贬值倾向的货币转换成有升值倾向的货币，从而增加了外汇市场的不稳定性，因此，只要预期的心理存在，唯有让升值的货币大幅波动或实行外汇管制，才能阻止这种投机性资金的流动。

热钱进入的渠道多达十余种，主要渠道有以下几种：

（1）虚假贸易。在这一渠道中，国内的企业与国外的投资者可联手通过虚高报价、预收货款、伪造供货合同等方式，把境外的资金引入。

（2）增资扩股。既有的外商投资企业在原有注册资金基础上，以扩大生产规模、增加投资项目等理由申请增资，资金进来后实则游走他处套利；

在结汇套利以后要撤出时，只需另寻借口撤销原项目合同，热钱的进出就都很容易。

（3）货币流转与转换。市场有段顺口溜可说明这一热钱流入方式："港币不可兑换，人民币可兑换，两地一流窜，一样可兑换。"国家外汇管理局在检查中发现，这种货币转换和跨地区操作的办法，也使得大量热钱"自由进出"。

（4）地下钱庄。地下钱庄是外资进出最为快捷的方式。很多地下钱庄运作是这样的：假设你在我国香港或者境外某地把钱打到当地某一个指定的账户，被确认后，内地的地下钱庄自然就会帮你开个户，把你的外币转成人民币。这样做根本就不需要有外币进来。

贸易保护主义：国内贸易的保护伞

贸易保护主义是指在对外贸易中实行限制进口以保护本国商品在国内市场免受外国商品竞争，并向本国商品提供各种优惠以增强其国际竞争力的主张和政策。

在限制进口方面，贸易保护主义主要采取关税壁垒和非关税壁垒两种措施。前者主要是通过征收高额进口关税阻止外国商品的大量进口；后者则包括采取进口许可证制、进口配额制等一系列非关税措施来限制外国商品自由进口。这些措施也是经济不发达国家保护民族工业、发展国民经济的一项重要手段。对发达国家来说则是调整国际收支、纠正贸易逆差的一个重要工具。

贸易保护主义有以下特点：

（1）主要保护手段由关税转到非关税措施。一系列的国际贸易与关税谈判中形成的决议，大大降低了关税总水平，于是各国转而采取非关税措施来推行保护主义政策。这些措施灵活、隐蔽、限制性强，世界贸易总额一半以上受到各种非关税限制。

（2）保护政策对产品的针对性越来越强，如对工业品的限制减少和降低，但对农产品的保护却极少松动，对工业品中不同商品的限制也有很大差别。

（3）实行保护政策所针对的国家和地区的区分加强了。一般地说，一国总是针对自己直接、强劲的竞争对手加强保护主义政策，而对其他国家则适当放松。世界多数国家都是根据自己的国情和竞争对手的状况，分别采用自由贸易和保护主义政策，以期保护本国经济的持续发展，增强其在国际中的竞争力。

在自由竞争资本主义时期，较晚发展的资本主义国家，常常推行贸易保护主义政策。发达国家则多提倡自由贸易，贸易保护主义只是用来对付危机的临时措施。到了垄断阶段，垄断资本主义国家推行的贸易保护主义，已不仅仅是抵制外国商品进口的手段，更成为对外扩张、争夺世界市场的手段。贸易保护主义，无论新旧，其中心思想是一样的：任何一项经济政策都可能会影响到一国的收入分配格局，因而会引起不同社会阶层或利益集团不同的反应。但新旧相比，新贸易保护主义更胜一筹，其强制性强，对贸易各方的影响大而直接，受约束范围广，表现形式多样。

国家贸易战：商品的倾销与反倾销

贸易战又称商战，指的是一些国家通过高筑关税壁垒和非关税壁垒，限制别国商品进入本国市场，同时又通过倾销和外汇贬值等措施争夺国外市场，由此引起的一系列报复和反报复措施。如果贸易战的武器仅限于相互提高关税税率，对此则称为关税战。

国际贸易的产生和发展，不仅加强了国家间的经济联系与合作，也加深了国家间的相互依赖，从而推动了全球化的进程。但由于不同国家经济发展水平和社会制度存在较大差异，各国从国际贸易中获得的实际利益很难均衡，因此，历史上贸易战争从不曾断过。

1840年发生的中英鸦片战争，主要原因是贸易不平衡。战争不但使中国蒙受重大损失，而且使中国社会的性质开始发生根本的变化，是中国由独立的封建社会逐渐变为半殖民地半封建社会的转折点。

1929年3月胡佛就任美国总统，同年夏天美国经济出现萧条。1930年胡佛签署了臭名昭著的贸易保护主义法案——斯姆特霍利关税法案，对超过2万种进口商品征收高额关税，最高关税比率接近60%，是美国百年来最高税率。美国宣布提高关税之后，贸易伙伴们也毫不犹豫地采取了报复性关税措施。这场世界贸易大战打出了一个惨烈的后果：1929—1934年，全球贸易规模萎缩了大约66%。美国本身也遭遇重创，GDP跌幅一度达30%，失业率达到20%以上。

1949年1月，苏联与东欧国家成立经济互助委员会，简称经互会。同年11月，美、英、法、意等7国成立巴黎统筹委员会（输出管制统筹委员会），简称巴统。东西方两大集团的贸易战争正式有组织、大规模地展开。到了20世纪80年代，东西方在经济方面差距越拉越大，东欧国家与苏联的矛盾也在加深。美国在暂时稳住美元霸权后，开始对苏联发动更加全面的贸易战。在美国的强大攻势下，苏联的出口收入因国际油价下跌而大幅下降，美元贬值又进一步使其出口所得外汇缩水，苏联经济陷入一片混乱，最终走向全面崩溃。

第二次世界大战后，大量鸡肉从美国出口至欧洲。1962年，当时的欧共体瞄准美国农业中的冷冻鸡肉产品，施加关税壁垒，时任美国总统肯尼迪则对欧洲进口的一系列商品（包括法国的品牌、小型卡车和大众汽车等）增收关税以示报复。这场贸易战最终以美国妥协结束。

第二次世界大战后，日本经济实现了二十多年的高速发展，美国国内一些行业对此感到不安。1985年，为了减少美国对日本的贸易逆差，美国要求日本签订“广场协议”，同意日元兑美元升值，美日贸易战达到高潮。广场协议不久之后，日本陷入了长达十余年的经济停滞，即“失去的十年”。直到20世纪90年代中期，美国贸易逆差的GDP占比开始下降，日美贸易关系才有所改善。2000年以后，大部分贸易摩擦都在世界贸易组织的框架下得到解决。

欧盟于1993年成立统一的内部市场，制定了一整套香蕉进口制度。美国认为欧盟的规定偏袒了一些与欧洲国家关系密切的非洲、加勒比和太平洋地区的香蕉生产国，因此向世界贸易组织起诉欧盟。此后，欧美双方在世界贸易组织有关法律的基础上进行了多轮磋商，在平衡各方利益后，双方最终于2001年4月达成协议。

进入21世纪初，全球钢铁产能过剩。当时的小布什政府决定自2002年起对中国、法国、韩国、日本、澳大利亚等28个国家和地区提出钢铁产品反倾销起诉，并在2002年3月20日正式启动“201条款”，对大部分进口钢材征收8%~30%的进口关税，对14种钢铁产品实行进口限额。美国实施“201条款”后，引起了世界各国的连锁反应。欧盟委员会决定对来自一些国家的钢管实行反倾销措施，征收最高达53.1%的附加进口关税。2003年，小布什政府宣布取消上述保护性关税，此轮贸易战才画上句号。

2003年，因美国发生疯牛病，韩国宣布禁止进口美国牛肉。2008年4月，为推动韩美签署自由贸易协定，韩美达成放宽进口美国牛肉的协议。这一协议在韩国遭到强烈抗议和抵制。牛肉风波不仅给韩美两国带来了严重的政治危机，同时带来了高达25亿美元的经济损失。

2018年3月22日，美国时任总统特朗普在白宫签署了对中国输美产品征收关税的总统备忘录。2018年3月23日，中国商务部发布了针对美国钢铁和铝产品232措施的中止减让产品清单，拟对自美进口部分产品加征关税。

金融危机爆发以来，全球经济面临1929年经济大萧条以来最困难的局面。很多国家为了自保，挥舞起了贸易保护主义大棒。这种贸易保护的趋势，是糖水还是毒药？它能帮助经济走出困境，还是会使危机更加严重？贸易保护是否会进一步演化成为贸易战争、军事战争？

历史的经验证明，打贸易战从来都不是解决问题的正确途径。尤其是在全球化的今天，选择贸易战更是抓错了药方，结果只会损人害己。所谓贸易战往往被称为“损敌一千，自损八百”。

FDI：跨越国境的投资

FDI是foreign direct investment的缩写形式，即外商直接投资，又称外国直接投资、国际直接投资，是一国的投资者（自然人或法人）跨国境投入资本或其他生产要素，以获取或控制相应的企业经营管理权为核心，以获得利润或稀缺生产要素为目的的投资活动。

FDI是现代的资本国际化的主要形式之一，按照国际货币基金组织（IMF）的定义，FDI是指一国的投资者将资本用于他国的生产或经营，并掌握一定经营控制权的投资行为。也可以说是一国（地区）的居民实体（对外直接投资者或母公司）在其本国（地区）以外的另一国的企业（外国直接投资企业、分支企业或国外分支机构）中建立长期关系，享有持久利益并对之进行控制的投资。这种投资既涉及两个实体之间最初的交易，也涉及两者之间以及不论是联合的还是非联合的所有后续交易。

国际直接投资与其他投资相比，具有实体性、控制性、渗透性和跨国性的重要特点。具体表现在：

（1）国际直接投资是长期资本流动的一种主要形式，它不同于短期资本流动，它要求投资主体必须在国外拥有企业实体，直接从事各类经营活动。

（2）国际直接投资表现为资本的国际转移和拥有经营权的资本国际流动两种形态，即有货币投资形式又有实物投资形式。

（3）国际直接投资是取得对企业经营的控制权，不同于间接投资，通过参与、控制企业经营权获得利益。

当前，国际直接投资活动日益频繁，深度和广度不断延伸，呈现出以下新特点：规模日益扩大；由单向流动变为对向流动；发展中国家国际直接投资日趋活跃；区域内相互投资日趋扩大；国际直接投资部门结构发生重大变化；跨国并购成为一种重要的投资形式，等等。

FDI的进行通常会受到以下几个方面的影响：

（1）供给因素。即具体的生产成本，可靠的后勤保障以及资源的利用率和一些关键操作技术的完善。

（2）需求因素。指的是市场的当前发展形势，具体的客户需求，可进一步利用的已有竞争优势与客户迁徙。

（3）政治因素。政府或者相关的机构颁布的新经济政策或者货币政策。

投资跨国公司是FDI的主要形式。跨国投资的方式主要有三种：第一种是在国外直接新建一个跨国公司，也就是俗称的绿地投资；第二种是建立跨国合资企业，也称作联合经营；第三种则是跨国并购。

2022年8月18日，“2022跨国公司高管及驻华外交官宁夏行投资推介会”在银川举行。据悉，推介会签约合作项目16个，签约金额约24.3亿元人民币，涵盖新能源、加工贸易、资产投资、制造业等领域。为实现宁夏外商投资新突破，进一步提升外资对宁夏经济社会发展贡献作用提供有力支撑。

国际产业分工：国与国之间的分工

国际分工是社会分工跨越民族国家界线而形成的国与国之间的分工，是世界上各国（地区）之间的劳动分工，是各国生产者通过世界市场形成的劳动联系，是国际贸易和各国（地区）经济联系的基础。它是社会生产力发展到一定阶段的产物，是社会分工从一国国内向国际延伸的结果，是生产社会化向国际化发展的趋势。

社会分工产生于原始社会末期，但由于当时的生产力水平低，还没有从社会分工发展到国际分工。直到资本主义生产方式确立以后，国际分工才发展了起来。具体来说，国际分工经历了以下几个阶段：

1.18世纪开始的第一次工业革命

由于机器的发明及其在生产上的应用，生产力空前提高，分工空前加深。这次科技革命首先在英、法等国进行，它们发展为工业国，而其他广大国家则处于农业国、原料国的地位，这是资本主义国际分工的形成阶段。

2.19世纪末至20世纪初开始的第二次工业革命

由于发电机、电动机、内燃机的发明及其广泛应用，生产力更加提高，分工更加精细。这次科技革命是在英、美、德等国进行的，其他国家在引进的技术与机器设备的推动下，某些基础设施与某些轻工业和采矿业有一定发展，但仍不同程度地处于初级产品供应国的地位。这是资本主义国际分工的发展阶段。

3.20世纪40年代和50年代开始的第三次科技革命

它导致了一系列新兴工业部门的诞生，如高分子合成工业、原子能工业、电子工业、宇航工业等。它对国际加工产生了广泛的影响，使国际加工的形式和趋向发生了很大的变化，使国际加工的形式从过去的部门间专业分工向部门内专业化分工方向迅速发展。其主要表现在：不同型号规格的产品专业化；零配件和部件的专业化；工艺过程的专业化。

再是专业发达技术进步的国家也不可能生产出自己所需的全部工业产品。当今世界，少数经济发达国家成为资本（技术）密集型产业国，广大发展中国家成为劳动密集型产业国，它们各自内部以及相互之间又形成更细致的分工。这是国际分工的进一步发展阶段。

当前国际分工的主要特点是：①发达国家之间工业部门内部的分工向纵深发展，普遍实现产品专业化、零部件专业化、工艺专业化的分工。②发达国家与发展中国家间，传统的工业国与农业国之间的分工形式虽然存在，但已大大削弱。占主导地位的是工业部门内部劳动密集型产品（或工序）与资本和技术密集型产品（或工序）之间的分工。

今后，随着第四次科技革命的进展，国际分工将进一步向前发展。

国际分工是国际贸易发展的基础。生产的国际专业化分工不仅提高了劳动生产率，增加了世界范围内的商品数量，而且增加了国际交换的必要性，从而促进了国际贸易的迅速增长。

产业空心化：肥水注入“外国田”

产业空心化是指以制造业为中心的物质生产和资本，大量、迅速地转移到国外，使物质生产在国民经济中的地位明显下降，造成国内物质生产与非物质生产之间的比例关系严重失衡。在一些高度发达的国家和城市，产业结构在一定发展阶段会出现这样一种趋势：非物质生产的服务性产业部分的比重远远超过物质生产部分的比重而成为国民经济的重要部门。

出现产业空心化的原因主要是高度发达的国家和城市，由于追求完善的经济服务，将大部分物质生产部门都转移到了欠发达的国家和城市。

如果按三次产业的划分，世界产业结构演进的一般趋势是：随着生产力的发展和技术的进步，第三产业的发展逐步超过第一、第二产业，最终形成以第三产业为主体的产业结构。这种演变趋势是合乎规律的，但随之而来的问题是出现了产业的“空心化”现象：以制造业为代表的第二产业占国民生产总值的比重大幅下降，第三产业比重迅速上升，超过了第二产业，以至大于第一、第二产业之和。一般认为第三产业比重超过60%，即是产业空心化。

当一国出现产业空心化时，物质产品特别是工业制成品的出口明显减少，进口逐渐增加并超过出口，以致出现国内物质需求依赖外部进口的供求结构，造成贸易收支（主要是工业品贸易收支）恶化甚至转向逆差。英美等西方国家在这方面是很典型的。

19世纪中期，英国曾经依靠其“世界工厂”的地位，使其经济发展创造了历史上的最高水平，同时也成为世界的金融中心。但随后，英国工业资本大举对海外投资，20世纪初，英国海外投资一度超过国内投资的规模，致使英国国内工业生产从19世纪末期开始下降，技术进步速度明显放慢，最后被美国和德国超过，从“世界工厂”跌落为工业品进口国。从此以后的半个世纪内，英国虽然还保持了金融方面的领先地位，但之后也被纽约所取代，随后又被东京超过。美国今天正在重蹈英国的覆辙。如果制造业比重一直下降，金融服务业中心有一天将转移到日本。实际上，作为世界金融中心，美国现在已经赶不上日本。

自由港与自贸区：国际贸易的“特区”

自由港，是指不受海关管辖的港口或港区。在该区域内，外国商品可以自由加工、分装、改装、装卸储存、展览、再出口等，不受海关管制，免征关税。但当商品进入所在国海关管辖区时，则须缴纳关税。自由港可以是有明确边界的港口的一部分，或整个港口，还可包括港口所在的城市。设置自由港主要是为了吸引外资，发展加工工业和仓储业，促进对外贸易和转口贸易的发展，创造就业机会，繁荣地区经济。

自由贸易区，是指签订自由贸易协定的成员国相互彻底取消商品贸易中的关税和数量限制，使商品在各成员国之间可以自由流动。但是，各成员国仍保持自己对来自非成员国进口商品的限制政策。有的自由贸易区只对部分商品实行自由贸易，如“欧洲自由贸易联盟”内的自由贸易商品只限于工业品，而不包括农产品。这种自由贸易区被称为“工业自由贸易区”。有的自由贸易区对全部商品实行自由贸易，如“拉丁美洲自由贸易协会”和“北美自由贸易区”，对区内所有的工农业产品的贸易往来都免除关税和数量限制。

自由港与自由贸易区是两个不同的概念，不能混为一谈。两者有着以下的区别：

1. 性质差异

一般来讲，自由港应处于外贸货物吞吐量大、国际航线多、联系的国家和地区多、腹地外向型经济发达的港口。自由港绝大部分位于沿海港口，也可位于内陆地区，但是自由港必须是港口或者港口的一部分。

自由贸易区则可以设在内陆或者远离港口的地方，例如北美自由贸易区。

2. 功能不同

外国商品在进出自由港时除免交关税外，还可以在港内自由改装、加工和长期储存或销售。

自由贸易区，除了具有自由港的大部分特点外，还可以吸引外资设厂，发展出口加工企业，允许和鼓励外资设立大的商业企业、金融机构等，促进区内经济综合、全面地发展。

国际逃税和避税：钻外国税法的空子

国际逃税，亦称国际偷漏税，是指跨国纳税人采取各种隐蔽的非法手段，逃避有关国家税法或税收协定所规定的应承担的纳税义务的行为。

与国际避税一样，国际逃税也是跨国纳税人谋取额外收益所采取的一种手段，其结果也会导致有关国家财权利益受损。但国际逃税在性质上与国际避税不同，其突出特征是非法性，即违反了税收法规。

国际逃税的形式主要有：隐瞒、少报跨国收入或财产；虚列成本费用；非法将高税国的收入转移到低税国；非法迁移出境等。对于国际逃税，各国均应依照税法给予惩处，并通过加强国际合作而予以防范。

国际避税是指跨国应纳税人以合法的方式，利用各国税收法规的漏洞和差异或利用国际税收协定中的缺陷，通过变更其经营地点、经营方式以及人和财产跨越税境的流动、非流动等方法来谋求最大限度地减轻或规避税收负担的行为。

国际避税采用的是合法或正当的手段，通过人和财产在国际间的合法流动进行。这里所说的国际避税的合法是指这一行为在特定国家的特定时期是不违法的，甚至可以说是纳税人在履行应尽纳税义务前提下，依据税法上的“非不允许”及未规定的内容进行自己行为选择的一种权利。

虽然国际避税与国际逃税都是纳税人为了达到减轻税负的目的而实施的行为，但是国际避税与国际逃税是两个不同的概念。两者的区别在于：

（1）国际逃税是否定应税经济行为的存在，而国际避税是否定应税经济行为的原有形态，因此，国际逃税常常采用的是最直接的欺诈和隐瞒手法，国际避税则多公开利用税法条文本身存在的缺陷和不足，采用较巧妙的办法，对经济活动的方式进行组织安排。

（2）国际逃税所采用的手段具有欺诈性，是非法的，与税法相对抗，是对税法的公然违犯和践踏；而国际避税所采用的是合法或不违法的手段，不具有欺诈的性质。

（3）国际逃税的直接后果表现为世界范围内税基总量的减少，而国际避税一般并不改变世界范围内的税基总量，仅仅造成税基总量中适用高税率的那部分向低税率和免税的那部分转移。

（4）世界上任何一个国家的税法对逃税行为都规定了惩罚措施，对逃税行为的制裁不存在法律依据不足的问题，逃税被认为是从法律观点上说已经圆满解决的一个概念。国际避税是属于税收法律意图加以控制而现行法律未能实现有效调整的行为，它的发生是由于税法的具体规定和具体制度存在的缺陷所导致，因而不会违反法律责任。

世界避税天堂：纳税人的“世外桃源”

避税天堂是指那些为吸引外国资本流入，繁荣本国或本地区经济，在本国或本地区确定一定范围，允许境外人士在此投资和从事各种经济、贸易和服务活动，获取收入或拥有财产而又不对其征直接税，或者实行低直接税税率，或者实行特别税收优惠的国家和地区。

避税天堂一般有三种模式：一种是采用建立银行，吸引外国存款的模式，如欧洲的安道尔吸纳了不少法国储蓄，列支敦士登则是德国富豪的存款圣地；一种是以便捷的公司注册手续和免税的吸引力，吸引全球公司在当地注册，并赚取管理费和服务费的模式，如英属的维尔京、萨摩亚等；一种是以吸引各国富有的文体明星定居而生利的模式，这种避税形式比较特殊，如摩纳哥等。

根据国际财政文献局所编《国际税收辞汇》的解释，凡符合以下条件的国家或地区，就可以认定为避税港：

（1）不征税或税率很低，特别是所得税和资本利得税很低。

（2）实行僵硬的银行或商务保密法，为当事人保密，不得通融。

（3）外汇开放，毫无限制，资金来去自由。

（4）拒绝与外国税务当局进行任何合作。

（5）一般不定税收协定或只有很少的税收协定。

（6）是非常便利的金融、交通和信息中心。

避税天堂大多是较小的沿海国家和内陆小国，甚至是很小的岛屿或飞地。它们自然资源稀缺，人口数量较少，经济基础薄弱。但它们由于具有某些“优越性”，因此吸引了大量国外公司来此注册。世界上著名的“避税天堂”有以下国家和地区：

开曼群岛、英属维尔京群岛、百慕大群岛、英属泽西岛、巴哈马、塞舌尔、圣基茨和尼维斯、列支敦士登、瑙鲁、巴拿马、卢森堡、安道尔、塞浦路斯、摩纳哥、荷属安的列斯、美属萨摩亚、文莱、纽埃等。

第12章　泡沫经济时代如何保护财富

——股市、楼市、黑天鹅与灰犀牛

股市起起落落，涨涨跌跌；房价忽高忽低，难以预测；市场忽晴忽阴，起伏不定，经济危机随时有可能爆发……

在这个泡沫经济的时代，好像没有可以保值的东西，中国“大妈”投资金银等贵金属，据说大多都亏损；中国股市里80%的股民据说都亏损；炒房，前几年好像还有些盈利空间，但从长远看也是血本无归。作为亿万大众百姓中的一员，如何才能逃脱家庭财富缩水的命运，保护自己的财产呢？

虚拟经济：摸不着但看得见

假设一个市场，有两个人在卖烧饼，有且只有两个人，我们称之为烧饼甲、烧饼乙。他们每个烧饼卖1元钱就可以保本。

一个游戏开始了：烧饼甲花1元钱买烧饼乙1个烧饼，烧饼乙也花1元钱买烧饼甲1个烧饼，现金交付；烧饼甲再花2元钱买烧饼乙1个烧饼，烧饼乙也花2元钱买烧饼甲1个烧饼，现金交付；烧饼甲再花3元钱买烧饼乙1个烧饼，烧饼乙也花3元钱买烧饼甲1个烧饼，现金交付……

于是烧饼的价格飞涨，不一会儿就涨到了每个烧饼60元。但只要烧饼甲和烧饼乙手上的烧饼数一样，那么谁都没有赚钱，谁也没有亏钱，但是他们重估以后的资产“增值”了。烧饼甲和烧饼乙都拥有高出过去很多倍的“财富”，他们的身价提高了很多，“市值”增加了很多。

这个时候有个路人丙，发现1个小时前路过的时候烧饼还是1元1个，现在涨到了60元1个，他很惊讶。他毫不犹豫地买了1个，他确信烧饼价格还会涨，还有上升空间，并且有人给出了超过200元的“目标价”。

在烧饼甲、烧饼乙赚钱的示范效应下，甚至在路人丙赚钱的示范效应下，接下来买烧饼的人越来越多，参与买卖的人也越来越多，烧饼价格节节攀升。所有的人都非常高兴，但是很奇怪：所有人都没有亏钱。

有人问了：买烧饼永远不会亏钱吗？看样子是的。但是突然有一天市场上来了一个人，说了句：“1个烧饼的成本价就是l元。”一语惊醒梦中人，人们也在突然间发现烧饼确实没有那么高的价值。于是，人们争相抛售，烧饼的价格急剧下跌。

这时，谁赚了钱？就是占有烧饼最少的人！

虚拟经济是相对实体经济而言的，是经济虚拟化的必然产物。它是近年来出现的一个新词语，最为普遍的解释，是指与虚拟资本以金融系统为主要依托的循环运动有关的经济活动，简单地说，就是直接以钱生钱的活动。

几个白天黑夜都梦想着发财的人，使用了很多手段，如办厂、养牛羊、挖矿山等，但这些行动都以失败而告终。发财无门的他们，便想出一个妙招：

他们拿着一些写着面值1元的纸片对一群同样也渴望发财的傻瓜说，你们看，我们这里有一些神奇的纸片，它们不是货币但它们比货币还值钱。它们代表一座不断长高的金山，你们可以通过它神奇的升值来获得很多货币。你们看，现在这些纸片就已经升值了，我们可以把它们1张卖5元钱。于是傻瓜们一拥而上，抢购为先，他们花5元买了1张纸片。

后来没有买到的傻瓜就以10元、20元甚至100多元的价格从前面的傻瓜手里买那些纸片，并且还给那些骗子交手续费。因为每个傻瓜从前面一个傻瓜的经历中获知这张纸片还会升值，并且有更大的傻瓜以更高的价格买下它们，这样他们就可以赚更多的钱。然而直到有一天，傻瓜们发现那些纸片其实连1元钱也不值，于是最后以最高价格买到那些纸片的傻瓜就成了最大的傻瓜。

赚了钱的傻瓜乐呵呵地去买另一种纸片，希望发更大的财。而那些成了最大傻瓜的人，赔了夫人又折兵，拿着那些曾经风光过的纸片哭爹喊娘但无济于事后，便莫名其妙地怀疑起这怀疑起那来。

虚拟经济最早可以追溯到私人间的商务借贷行为。例如，某甲急需购买某种货物，但他本人没有足够的资金，而某乙手头正好有一笔钱闲置未用，于是某甲便向某乙借一定数额的钱，许诺在一定时期内还本付息。某乙手中的借据就是虚拟资本的一种雏形，它通过借款与还款的循环活动而获得增值。这时某乙并未从事实际的经济活动，只是通过一种虚拟的经济活动来赚钱。

虚拟经济具有如下四个基本特征。

1．高度流动性

实体经济活动从生产到实现需求均需要耗费一定的时间，但虚拟经济是虚拟资本的持有与交易活动，只是价值符号的转移，相对于实体经济而言，其流动性很大。随着信息技术的快速发展，股票、有价证券等虚拟资本实现无纸化、电子化，其交易过程在瞬间即可完成。

2．不稳定性

各种虚拟资本在市场买卖过程中，价格更多地取决于虚拟资本持有者和参与交易者对未来虚拟资本所代表的权益的主观预期，而这种主观预期又取决于宏观经济环境、行业前景、政治及周边环境等许多非经济因素，这增加了虚拟经济的不稳定性。

3．高风险性

由于影响虚拟资本价格的因素众多，这些因素自身变化频繁、无常，并不遵循一定的规律，且随着虚拟经济的快速发展，其交易规模和交易品种不断扩大，虚拟经济的存在和发展变得更为复杂和难以驾驭，再加上非专业人士受专业知识、信息采集、信息分析能力、资金、时间精力等多方面限制，虚拟资本投资成为一项风险较高的投资领域。

4. 高投机性

有价证券、期货、期权等虚拟资本的交易虽然可以作为投资目的，但也离不开投机行为，这是市场流动性的需要决定的。随着电子技术和网络高科技的迅猛发展，巨额资金划转、清算和虚拟资本交易均可在瞬间完成，这为虚拟资本的高度投机创造了技术条件，提供了技术支持。

股票市场：涨涨跌跌的诱惑

刚刚参加工作两年的小胡准备在北京买房置业，远在长春的父母拿出攒了一辈子的100万元，希望能帮他付首付款。年初的时候，小胡听同事们大谈股票如何赚钱，尤其是一位买了银行股的同事，竟然一个月赚进几万元，这让小胡大为心动。他开户后，用父母的钱以17.8元每股的价格买进1万多股某股票，希望大赚一笔后再脱身去买房。

谁知接下来的日子里，他所持有的股票价格开始下跌，每天盯着收盘价，小胡就在心里算着亏了多少。他晚上躺在床上也在想着股票，深夜也难以入睡。当该股下跌到8.6元时，小胡的心理防线要崩溃了，接近10万元的亏损足够他赚上一两年了。最终，夜不能寐的小胡求助于心理医生。

股票市场中，每天都在上演着各种悲喜剧。红绿数字互换，股价涨涨跌跌，牵动着无数股民的心，那么股市为什么有这么大的魅力呢?

股票市场是已经发行上市的股票转让、买卖和流通的市场，包括交易所市场和场外交易市场两部分。由于它是建立在发行市场（一级市场）基础上的，因此又被称作二级市场。

在股票市场上，赚钱的人卖掉股票，没有赚到钱的人买进股票成为新的投资者或股东，等待下一次冲浪。而下一次冲浪到来后，赚钱的人离场，没有赚钱的人又走进来，这样一波一波地循环下去。但是，没有永远上升的股票，当股价上升到一定高度时，一定会下降。在高位买进的人持股不卖，成为长线投机者，又在等待时机再次出售。当股价往下跌落时，也有不少人进场买股票，他们认为该股票已跌落到位。他买下当天的股票后，第二天该股票还是往下掉，这个买进股票的人又成为长线投机者。如此一波一波往下掉，后进入者一波一波地被套住而又成为长线投机者。这些长线投机者又在等待股票上升到自己的买进价位。当股票的价格上升到一定的价位，在低价位买进股票的人卖掉手中的股票，买进股票的人等待股票价格的进一步上升。

还有一点就是在进行股票交易时，某只股票之所以被买进，是因为购买该股票的投资者或投资机构认为股票在买进后价格会上升；而卖出股票的投资者或投资机构则认为这只股票在卖出后价格会下降。前者在做“多头”，后者在做“空头”。在交易后的一段时间里，股票的价格上升到了一定的幅度，此时做“多头”的卖出股票赚了钱，做“空头”的赔了钱。当然，现在的中国股票市场并没有做空机制，多头和空头的赔赚不会立刻反映出来，而是在卖出股票后才反映出来。这种单边操作，可使投机者出现风险的次数减少一半。举个例子，假如每一个人的资本是一样的，如果少部分做多头的人赚了大钱，一定有少部分做空头的人赔了大钱或者多数人赔了小钱以平衡被少数人赚走的大钱，赔赚人数比例发生很大变化，其结果是少数人赚钱，多数人赔钱。

股票市场上的投资按照持股操作的时间长短分为短线投资和长线投资。短线与长线本无优劣之分，只要适应、擅长就行。在有风险控制手段的前提下，短线的积少成多，在一轮行情中也能取得超额收益。在选对股票的前提下，长线更能取得非常稳健的高收益。

有人形象地说，短线交易者是艺术家，因为无论行情涨跌，他时刻都需要保持对行情的热情，并始终处于紧张和兴奋的状态。而长线交易者是工程师，他需要对整个过程进行控制与修正，并且需要忍受期间市场的合理调整与异常时期的宽幅震荡，以及市场低迷时期的寂寞与孤独。因此，前者需要的是激情，后者需要的是理性。

股票市场用升升跌跌、赚赚赔赔这种特有的形式吸引了成千上万民众参与其中，从而达到为企业筹集资金的目的。正是股票价格的升升跌跌，创造了赚钱的机会。对于投资者来说，当你准备进入股票市场时就要时刻提醒自己：你是在投资，更是在冒险。

股票市场价格：经济动向的晴雨表

股票本身没有价值，但它可以作为商品出卖，并且有一定的价格。股票价格又叫股票行市，是指股票在证券市场上买卖的价格。

股票价格分为理论价格与市场价格。股票的理论价格不等于股票的市场价格，两者甚至有相当大的差距。但是，股票的理论价格为预测股票市场价格的变动趋势提供了重要的依据，也是股票市场价格形成的一个基础性因素。

股票的市场价格即股票在股票市场上买卖的价格，一般是指股票在二级市场上交易的价格。股票的市场价格由股票的价值决定，但同时受到许多其他因素的影响。其中，供求关系是直接的影响因素，其他因素都是通过作用于供求关系而影响股票价格的。由于影响股票价格的因素复杂多变，所以股票的市场价格呈现出高低起伏的波动性特征。

股票市场可分为发行市场和流通市场，因而，股票的市场价格也就有发行价格和流通价格的区分。股票的发行价格就是发行公司与证券承销商议定的价格。股票发行价格的确定有三种情况：

（1）股票的发行价格就是股票的票面价值。

（2）股票的发行价格以股票在流通市场上的价格为基准来确定。

（3）股票的发行价格在股票面值与市场流通价格之间，通常在对原有股东有偿配股时采用这种价格。

国际市场上确定股票发行价格的参考公式是：

股票发行价格=市盈率还原值×40%+股息还原率×20%+每股净值×20%+预计当年股息与一年期存款利率还原值×20%

这个公式全面地考虑了影响股票发行价格的若干因素，如利率、股息、流通市场的股票价格等，值得借鉴。

股票在流通市场上的价格，才是完全意义上的股票的市场价格，一般称为股票市价或股票行市。股票市价表现为开盘价、收盘价、最高价、最低价等形式。其中收盘价最重要，是分析股市行情时采用的基本数据。

股票在市场上流通的价格与其票面金额不同，票面金额只是股票持有人参与红利分配的依据，不等于其本身所代表的真实资本价值，也不是股票价格的基础。在股票市场上，股票价格有可能高于其票面金额，也有可能低于其票面金额。股票在股票市场上的流通价格是由股票的预期收益、市场利息率以及供求关系等多种因素决定的。但即使这样，如果没有股票市场，无论预期收益如何，市场利率有多大的变化，股票价格也不会受到影响。所以说，股票市场具有赋予股票价格的职能。

对于投资者来说，通过股票流通市场的活动，可以使长期投资短期化，在股票和现金之间随时转换，这增强了股票的流动性和安全性。股票流通市场上的价格是反映经济动向的晴雨表，它能灵敏地反映出资金供求状况、市场供求、行业前景和政治形势的变化，是进行经济预测和分析的重要指标。对于企业来说，股权的转移和股票行市的涨落是其经营状况的指示器，还能为企业及时提供大量信息，有助于它们进行经营决策和改善经营管理。

股市周期：熊市与牛市的轮回　聪明的投机客

股市周期是指股票市场长期升势与长期跌势更替出现、不断循环反复的过程，通俗地说，股票上涨与下跌的循环，即熊市与牛市不断更替的现象。

一个股市周期大致经历以下四个阶段：牛市阶段—高位盘整阶段—熊市阶段—低位牛皮阶段。

股市周期性运动具有以下几个方面的重要特征：

（1）股市周期性运动是指股市长期基本大势的趋势更替，不是指短期内股价指数的涨跌变化。股市每日有涨有跌，构成了股市周期性运动的基础，但不能代表股市周期。

（2）股市周期性运动是指股市整体趋于一致的运动，而不是指个别股票、个别板块的逆势运动。

（3）股市周期性运动是指基本大势的反转或逆转，而不是指股价指数短期的或局部的反弹或回调。

（4）股市周期性运动是指股市在运动中性质的变化，即由牛市转为熊市或由熊市转为牛市，而不是指股价指数单纯的数量变化。牛市和熊市的性质是不同的，但牛市中也可能出现股价指数下跌的现象，而熊市中也可能存在股价指数上涨的局面，关键要看这种数量的变化能否积累到使基本大势发生质的转变。

股市泡沫：有人一夜暴富，有人一贫如洗

股市短期疯涨，市盈率急剧攀升，价格与价值严重背离，即产生股市泡沫。

股市浮沉数百年，这期间股票价格的飙升，曾经使一些人一夜暴富；而股票价格的暴跌，又使得一些人折戟沉沙，由腰缠万贯变成一贫如洗。

今天的经济学家都把历史上的郁金香狂热视为人类历史有记载的最早的泡沫案例。其实，郁金香泡沫并非真正意义的股市泡沫，但是，郁金香泡沫是一切股市泡沫的根源。

郁金香原产于小亚细亚，16世纪被引入西欧，随后传入荷兰。善于开发

的荷兰人很快就栽培出了更具观赏性的变种郁金香。物以稀为贵，这些郁金香球茎的价格也随之迅速上涨。在利益的驱动下，鲜艳的花朵成了投机的对象，以至于后来许多与培植郁金香没有什么直接关系的人也参与进来，并且许多人还真的一夜暴富。长此以往，现货交易已经难以满足需要，于是期货交易又开始产生。投资者们不分男女老少，个个满面红光、满怀期待，希望借助郁金香的华丽让自己成为百万富翁，为此，不知有多少人高息贷款，放手一搏。

然而，此时泡沫经济突然显现了它的可怕。1637年2月4日，价格已经严重脱离其实际价值的郁金香一夜之间变得像魔鬼一样恐怖。这一天，希望郁金香出手而获得暴利的人们震惊地发现，郁金香的价格急剧下跌，市场几乎在转眼之间就迅速崩溃。那些欠着高额债务进行买卖的人，成为这次事件最大的牺牲者，许多人自杀，社会动荡不安。事态的混乱使得荷兰陷入了经济危机，郁金香上演了一次著名的“泡沫事件”。

在荷兰郁金香泡沫破灭80年后，在1719年又出现了著名的法国密西西比股市泡沫。这两个泡沫的相同之处是：法国股票市场的价格和当年郁金香价格一样在很短的时期内大起大落。从1719年5月开始，法国股票价格连续上升了13个月，股票价格从500里弗尔涨到一万多里弗尔，涨幅超过了20倍。法国股市从1720年5月开始崩溃，连续下跌13个月，跌幅为95%。密西西比股市泡沫和郁金香泡沫的不同之处在于：荷兰郁金香泡沫基本上是民间的投机炒作，但是法国密西西比股市泡沫却有着明显的官方背景。郁金香泡沫所炒作的只不过是一种商品，牵涉到的人数有限，而法国密西西比股市泡沫却发生在股票和债券市场，把法国广大的中下阶层老百姓都卷了进去。从这一点来说，法国密西西比股市泡沫更具有现代特色。

密西西比股市泡沫的主角是约翰·劳。他依据自己增发纸币并换成股票最终可以抵销国债的理念和摄政王的赏识，借助密西西比公司和皇家银行为载体，联合贸易和金融两条战线演绎了一场带有浓厚政府性质的泡沫经济。

密西西比泡沫破灭后，法国经济也由此陷入萧条，经济和金融处于混乱状态，多年之后还难以复苏。

历史不会重演，却往往十分相似。在法国人民正在经历天堂到地狱的折磨的时候，相似的悲剧在英国也开始轰轰烈烈地上演了。南海泡沫事件是英国在1720年春天到秋天之间发生的一次经济泡沫，它与密西西比泡沫事件及郁金香狂热并称欧洲早期的三大经济泡沫。

从17世纪末到18世纪初，长期的经济繁荣使得英国私人资本不断集聚，社会储蓄不断膨胀，投资机会却相应不足。在这种情形下，一家名为“南海”的股份有限公司于1711年宣告成立。1719年，英国政府允许中央债券与南海公司股票进行转换。同年年底，南美贸易障碍扫除，加上公众对股价上扬的预期，促进了债券向股票的转换，进而带动股价上升。1720年，南海公司承诺接收全部国债，作为交易条件，政府要逐年向公司偿还，公司允许客户以分期付款的方式（第一年仅需支付10%的价款）来购买公司的新股票。2月2日，英国下议院接受了南海公司的交易，南海公司的股票立即从129英镑跳升到160英镑；当上议院也通过议案时，股票价格上涨到了390英镑。

投资者趋之若骛，半数以上的参众议员，甚至国王也禁不住诱惑，认购了价值10万英镑的股票。由于购买踊跃，股票供不应求，公司股票价格狂飙。从1月的每股128英镑上升到7月份的每股1000英镑以上，6个月涨幅高达700%。在南海公司股票示范效应的带动下，全英所有股份公司的股票都成了投机对象。社会各界人士，包括军人和家庭妇女，甚至物理学家牛顿都卷入了漩涡。1720年6月，为了制止各类“泡沫公司”的膨胀，英国国会通过了《泡沫法案》。自此，许多公司被解散。从7月份开始，外国投资者抛售南海股票，国内投资者纷纷跟进，南海股价很快一落千丈，9月份直跌至每股175英镑，12月份跌到124英镑。南海泡沫由此破灭。

英国的南海股市泡沫几乎是与法国密西西比泡沫同一时期发生的一次大型股票投机活动。南海公司的幕后操纵者通过运用阴谋诡计蓄意骗取广大投资者的巨额财富，吹起了一个硕大无比的股市泡沫，然后再将其击破，留给英国民众的只是一个关于财富的传说。

细究这些疯狂事件，我们可以发现隐藏在这些现象下面的真正原因：人性的贪婪才是最致命的。对金钱的贪婪是推动历史发展的重要力量。然而，当这股贪婪的力量不加遏制地在人们的心中疯长时，将有可能引发一轮又一轮的金融泡沫。如今，群体性的大众幻想依然不断出现，制造一个又一个话题，吸引着一群又一群人的参与。结果则是有悲有喜，过程同样有起有落，而参与者所怀抱的激情与梦想却依然如故，可谓千百年不变。

美林时钟：经济周期中的投资罗盘

“美林时钟”由美国著名的投资银行和金融管理咨询公司美林证券发现和提出，是针对经济周期进行投资的一种简易策略。美林投资时钟理论是一种将资产、行业轮动、债券收益率曲线以及经济周期四个阶段联系起来的方法，是一个非常实用的指导投资周期的工具。

2004年11月10日，美林证券发表了著名的研究报告《The Investment Clock》，研究了与经济的不同阶段相对应的投资策略。其主要原理是根据经济增长趋势和通货膨胀趋势，将经济周期划分为四个阶段：衰退、复苏、过热、滞涨。在经济周期的不同阶段变换时，债券、股票、大宗商品和现金依次有超过大市的表现。

美林投资时钟（如图12–1所示）实际上是一个投资罗盘，它主要回答一个问题：买什么。美林投资时钟的分析框架，可以帮助投资者识别经济周期的重要转折点。若能正确识别经济增长的拐点，投资者可以通过转换资产实现获利。

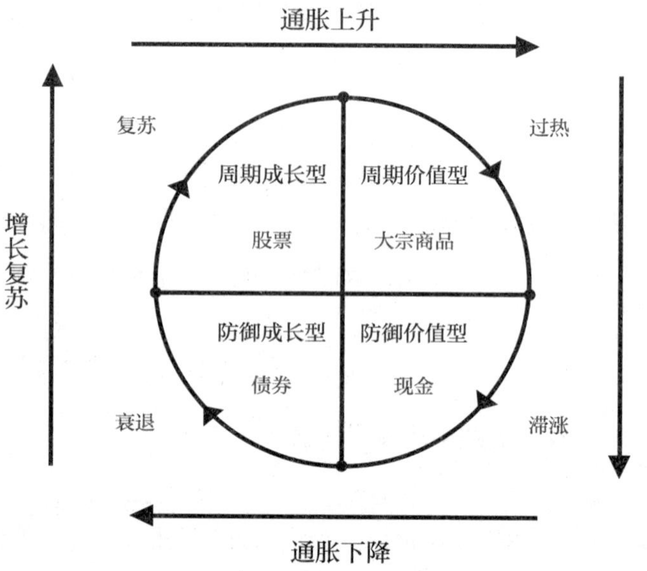

图12-1　美林投资时钟演示图

美林投资时钟体现的是实体经济与投资策略之间的基本关联，由于各国经济所处发展阶段及经济政策的不同，以上四个阶段的持续时间并非一致，甚至会跳过某个阶段，但投资时钟可以给我们一个大致的资产配置方向。

1．衰退阶段（经济下行，通胀下行）

通胀压力下降，货币政策趋松，债券表现最突出，随着经济即将见底的预期逐步形成，股票的吸引力逐步增强。就整体表现而言，债券>现金>股票>大宗商品。

2．复苏阶段（经济上行，通胀下行）

此阶段由于股票对经济的弹性更大，其相对于债券和现金具备明显超额收益，即股票>债券>现金>大宗商品。

3．过热阶段（经济上行，通胀上行）

在此阶段，通胀上升增加了持有现金的机会成本，可能出台的加息政策降低了债券的吸引力，股票的配置价值相对较强，而商品则将明显走牛。总的来说，大宗商品>股票>现金/债券。

4. 滞涨阶段（经济下行，通胀上行）

现金收益率提高，持有现金最明智，经济下行对企业盈利的冲击将对股票构成负面影响，债券相对于股票的收益率提高，即现金>债券>大宗商品/股票。

美林投资时钟理论构造了一幅经济周期映射下的大类资产轮动经典模式，这一理论很好地诠释了美国历史上大类资产轮动的规律。运用1973—2004年美国市场数据测试可以发现，美林投资时钟理论完整地展示了在一轮完整的经济周期中，经济从衰退逐步向复苏、过热方向循环时，债市、股市、大宗商品是如何轮流领跑大类资产。

经济危机：是危还是机

经济危机是指资本主义再生产过程中周期性爆发的生产过剩的危机。这种生产过剩不是绝对过剩而是相对过剩，即相对于广大消费者有支付能力的需求和资本价值增值的需要而言的过剩。其一般表现是：商品大量积压，生产锐减，工厂大批倒闭，工人大量失业，信用关系严重破坏，整个社会经济陷入极端混乱和瘫痪之中。

在资本主义经济的发展过程中，经济危机是周期地重演的，危机与危机之间的间隔表现了一定的规律性。自1825年英国第一次发生普遍的生产过剩的经济危机以来，随后发生危机的年份是1836年、1847年、1857年、1866年、1873年、1882年、1890年和1900年。在资本主义自由竞争阶段以及向垄断资本主义阶段过渡时期，差不多每隔十年左右就要发生一次这样的经济危机。进入20世纪，在1900年危机之后，到第二次世界大战以前，又发生了1907年、1914年、1921年、1929—1933年、1937—1938年的经济危机，差不多每隔七八年就发生一次危机。第二次世界大战后，各国又发生了次数不等的经济危机，到目前为止，就几个国家看，大的经济危机有：1987年美国华尔街股市黑色星期一、1995年墨西哥金融危机、1997年亚洲金融危机、2007年美国次贷危机。

从一次危机爆发到下次危机开始的这个期间，构成再生产的一个周期，或称经济周期。在第二次世界大战前，每一个周期都包括危机、萧条、复苏、高涨四个不同的阶段。战后的周期虽然发生了某些形态变化，但四个阶段的交替仍然是周期的基础。

自1929年经济危机至今，国际上不断发生大型经济危机。而始于2007年的美国金融危机使人们再次领略到危机形成过程的异常复杂性。每一次危机都有其独特的形成机制，并紧随着一场广泛的经济和社会变革。

历次经济危机给世界造成的损失和带来的影响发人深省，给当今的世界经济发展留下了深刻的教训：

第一，它告诉人们，繁荣和危机总是密切相关、同时并存的。各国在发展经济时，不仅要关注直接效益，更要着眼未来，确保经济的持续发展。要清醒看到经济发展中可能存在的潜在危机，防患于未然至关重要。

第二，在经济发展过程中，各国政府、不同制度的国家要适应经济的不断发展，及时调整内部机制和政策，并不断协调好国际关系，为经济的持续发展营造一个良好的国内、国际环境。

第三，经济和金融危机一旦发生，各国政府和各国组织应承担起各自的国际责任和义务，从而有效地遏制危机，防止危机的恶化、扩展和延续。各国政府和国际组织要从根本上摒弃以邻为壑的自保政策和转嫁手段，在区域经济集团化和全球经济一体化趋势加强的当今世界，国际合作尤显重要。

经济危机的爆发，是危也是机。它往往代表一个新纪元的到来，资本主义本身就是创造性地毁灭，毁灭旧的，迎来新的。可以认为，每次大的经济危机，都代表社会的某种升级换代，或者说大规模转型。比如自由资本主义到国家垄断资本主义的飞跃始于大萧条；20世纪70年代的石油危机，预示着新自由主义时代的到来。每次大规模的经济危机后，人们的生活方式、生产方式乃至思维方式都会发生升级改造。

历史是怎么发展的？就是碎裂，新生，碎裂，新生。危机打破了，淘汰了旧的东西，才有新事物发展的机会，这个社会才是发展着的。

次贷危机：金融世界“大地震”

对于任何一个关心经济领域的人来说，次贷危机这个名词是再熟悉不过的。因为从2007年开始，这个名词就频繁地出现在各种媒体上。次贷危机让强大的美国经济陷入了增速减缓的困境，甚至面临经济危机。在经济全球化的今天，美国经济的变脸牵一发而动全局，让全球众多国家的经济也陷入了危机。在中国，次贷危机也产生了很大的影响，如经济的下滑、通货膨胀、股市的暴跌等，都和次贷危机有关系。那么，什么是次贷危机呢?

次贷危机全称次级房贷危机（subprime crisis），是指发生在美国，因为次级抵押贷款机构破产而导致的投资基金被迫关闭、股市震荡反常剧烈的危机。次贷危机造成了全球金融市场流动性不足，包括美国、欧盟、日本在内的主要金融市场都受其影响。

在美国，按揭贷款有三个层次：第一个层次是优质贷款市场，这个市场面对信用分数在660分以上的优质客户，主要提供传统的15~30年固定利率按揭贷款。第三个层次是次级贷款市场，针对的是信用分数低于620分，没有收入证明与负债较重的人，主要是提供3~7年的短期贷款。第二层次就是“另类A级”抵押贷款市场，主要是提供介于前两者之间的贷款。

次贷危机的产生就是由于第三个层次的次级贷款市场出现问题。次级贷款市场面向收入证明缺失、负债较重的人，贷款人可以在没有资金的情况下购房，无需提供资金证明。从表面上来看，贷款银行似乎在做着善事，让那些低收入家庭能够有房可住。事实上，我们不能忘记任何公司都是逐利的，银行也不例外。这些银行推出的都是无本金贷款，3年、5年、7年可调整利率贷款，选择性可调整利率贷款等多种贷款方式。而这些贷款都有一个共同特点，那就是在还款的开头几年，每月的按揭支付金额很低而且固定，但是等到一定时间之后，还款压力就突然增加。这样做的危险性是显而易见的。但银行因为对资产价格有着极其强烈的上涨预期，而且这样做的利润空间很大，所以就冒着极大的风险为低收入者提供贷款了。

银行将贷款贷给低收入家庭之后，为了转移风险以及尽快回笼资金，以住房抵押为基础对次级贷款进行了证券化，将这些贷款以债券形式发行出去，即次级债。相应地，此类次级债的利率也高于普通的债券。因为利率高，于是很多国际投资机构，包括投资银行、对冲基金等都纷纷买入了次级债券。

而投资银行更加富有创新意识，将次级债再次证券化，设计出次级抵押证券，卖给全球的保险公司和对冲基金。保险公司和对冲基金再次转卖这些次级抵押证券，到了最后，风险已经蔓延到了全球的金融机构。

如果房价能够持续上涨，这样的利益链条是能够保持正常的。但是，从来就没有只升不降的资产价格，当经济进入滞胀，通胀泛滥，资产价格的下跌就无法避免了。从2006年开始，美国楼市开始出现下滑，房价开始下跌，次级贷这个多米诺骨牌随之倒塌，无数家庭无法偿还贷款，大量的违约房产被银行收回拍卖，导致了贷款银行的巨额亏损，投资银行也无法幸免，花旗、美林、瑞银、摩根士丹利等著名投资银行也爆出巨亏。这就是席卷全球的次贷危机了。

随着中国经济和世界经济的联系越来越紧密，次贷危机对中国经济的影响也就非常显著。虽然中国金融机构持有美国次贷金融产品的规模有限，但次贷危机的间接影响不容忽视。

首先，次贷危机造成美国进口需求下降，以及美国政府应对危机而导致的美元大幅贬值，这严重恶化了中国出口行业的外部环境。统计显示，2008年上半年中国出口增速比去年同期放缓5.7个百分点，其中纺织品服装出口额换算成人民币，增幅回落11.6个百分点；部分中小企业尤其是以出口为主的企业生产经营压力加大，全国有6.7万家以上中小企业亏损。

其次，由于美联储进入了降息周期，而中国央行在通胀压力下不得不实施紧缩性货币政策，加剧了人民币相对于美元的升值预期，吸引了大量的国际热钱流入中国套利。大量热钱的涌入一方面造成外汇储备迅猛增长（2008年上半年我国外汇储备新增2806亿美元，总额达1.8万亿美元），强化了人民币升值预期；另一方面加剧了国内流动性泛滥的局面，推动通胀率和资产价格上升。

再次，次贷危机的爆发改变了全球投资者的风险偏好，推动了全球范围内的金融产品价值重估，增加了金融市场的波动性，这也是造成目前中国股市与房地产市场波动性加大的原因之一。

最后，美元贬值推高了全球能源与初级产品价格，这将通过PPI的上涨（我国的PPI从2007年10月份开始上升，到2008年2月份达6.6%，创3年新高），最终传递到中国的CPI（2008年2月份达到峰值8.7%）。

据统计，2020年，中国11月CPI同比降0.5%（扣除猪肉和能源等核心指标，同比持平，即同比升0.5%）；11月PPI同比降1.5%。从同比看，11月食品价格由10月上涨2.2%转为下降2.0%，影响CPI下降约0.44个百分点，是带动CPI由涨转降主要原因。

黑天鹅：从天而降的“黑客”

“黑天鹅”是近年来频频被人们提及的有关经济、金融及生活等方面的一个新术语。

“黑天鹅事件”指非常难以预测且不寻常的事件，通常会引起市场连锁负面反应甚至颠覆。

在发现澳大利亚的黑天鹅之前，17世纪之前的欧洲人认为天鹅都是白色的。但随着第一只黑天鹅的出现，这个不可动摇的信念崩溃了。黑天鹅的存在寓意着不可预测的重大稀有事件，它在意料之外，却又改变着一切。人类总是过度相信经验，而不知道一只黑天鹅的出现就足以颠覆一切。然而，无论是在对股市的预期，还是政府的决策，或是普通人日常简单的抉择中，“黑天鹅”都是无法预测的。“9・11”事件的发生、美国的次贷危机、欧债危机，都证实了这一点。

一般来说，“黑天鹅事件”是指满足以下三个特点的事件：第一，它具有意外性。第二，它产生重大影响。第三，虽然它具有意外性，但人的本性促使我们在事后为它的发生编造理由，并且或多或少认为它是可解释和可预测的。

“黑天鹅”存在于各个领域，无论金融市场、商业、经济还是个人生活，都逃不过它的控制。

长期资本管理公司依据历史数据建立了复杂的定量模型，并认为新兴市场利率将降低，发达国家的利率走向相反，于是大量买入新兴市场债券，同时抛空美国国债。出乎公司所有的人预料，1998年8月，俄罗斯宣布卢布贬值，延迟三个月偿还外债，俄罗斯国债大幅贬值并完全丧失流动性。从5月俄罗斯金融风暴到9月全面溃败，这家声名显赫的对冲基金在短短150余天内资产净值下降90%，出现43亿美元巨额亏损，仅剩5亿美元，濒临破产。俄罗斯国债的大幅贬值就是一只无人能预见的“黑天鹅”，它再次印证了这一观点：对于不可预计的突发事件的发生，金融市场是没有准备的。

2016年是极不平常的一年，这一年出现了三大“黑天鹅事件”。

（1）英国退出欧盟。2016年6月24日，英国通过全民公投，宣布退出欧盟。受此影响，全球金融市场反应迅速且剧烈，英镑兑美元汇率闪电崩盘，跌幅超过1000个基点，触及1985年以来的最低水平，英国首相卡梅伦辞职。

（2）特朗普赢得美国大选。美国东部时间2016年11月8日晚11时（北京时间11月9日上午12时）左右，共和党候选人特朗普赢得274张选举人票，击败希拉里当选美国总统。这一事件同样出乎主流媒体和分析人士的预计，也对金融市场造成了剧烈冲击。投票当日黄金价格一度暴涨超过50美元，随后由于投机性买盘消退，转头一路暴跌。

（3）意大利修宪公投失败。2016年12月5日，意大利总理伦齐在公投结束后宣布宪改失败，并提出辞职，这是继英国脱欧之后，欧洲飞出的第二只“黑天鹅”。受公投失败消息影响，全球市场震荡。欧元兑美元下跌1.3%，跌至1.0534美元，欧元兑日元则下跌1.5%，跌至119.38日元。

以上事件堪称2016年三大“黑天鹅事件”，2016年也因此被称为“黑天鹅元年”。

那么，为什么在黑天鹅被发现之前，没有人去设想一下其他颜色的天鹅也有可能存在呢？问题在于：在应该关注共性的时候，人类错误地关注着特性，反之亦然。受思想的束缚之害，人们总是习惯于重视已知的事物，而忘记了去想想为什么有那么多其他的事物我们还不了解。人性的弱点之一，就是自欺欺人——我们以为自己知道得很多，而事实上我们真正知道的东西很少。

“黑天鹅事件”给我们的启示是：

（1）走出自己的思维定式，客观地认识外部世界。

（2）不轻易地做一个跟随者。

（3）变化会让原有的一切发生改变，这就是创新的力量，做一个思想和行动上的创新者。

（4）善于接受不同的观点，有时，少数却代表了真理。

（5）做好心理准备，时刻应对外界环境的变化。

灰犀牛：风险远在天边近在眼前

“灰犀牛”是与“黑天鹅”相对应的概念，“黑天鹅事件”是罕见的、出乎人们意料的风险，“灰犀牛事件”是太过于常见以至于人们习以为常的风险。

2013年1月，美国学者米歇尔·渥克在达沃斯论坛上，针对大概率、影响巨大的事件，首次提出“灰犀牛”概念。2016年，渥克经过整理和研究，出版了一本颠覆人们既往认知的著作《灰犀牛：如何应对大概率危机》。渥克提出，“灰犀牛”主要指明显的、高概率的却又屡屡被人忽视，最终有可能酿成大危机的事件。

生长在非洲大草原上的灰犀牛，身躯庞大，给人们一种行动迟缓、安全无害的错觉，人们从而时常忽略了危险的存在——当灰犀牛被触怒发起攻击时，却会体现出惊人的爆发力，阻止它的概率接近于零，最终会引发破坏性极强的灾难。灰犀牛体型巨大，本不该被忽视，但正因为其貌愚笨粗拙，人们才低估了它的风险，疏于防范。

很多危机事件，与其说是“黑天鹅”，其实不如说更像是“灰犀牛”。“灰犀牛”与“黑天鹅”既有共同点，也有不同点，实际上两者之间并没有明显区分界限，在一定条件下又可互相转化。“黑天鹅”与“灰犀牛”犹如一对双生子，提醒人们对一些可能造成大震荡的大概率风险和小概率风险的不寻常事件都应保持足够警惕。

2008年席卷全球的国际金融危机至今余波未平，在很多人看来，这场以雷曼兄弟突然倒闭为标志的风险事件是不可预测的“黑天鹅”，而现有的很多证据表明，源于美国“两房”（房地美、房利美，即联邦住房贷款抵押公司、联邦国民抵押贷款协会）危机的风险，早已被频频预警，却被大多数人忽视。

2000年起美国房地产市场高度繁荣，房价持续上涨，住房抵押贷款规模不断攀升，在2007年达到总贷款的50%。2004年起美联储连续加息17次，联邦基金目标利率从1%升到5.25%，房价终于在2006年年底止升回落，刺破了房市泡沫，并触发了次级抵押贷款的违约风险。而早在2004年，一份联邦调查局的报告就警醒人们提防抵押欺诈的大范围爆发；2007年开始，国际货币基金组织和国际清算银行不断发出警告；2008年1月，达沃斯论坛的风险报告指出，预期的房地产市场衰退、流动性资金紧缩和居高不下的油价都实实在在地发生着，推高了经济崩溃的风险性。这期间的先知先觉者并不在少数，圣路易联邦银行总裁威廉·普尔和路易斯安那州的议员理查德·贝克都曾预言房利美和房地美将出现大问题，但直到2008年“雷曼时刻”，人们才开始意识到问题的严重性。

风险总是被提起，却又总是被忽略。从国外这些“灰犀牛事件”来看，其发生的关键在于大多数人对于可预见的危机熟视无睹，不及时采取行动，终致重大危机。

防止发生系统性风险是经济工作的永恒主题，要把主动防范、化解系统性风险放在更加重要的位置，科学防范，早识别、早预警、早发现、早处置。而这无疑是应对经济领域“灰犀牛”的正确姿态。